가장 쉬운 독학

페이퍼로지
보고서 첫걸음

가장 쉬운 독학 페이퍼로지 보고서 첫걸음

초판 1쇄 발행 | 2023년 1월 20일
초판 3쇄 발행 | 2024년 9월 10일

지은이 | 김도균
발행인 | 김태웅
기획 | 김귀찬
편집 | 유난영
표지 디자인 | 남은혜
본문 디자인 | HADA DESIGN 장선숙
표지 일러스트 | 김동호
마케팅 총괄 | 김철영
제작 | 현대순

발행처 | ㈜동양북스
등록 | 제 2014-000055호
주소 | 서울시 마포구 동교로22길 14 (04030)
구입 문의 | 전화 (02)337-1737 팩스 (02)334-6624
내용 문의 | 전화 (02)337-1763 이메일 dybooks2@gmail.com

ISBN 979-11-5768-851-7 13320

보고서 작성에 관한 바이블로 삼을 수 있을 뿐 아니라 더 나아가 훌륭한 회사 생활을 위해 읽어야만 하는 책! 결국 일은 보고서로 말하고 추진하는 것인데, 이 책은 아주 정통적이면서도 구체적이고 섬세하게 그 일을 잘할 수 있게 알려 주고 있다. 한 번이라도 보고서 때문에 고민한 적이 있다면 읽어 보라. 잘 쓰이지 않는 보고서를 앞에 두고 고민하는 시간이 생산적인 활동을 하는 데 쓰일 수 있을 테니까! 이 책이 알려 주는 대로 한다면 당신은 훌륭한 사내 에이스로 성장해 있을 것이다.

한화투자증권 송성준

항상 회사는 뛰어난 기획력을 빠른 시간에 요구합니다.

그럴 때일수록 머릿속은 복잡해집니다.

무엇보다도 "보고서 첫걸음"은 일목요연하게 머릿속을 정리해 주고 어떻게 기획해야 하는지를 아주 쉽게 알려 줍니다.

저와 같이 프로 기획자가 되고자 하는 세미프로(Semi-pro) 여러분께 강력 추천해 드립니다.

KT 장희재

삶에서 나를 표현하기 위해서는 말하는 방법이 중요하다.

마찬가지로 직장인으로서 회사의 언어인 보고서를 잘 써야 한다.

이 책은 내가 가야 할 보고서의 방향이 어디인지 잘 알려 준다.

SK 하이닉스 이현일

안녕하세요, 여러분? 페이퍼로지 김도균이라고 합니다. '페이퍼로지'는 제 유튜브 필명이고요. 페이퍼는 '종이', 로지는 '-학'을 의미합니다. 그러니까 종이, 즉 문서에 대한 원칙을 여러분께 최선을 다해 정립해 드리고 전달해 드리겠다는 뜻을 가지고 있죠.

저는 현대자동차 계열 광고대행사 이노션 그리고 레오버넷 코리아라는 광고회사에서 오랜 기간 동안 기획으로 일을 해 왔고요, 현재는 8년째 제 회사를 운영하고 있습니다. 저희 회사는 기획을 하는 회사이고요. 저는 '대표기획자'로서 다양한 사례들을 남기며 즐겁게 세상을 바꾸는 일을 하고 있습니다.

돌이켜 보면, 성공한 프로젝트 뒤에는 항상 뭐가 있었냐, '잘된 보고서'가 있었습니다. 그만큼 여러분의 생각이나 아이디어가 현실이 되고, 또 매출을 발생시키는 데 있어서 그 핵심은 '보고서'라고 해도 과언이 아닐 것 같습니다.

회사를 다니면서 참 재미있었던 것이, 사람들은 자주, '이해하기 어려운 문서'를 만들고, 또 그런 문서를 만드는 데 있어서 말도 안 되는 많은 시간을 들이고 있다는 점이에요. 게다가 그 문서를 검토하는 입장에 계신 상사 분들 중 일부는 보고서라는 문서에 대한 이해도가 떨어지기 때문에, 공허한 피드백을 줄 수밖에 없고, 그 피드백을 받은 다음엔 더 말도 안 되는 괴물 같은 문서가 탄생할 수밖에 없는 악순환에 우리는 간혀 있는 겁니다.

'문서 작성'. 이건 바로 모든 직장인의 공통된 1순위 고민일 거예요. 그죠? 그런데 가장 많은 고민을 하고 있음에도 불구하고, 솔루션은 도무지 보이지를 않고, 실력이 늘지 않고 매번 제자리걸음을 하게 되니까, 그게 결국 회사 생활의 매너리즘으로까지 연결이 되는 것이죠.

우리가 '이해할 수 없는 보고서'를 자꾸 만들고 '보고서 작성'에 불필요하게 과도한 시간을 보내고 있는 것. 과연 이게 여러분의 노력이 부족해서일까요? 아닙니다. 여러분이 지금 누구보다 많은 노력, 고민을 하고 계시다는 것을 잘 알고 있어요. 이건 노력 부족 때문이 아니예요. 바로 '기술 부족'에서 오는 현상이에요.

이번 책은 제 강의 내용 중 정수만을 담은 책입니다. 강의 현장에서 이 내용을 접하고 회사로 돌아간 많은 분들이 저에게 '드디어 제대로 된 문서를 만들 수 있게 되었다.', '사내에서 정말 좋은 평가를 받게 되었다.', '보고서로 정말 많은 칭찬을 받았고, 왜 이렇게 문서를 잘 만들게 되었냐는 칭찬을 들었다.' 등 뭐 이런 긍정적인 피드백을 많이 주셨습니다.

그렇게 검증받은 내용들 중 핵심만을 골라 이번만큼은 여러분의 보고서를 진짜로 완벽하게 종결시켜 드리기 위해! 더 이상 PPT나 보고서에 대해서 검색조차 하지 않게 해 드리기 위해! 이번 책을 준비했습니다. 이번 책에 담긴 기술은 어디를 가서도 백전백승, 필승할 수 있는 기술들입니다.

아이러니하게 들리실 수도 있는데요, 저는 지금부터 책을 통해 여러분께 강의를 할 것이지만 제 스스로를 강사라고 생각해 본 적이 한 번도 없습니다. 이게 무슨 말이냐. 저는 강사평가나 강사로서의 기존의 레거시, 아니면 세간의 시선을 신경 쓰는 사람이 아니라는 겁니다. 강의를 위한 강의는 가슴에 손을 얹고 하나도 싣지 않았습니다. 저는 오직 '여러분의 즉각적인 변화', '이 책을 본 직후부터 곧바로 제대로 된 문서를 만들 수 있느냐' 이것에만 초점을 맞추고 매달려서 이번 강의를 준비했습니다.

'좋은 아이디어, 개혁적인 제안과 생각' 이런 건 정말 많아요. 하지만 그것을 문서로 잘 표현하지 못해서 여러분의 기획이 현실이 되지 못하고 묻히는 경우, 이런 경우가 굉장히 많습니다. 제가 가장 안타까움을 느끼는 부분이에요. 여러분의 기획이 실현되지 않는 가장 큰 이유는 여러분이 '아이디어가 없어서'가 아니라는 걸 꼭 기억해 주세요. 그게 아니라 단지 '보고서 작성 스킬'이 부족했던 것뿐입니다.

이번 강의를 통해 문서 작성에 대해 고민을 하는 사람들이 줄어들고, 자료의 좋고 나쁨이 아니라 본질적인 아이디어가 정당하게 평가되는 그런 환경이 된다면 저는 더 바랄 것이 없습니다. 그리고 이 강의를 끝으로 더 이상 문서 작성이나 기획서 작성에 대한 책이나 강의가 나오지 않기를 바랍니다. 문제를 겪는 사람이 적다면 시장도 없어질 테니까요. 그럼 첫 번째 원칙부터 바로 시작하시죠.

2023년 1월, 페이퍼로지 김도균

제 2 장
보고서 '디자인' 완전 격파할 수 있는

32가지 원칙

제 **1** 장

보고서 '글' 완전 격파할 수 있는
22가지 원칙

머릿속에 있는 기획을 보고서로 표현하는 것은 절대 쉬운 일이 아닙니다. 대체 왜 그럴까요? 내 머릿속에 있는 생각을 기획서로 표현하는 것에 왜 많은 사람들은 어려움을 느낄까요? 문제의 원인은 '도구'에 있습니다. 대부분의 사람들이 기획의 각 단계에서 필요한 '도구'를 가지고 있지 않기 때문에 '생각이 문서로 전환되는' 본격적인 단계로 진행이 되지 않고 많은 고민을 하는 것입니다. 하지만 이 글을 읽으시는 여러분은 이제 아무런 걱정을 하지 않으셔도 됩니다. 이번 장에서는 여러분께 생각이 기획서로 전환되는 데 필요한 모든 도구를 손에 쥐어 드리겠습니다.

01 보고서는 '정보'를 쓰는 곳이 아니라 '의견'을 쓰는 곳이다

만약 당신의 상사가 "스마트폰 브랜드 점유율 조사"라는 업무를 지시했다고 가정해 보겠습니다. 이런 경우, 여러분은 보고서를 어떤 내용으로 채우실 건가요? 간단하게 생각해 봅시다. 스마트폰 브랜드 점유율 조사를 요청했으니, 당연히 현재 스마트폰 점유율 TOP 10 정도를 정확하게 파악하는 것은 업무의 본질이 되며 반드시 포함되어야 하는 내용입니다. 여기에서 조금 더 업무 경험이 풍부한 사람들이라면 '오, 과거 2~3년간 브랜드 점유율 추이까지 넣으면 좋겠군.'이라 생각하며 그 부분을 추가할 것입니다.

얼핏 보면 완벽한 보고서라는 생각이 드실 거예요. 스마트폰 브랜드 점유율 조사를 부탁했는데, 현재 스마트폰 점유율 TOP 10은 물론 과거 2~3년간 점유율 추이까지 조사했으니까요. 하지만 이것은 일을 그냥 저냥 해내는 99%의 평범한 사람들이 일하는 방식입니다. 이렇게 해서는 당신의 보고서는 평범한 보고서 그 이상도 이하도 아니게 됩니다. 우리는 지금 아주 심플한 생각의 전환만으로도 상위 1%의 보고서를 쓸 수 있는 방법에 대해 이야기 하고 있는 것입니다. 자 그럼 대체 뭐가 문제인 걸까요? 바로 '의견'의 부재입니다.

● 업무를 지시한 사람이 원하는 것에 집중하라

현재 브랜드 점유율에 과거 2~3년간 점유율 추이까지 더한다 하더라도 이 모든 내용들은 단지 정보에 지나지 않아요. 요즘 같은 세상에 구글에서 검색했을 때, 단 몇 초면 나오는 정보를 굳이 업무화해서 당신에게 요청했을까요? 아닙니다. 여러분에게 이 일을 의뢰한 당사자는 점유율이 왜 이렇게 변화하게 되었는지 그 '이유'가 궁금했던 것입니다. 더불어 이 보고서에서 가장 중요한 부분, 반드시 들어가야 하는 부분, 업무를 지시한 사람이 진짜 궁금해하는 그것! 바로 '그 결과 우리 사업부가 취해야 할 포지션은 무엇인가?'에 대한 여러분만의 의견이 들어가야 한다는 겁니다. 그것이 상사가 진짜 업무를 지시한 이유가 되겠습니다.

물론, 애초부터 '우리 사업부가 취해야 할 포지션은 무엇인가?'라며 업무를 상세하게 지시하는 좋은 상사도 있습니다만, 겪어 보신 분들은 아시겠지만, 그렇지 않은 오더가 대부분입니다. '상대가 무엇을 원하는지 정확하게 파악하는 것'도 보고서를 쓰는 여러분의 책임입니다. 잔인하게 들릴 수도 있겠지만 당신이 보고서에 상대방의 의도를 파악하고 당신만의 의견을 개진하면 할수록 성공경험이 쌓일 수밖에 없습니다. 그리고 그것이 당신을 돋보이게 만들어 줄 거예요. 기억하세요. 99%의 보고서에는 정보만 들어 있습니다. 그리고 그 정보를 토대로 여러분만의 의견을 개진하는 것이야말로 당신을 상위 1%의 일잘러로 만들어 준다는 사실을요.

● 정보 나열식 보고서는 이제 그만

하나 더 해 볼까요? 미국에서 굉장히 사랑받는 햄버거 프랜차이즈 '파이브 가이즈(FIVE GUYS)'가 있죠. 당신의 회사에서 이 브랜드를 한국에 들여오는 신사업을 하려고 하고 당신은 그 업무를 맡았다고 가정해 보겠습니다. 보고서를 작성하는 당신! 어떤 내용으로 보고서를 채우실 건가요?

> 1. 파이브가이즈 프랜차이즈 상황 전반
> 2. 미국에서 성공했던 비결
> 3. 재무상황 및 수익성
> 4. 다른 나라 진출 사례
> 5. 파이브가이즈의 IT시스템과 기업문화

이렇게 크게 5개의 구성으로 보고서를 제작한다면 어떨까요? 얼핏 보기엔 거의 완벽한 보고서의 구성처럼 보일 수 있습니다. 하지만 역시 중요한 것이 빠져 있죠. 그렇죠. '의견'입니다. 위 5가지 항목들은 모두 정보입니다. 저렇게 보고서를 마무리한다면 정보 나열식 보고서에 그치고 마는 것이며, 이런 식의 보고서는 필드에서 환영받지 못합니다.

이 보고서에는

> 1. 미국에서의 성공비결이 한국에서도 통할 수 있을지
> 2. 본사에 얼마의 로열티를 제안하는 것이 적당한지
> 3. 론칭 이후 얼마 만에 흑자로 전환될지

이렇게 3가지 '의견'이 들어가야 한다는 겁니다. 왜냐, 이것이야말로 비즈니스에서 궁금해하는 진짜 필요한 의견이기 때문입니다. 정보 나열

만 하고 끝나는 보고서는 심하게 말하면 '책임 전가'가 됩니다. 의견이라는 것이 잘못됐을 때 비난받을 수 있는 영역에 있기 때문에, 책임을 지기 싫어하는 유형의 사람일수록 의견 내는 것을 무서워하고 피하는 경향이 있습니다. 하지만 큰 책임을 가질수록 여러분은 조직에서 그만큼 퀀텀 점프(quantum jump)를 할 기회가 많이 열려 있다는 것을 명심해 주세요.

● 퀀텀 점프
단기간에 비약적인 성장이나 발전을 할 때 사용하는 말로 '압축성장'을 뜻하는 용어

● 중요한 것은 당신의 '의견'

정보를 찾았다는 사실에 만족해하는 사람이 대부분입니다. 그러나 가슴에 손을 얹고 생각해 보세요. 정보를 찾고 정리하는 능력은 이미 구글에 자리를 내 주지 않았나요? 반복적으로 그런 업무를 하고 계시다면 여러분은 구글과 경쟁을 하려고 하는 것과 같습니다.

　명심하세요. 기획서를 쓰는 당신에게 가장 중요한 것은 '의견'을 내는 것입니다. 정보를 정답이라고 착각하는 것에서 빨리 탈출합시다.

1 보고서에는 반드시 당신만의 '의견'이 들어가야 한다.
2 '의견'이 빠진 정보로 가득 찬 보고서는 상대방에게 무거운 책임을 전가하는 것이다.
3 업무를 지시한 상대방이 진짜로 원하는 것이 무엇인가에 집중하면 답은 쉽게 나온다.

02 당신의 보고서는 결국 '메모'에서 온다

보고서를 쓸 때, 고민 없이 술술 써 내려가는 사람이 있는 반면, '어떻게 하지…' 하며 깊은 고민에 빠지는 사람도 있죠. 이것은 의외로 업무 능력과는 크게 상관이 없습니다. 차장·부장 정도의 직급이 된다고 해서 누구나 보고서를 술술 써 내려갈 수 있는 건 아닙니다. 사원이라도 보고서를 술술 써 내려가는 사람이 있죠. 대체 어떤 비밀이 있길래 이런 차이가 발생하는 것일까요? 자신 있게 말씀드릴 수 있는데 그 비결은 '메모'에 있습니다.

● 노트테이킹이 업무 실력을 가른다

앞서, 보고서에는 '나만의 의견'(의견은 결론, 시사점이라는 말로도 대체할 수 있습니다)이 들어가야만 상위 1%의 보고서가 된다고 말씀드렸습니다. 그런데 이 의견이라는 것은 깊이 있는 인사이트이기 때문에 평소의 훈련이 없다면 뚝딱 나오게 되는 것은 아닙니다. 의견도 내 본 사람이 계속해서 잘 낼 수 있는 것이죠. 그 훈련을 하는 것이 바로 '노트테이킹'입니다.

　　노트테이킹을 하는 자와 그렇지 않은 자의 업무 실력은 너무나도 확연히 차이가 나기 때문에 가능하다면 백 번 천 번을 강조하고 싶습니다.

그래서 이번 원칙에서는 당신이 보고서의 신이 될 수 있도록 그 밑거름을 깔아 주는 노트테이킹 방식에 대해 모든 것을 알려 드리고자 합니다.

● 일상생활을 메모와 함께

크게 두 가지 카테고리로 나누어 메모하는 것을 추천드립니다. 첫째, 평소의 시간을 늘 메모와 함께 하는 것입니다. 대표적으로 메모 온 쇼핑이 있겠습니다. 여러분이 보고서 작성의 밑거름을 잘 쌓아 놓기 위해서는 온-오프라인 쇼핑을 할 때 정말 많은 것을 보고 느끼고 적으셔야 합니다.

먼저 백화점 매장을 볼까요? 제품들이 점장의 취향대로 진열되어 있다고 생각하신다면 큰 오산입니다. 매장이라는 곳은 굉장히 냉정한 곳으로 잘 팔리지 않으면 몇 주를 넘기지 못하고 제품이 빠져 버리는 그런 곳입니다. 그래서 가장 잘 보이는 곳에 있는 제품들은 가장 잘 팔리는 제품이라고도 볼 수 있습니다. 즉 매장 진열만 보고서도 현재 트렌드를 판단할 수 있는 것이지요.

이때 중요한 것이 당신이 관심 있는 매장에만 들어가서는 안 된다는 것입니다. 그러면 생각이 확장될 수 없습니다. 안경을 쓰지 않고 있다 하더라도 안경점에 들어가 어떤 브랜드의 안경이 얼마나 팔리는지 살펴보는 것이 중요합니다. 점원 분들과 이야기를 나누셔도 좋습니다. 질문이 생기면 바로바로 물어보세요. 그리고 여러분이 몰랐던 사실을 최대한 많이 적으시면 좋습니다.

남성분들이라도 화장품 숍에 들어가서 이것저것 살펴보시면 좋습니다. 여자 친구의 선물을 사러 왔다고 위장 잠입을 하는 것도 방법이겠죠. 이건 절대로 눈치 보이는 행동이 아니에요. 요즘 잘 팔리는 화장품은 어떤 분야인지, 코로나 이후 립스틱 시장은 어떻게 되어가고 있는지, 눈 화장 제품이 평소보다 더 많이 팔리고 있는지 이런 것들을 현장에서 느끼고 보고 적는 것입니다. 지금의 트렌드를 파악하는 데 있어 이보다 좋은 방법이 없을 정도입니다.

또한 서점을 강력하게 추천드리고 싶습니다. 서점은 효율적으로 세상의 트렌드를 한번에 파악할 수 있다는 장점이 있습니다. 특히 평대를 주목하시면 좋습니다. 의외로 도서 시장은 트렌드를 한껏 받아들이고 있는 편이며, 평대에는 그 트렌드 중 살아남은 주제만 남아 있다고 보셔도 됩니다. 지점마다 약간의 차이는 있을 수 있지만, 보통 14일간 판매가 저조한 책은 평대에서 사라지게 됩니다. 서가나 평대 하단으로 이동합니다. 그만큼 현재 평대에 위치해 있는 책들은 사람들이 관심을 가지고 있는 주제라고 보셔도 됩니다.

경제 경영 쪽을 예로 들어 보겠습니다. 한때 주식 혹은 비트코인, NFT 등을 주제로 한 도서들이 평대를 꽉 메운 것을 보신 적 있으실 겁니다. 트렌드가 바뀔 때마다 풍경이 완전히 달라져 버리죠. 그래서 당신은 현재 어떤 것이 트렌드인지 한눈에 파악할 수 있게 됩니다. 서점을 자주 방문하는 것은 이래서 중요합니다. 시간이 정 안 된다면 온라인 서점의 베스트셀러 순위를 파악해 보는 것 역시 좋은 방법입니다.

이때 메모를 하는 두 가지 방법이 있습니다. 하나는 제목 위주로 키워드를 뽑는 것입니다. 사진을 찍어 오신 뒤, 집에서 따로 정리하는 것도 괜찮습니다. 두 번째는 목차입니다. 목차를 보고 여러분이 흥미가 가는 부분이 있다면 그 부분을 서서 읽으시면서 간단히 메모하시면 됩니다. 그러다가 깊게 읽어 보고 싶은 도서가 있다면 구매하면 되겠죠. 꼭 모든 책을 사서 볼 필요는 없습니다. 여러분이 서점에만 가끔 방문하셔도 트렌드에 맞는 키워드, 문장, 지식 등을 얼마든지 뽑아 낼 수 있습니다. 단, 메모를 하지 않으면 무조건 증발되어 버리므로 반드시 메모를 해서 내 것으로 만들어 내는 것이 포인트입니다.

● 일상 반경 모든 곳을 메모의 원동력으로

지금 '평소의 시간'의 활용에 대해 이야기하고 있습니다. 쇼핑몰과 서점이 아닌 여러분이 가는 모든 곳이 메모의 원동력이 되어야 합니다. 음식점도 될 수 있고 박물관이 될 수도 있겠죠. 음식점을 예로 들어 보죠.

제 메모에는 이런 것이 적혀져 있습니다.

'A라는 돈가스 전문점에 방문, 내 가방을 바닥에 놓고 음식을 주문했다. 그런데 한 스태프가 놀란 표정으로 간이 의자를 들고 나에게 뛰어와 이야기했다. "손님, 가방을 바닥에 놓으면 지저분해지니 여기 간이 의자에 올려 놔 주시면 좋겠습니다."라고. 무척이나 감동적인 순간이었다.'

이것이 별것 아닌 경험이라고 생각하실 수도 있지만, 당시 현장에 있던 저는 굉장히 감동을 받았고, 향후 이런 부분을 내 환경에서 써먹어 봐야겠다고 생각했습니다. 실제로 커피숍 등에서 미팅을 할 때, 상대방이 가방을 바닥에 내려 놓으면 제가 (일부러 더 놀라는 척을 하며) '가방이 지저분해질 수 있으니 여기에 올려드리겠습니다.'라고 하며 추가적인 액션을 하고 있습니다. 표현은 안 해도 상대방은 이러한 대접에 굉장히 감동받기 마련입니다.

그렇다면 어떻게 제가 받은 감동 서비스 경험을 제 실생활에 적용하는 것이 가능했을까요? 바로 '메모' 덕분이겠죠. 메모를 했기 때문에, 그 당시 받았던 감동이 소멸되지 않았고 텍스트로 남게 되었으며 덕분에 나중에 상기가 가능하여 제 실생활에 적용했던 것입니다.

두 번째는 영화, 책, 유튜브, 광고 등 콘텐츠를 보며 메모하는 것입니다. 콘텐츠 소비에는 두 가지 방법이 있습니다. 하나는 그냥 편하게 소비하는 것(이것도 안 보는 것보단 낫습니다), 다른 하나는 메모를 하며 보는 것입니다. 결과적으로 메모를 하며 콘텐츠를 소비하는 것은 굉장히 큰 차이를 보여 줍니다.

평소에 메모해 둔 문구를 PPT
에 활용한 예 - 1

평소에 메모해 둔 문구를 PPT
에 활용한 예 - 2

　　보고서에는 감동이 되는 글귀나 내 논리를 뒷받침해 주는 유명 인사
들의 인용문이 필요한 경우가 많이 있습니다. 매 보고서마다 들어간다
고 해도 과언이 아닌데요. 이럴 때 평소에 해 둔 메모는 여러분의 시간을
줄여 주며, 각 상황에 맞는 정확한 인용구들을 찾아 사용할 수 있도록 해
줍니다.

　　위 이미지는 실제 PT를 했던 보고서 중 간지에 들어간 장표입니다.
각 챕터의 발표를 시작하기 전, 해당 내용과 관련된 이야기를 재미있고 가볍게 꺼내며 아이스 브레이킹(ice breaking)을 했었죠. 하나는 유명 인사의 말이고, 하나는 광고 카피입니다. 평소에 책을 보며, 광고 카피를 살펴보고 메모했던 것들 중 이번 발표와 맞는 것을 바로 꺼내어 적용했을 뿐이죠. 평소의 시간을 메모와 함께 보냈기 때문에 가능한 일입니다.

아울러 이야기가 나온 김에 보고서에서 챕터를 구분할 때, 단순 구분보다는 이렇게 엔터테인먼트를 집어넣는 것은 굉장히 효과적입니다. 발표라는 것이 상당히 긴 시간이 걸리는 부분이 있기 때문에 중간중간 아이스 브레이킹 목적의 쉬어 가는 페이지가 필요한데, 이걸 따로 만들기에는 과도한 느낌이죠. 그러니 카테고리를 구분하는 부분에 함께 써 주시면 일석이조의 효과를 보실 수 있습니다.

● 메모로 복기하는 삶

이 외에도 매일매일 짧은 일기를 쓰는 것, 식단과 운동에 대해 기록하는 것도 강력하게 추천드리는 메모의 방식입니다. 나의 일상을 기록한다는 것은 내 하루를 '복기한다'는 의미와 같습니다. 당연한 말이지만 복기하는 삶과 그렇지 않은 삶은 차이가 날 수밖에 없겠죠. 어제보다 나은 오늘을 위해서는 복기가 가장 중요하다고 말씀드릴 수 있겠습니다.

한 예로 저는 생활체육으로 유도와 테니스를 하고 있는데요. 이 두

여기서 잠깐!

장표?

장표란 문서의 표지를 붙여서 문서의 내용을 나타내는 것을 말합니다. 회사마다 장표의 서식, 관리번호 및 표시가 정해져 있기도 한데요. 통상적으로 장표는 'PPT 슬라이드', '한 장의 PPT 페이지'와 같은 말로 사용됩니다.

종목 모두 '힘을 빼고' 임하는 것이 굉장히 중요합니다. 힘을 빼고 원리를 이용해서 해야만 경기에서 승리할 수가 있죠. 이것도 메모를 하지 않았다면, 코치님들이 하는 이야기를 듣고 '아 힘을 빼야 하는구나.' 정도로 그칠 수 있었겠지만, 하루하루를 복기하는 메모를 필수적으로 하다 보니 뇌리에 더 강하게 박힐 뿐만 아니라, 운동 외 삶에까지 큰 영향을 미치는 경험을 했습니다.

유도나 테니스뿐만 아니라 인간관계에서도 또 업무를 하는 데 있어서도 힘을 빼, 불필요한 에너지를 아끼고 힘을 줘야 할 때만 임팩트를 주는 것이 가장 중요하니까요. 즉 '메모'는 운동 능력의 향상은 물론이고 운동에서 배운 철학을 내 삶에까지 연결하는 것에 큰 도움을 주고 있습니다.

1 나의 메모들이 쌓여 기획서가 된다.
2 평소에 느끼는 감정을 그때그때 적어 두지 않으면 휘발된다.
3 콘텐츠를 소비하면서도 '메모'를 해야, 내 것이 된다.

03 말을 아낄수록 좋은 기획서다

같은 뜻을 전달할 수 있는 10Page짜리 보고서가 있고, 같은 뜻을 전달할 수 있는 1Page짜리 보고서가 있습니다. 과연 어떤 것이 더 좋은 보고서일까요? 전자는 '조금 더 정성스럽게 보인다'라는 감성적 장점을 제외하고는 1Page짜리 보고서보다 나을 것이 없습니다. 어차피 같은 뜻이 전달된다면 당연히 1Page로 압축된 보고서를 써야 합니다. 보고서를 읽는 사람 입장에서도 굉장한 시간을 아낄 수가 있겠죠.

별것 아닌 내용을 구구절절 길게 말하는 사람이 있듯이, 보고서도 구구절절 길게 쓰는 것이 습관인 사람들이 있습니다. '성의 없어 보이면 어쩌지?' 하는 기우도 그 원인 중 하나가 되겠습니다. 이런 보고서는 두 가지 특징이 있습니다.

하나. 없어도 되는 내용이 가득 들어가 있습니다.
둘. 문장 자체에 문제가 있습니다.

이번 원칙에서는 이 두 가지 안 좋은 습관을 고칠 수 있는 솔루션을 제시해 드리고자 합니다.

● 보고서에 중점적 사고를 적용하라

보고서가 구구절절 길어지는 이유는 바로 없어도 되는 내용이 가득 들어가 있기 때문입니다. 내가 조사한 것들이 아까워서, 내가 생각한 아이디어들 중 상대가 뭘 좋아할지 판단이 서지 않아서 '솎아 내는 과정' 없이 모든 내용을 다 집어넣는 것입니다. 이 책을 읽으시는 여러분은 이제 '솎아 내는 과정' 즉 '중점적 사고'를 보고서 쓰실 때 반드시 염두에 두셔야 합니다.

보고서에 중점적 사고를 적용하려면 대체 어떻게 해야 할까요? 간단하게 2:8의 법칙만 기억해 주세요. 그러니까 여러분이 쓴 초안이 10이라면 8은 덜어 내는 것입니다. 나머지 2에 힘을 실어 내용을 보강하고 검토, 퇴고하는 과정을 겪는 것이죠. 나머지 8을 삭제하라는 것은 아닙니다. 최대한 버리라고 말씀드리고 있지만 솔직히 아깝잖아요. 이때 기능을 하는 것이 어펜딕스(Appendix)입니다. '이런 아이디어도 있었다.'라고 하며 Appendix 쪽에 빼 두시면 '아깝다'는 마음을 극복하는 데 있어서 심리적으로 도움이 되실 겁니다.

● 어펜딕스: 첨부, 별첨 자료

우리 예를 하나 들어 볼까요? 향수 브랜드의 문화마케팅 아이디어를 펼쳐 놓는 자리가 있다고 합시다. 아이데이션(ideation) 결과 10개의 아이디어가 나왔습니다.

여기서 잠깐!

아이데이션?

'idea+action'의 약자로, 새로운 아이디어의 생성, 발전, 커뮤니케이션 등의 과정을 아우르는 개념입니다. 아이디어 자체보다는 아이디어가 만들어지는 과정에 중점을 둔 개념으로, 해결해야 할 문제에 대한 해결 방법(아이디어)을 이해관계자들이 함께 찾아나가는 전체적인 과정을 말합니다.

1. 향수 제조자의 퍼퓸멘터리 제작
2. 향수 시향 스틱에 키카피 + 향과 함께 잡지 게재
3. 고객이 자신의 이름을 딴 향수 DIY 제작
4. 향수 숏무비 제작, 유튜브 업로드
5. 향에 대한 에세이 독립 출판
6. 향 체험 플래그십 스토어 오픈
7. 패키지 변경
8. 우리 향으로 가득 찬 커피숍 론칭
9. 유명 작가와 어울리는 향수 컬래버 론칭
10. 교보문고 컬래버, 일정 기간 동안 우리 향으로 대체

이때 중점적 사고를 하지 못하는 사람일수록 잡다하고 두서 없는 초안을 그대로 펼쳐 놓는 경향이 있습니다. '뭘 좋아할지 몰라 다 준비했어.' 같은 느낌으로요. 이것은 광고 카피일 뿐이지, 보고서를 이런 식으로 쓰면 절대로 안 됩니다.

그럼 어떻게 해야 하냐고요? 2:8 법칙에 대해 말씀드렸었죠? 초안으로 작성한 내용 중 20% 정도를 선별하는 과정을 거쳐야 합니다. 예를 들어 다음 2개를 골라 보도록 하겠습니다.

1. 유명 작가와 어울리는 향수 컬래버 론칭
2. 교보문고 컬래버, 일정 기간 동안 우리 향으로 대체

만약 이 보고서의 총 페이지 수가 10장이라고 한다면 아이디어 하나에 한 장씩 할애해 10장을 채우는 것이 아니라 중점적 사고로 선별한 2개의 아이디어를 상세히 풀어 10장을 채워야 하는 것입니다. 이를테면 위 2개의 아이디어를 바탕으로 다음과 같이 구성할 수 있겠죠.

|||||||||||| **1** ||||||||||||

유명 작가 리스트

|||||||||||| **2** ||||||||||||

각 작가들의 대표 작품 및 출간 예정 작품

1. 작품의 간단한 줄거리 소개와 우리 향수 간의 렐러번스(relevance) 확인
2. 컬래버 시, 북 리커버로 갈 것인지 또는 신간 출시를 함께할 것인지
3. 이때 패키지는 어떤 식으로 제작할 것인지(mock up)
4. 어떤 서점, 어떤 매대에서 광고가 가능한지
5. 마케팅에 필요한 비용 정리
6. 구매 의향 사전 설문조사 결과
7. 브랜드 인지도에 미치는 영향 예측(forecast)
8. 향후 진행 과정별 단계(step) 및 타당성 조사(feasibility check) 결과 등

이런 식으로 아이디어를 상세하게 풀어 가야 한다는 것입니다. 이것이 중점적 사고입니다. 보고서의 초안 중 내가 집중해야 하는 구간을 고르고 그것을 집요하게 파 내려가는 것이죠.

● 일상에서 중점적 사고를 훈련하는 방법

보고서를 잘 쓰기 위한, '중점적 사고'의 훈련은 일상에서도 가능합니다. 몇 가지 방법을 소개해 드리겠습니다.

첫 번째로는 독서입니다. 독서의 가장 좋은 방법은 역시 정독이겠지만, 현실적으로 당신의 바쁜 일상을 생각하면 불가능에 가까운 일일 수 있습니다. 효율적이지도 않고요. 그래서 우선은 목적에 맞는 독서를 하시길 권장해 드립니다.

먼저 여러분이 쓰시는 보고서의 주제와 맞게, 독서의 목적부터 설정해 주세요. 그리고 그 목적에 맞는 책을 5권 이하로 선정합니다. 이후, 그 5권을 다 읽는 것이 아니라 목차를 펼쳐 놓고 내가 필요한 부분만 골라서 읽는 것입니다. 이 방법은 별것 아닌 것처럼 보여도 상상을 초월하는 수준으로 유용합니다. 정보를 웹에서 찾는 것도 좋은 방법이지만, 가끔 도서가 그 이상의 힘을 발휘할 때가 있습니다.

책은 수많은 사람들이 내용에 대한 팩트 체크를 마친 결과물이기 때문에, 인용하시기에 매우 좋습니다. 출처를 밝히기 편하다는 말이죠. 또한 당신이 읽기 쉽게 정제를 마친 글이기 때문에, 보고서용 어휘로 바꾸기에도 쉽죠. 책을 필요한 부분만 골라 읽는다고 해서 잘못된 독서방법이 아니니 걱정 마시고 한번 활용해 보시기 바랍니다.

두 번째는 투두리스트(to-do list) 작성입니다. 간혹 너무 사소한 일들까지 나열식으로 쭈욱 적는 분들이 있습니다. 이렇게 되면 문제가 발생합니다. 사소한 일들은 일반적으로 고민 없이 금방 끝낼 수 있는 단순 업무일 가능성이 높습니다. 인간은 자연스럽게 쉬운 일부터 하는 것을 좋아하기 때문에, 이 과정에서 생각을 많이 해야 하는 주요한 일들이 우선순위에서 밀려나게 됩니다. 사소한 일은 말 그대로 사소한 일일 뿐입니다. 깊은 생각을 요구하는 중요한 일을 먼저 처리한 뒤, 남는 시간에 후

딱 처리해도 괜찮은 일입니다. 중점적 사고를 이용해, 중요한 일들과 사소한 일들을 분리해서 적을 줄 알아야 하며 중요한 일들부터 처리하는 습관을 기르시길 제안드립니다.

1 아이디어의 **80%**를 버리고 **20%**를 선별해, 집중하자.
2 중점적 사고는 독서에도 적용할 수 있다. 이를 목적이 있는 독서라고 한다.
3 중점적 사고를 투두리스트에 적용하면, 중요한 일부터 처리하는 습관을 기를 수 있다.

어려운 말을 쓰면
과연 똑똑해 보일까?

● 풍부한 어휘력을 가져라

이번 원칙을 시작하기 전에 풍부한 어휘력을 가지는 것은 매우 중요하다는 것부터 말씀드리고 싶습니다. 어느 분야의 누구와 대화를 하더라도 최소한 대화의 내용이 이해 가능하고 내가 그 용어를 쓰진 못하더라도 들으면 알아들을 수 있고, 풀어서 이야기한다면 설명이 가능한 수준까지는 어휘력을 끌어올려야 하는 것이 맞습니다. 그래야 당신은 넓은 시야를 확보할 수 있으며, 보고서를 간결하게 쓸 수 있기 때문입니다.

● 어려운 용어가 많다고 좋은 보고서는 아니다

하지만 아무데서나 업계 용어, 전문용어를 남발하는 그런 사람이 돼서는 안 됩니다. 어려운 어휘를 쓰는 것을 '멋지다'라고 생각하는 사람들이 많은데 그건 대단히 착각하는 것입니다. 지식을 뽐내려는 사람이 특히 이런 경향이 강한데, 이것은 '좋은 보고서' 작성에 있어서 크게 도움이 안 되는 성향이죠.

　예를 들면 당신이 테니스를 꽤나 치는 구력 5년 이상의 동호인이라고 가정합시다. 그런데 어떤 자리에서 테니스를 하나도 모르는 사람과 대화할 일이 생겼습니다. 이때, 당신은 테니스인들끼리만 쓰는 그런 용어들을 가지고 이 사람과 대화할 건가요? 포핸드, 백핸드, 게임, 러브, 포티, 슬라이스, 하드코트 이런 용어들이요. 테니스를 치는 입장에 있는 당신에게는 너무나도 쉬운 용어들이지만 테니스를 접해 본 적이 없는 사람의 입장에서는 이 말은 너무나도 어려운 말입니다. 그리고 용어를 하나둘 놓치기 시작하면 대화의 전체 맥락을 이해하지 못하게 됩니다. 충분히 쉬운 말로 풀어서 설명할 수 있는데 말이죠. 커뮤니케이션에서 가장 중요한 것은 내 용어를 뽐내는 것이 아니라, 대화를 이어 나가는 것이니까요.

보고서도 똑같습니다. 다음과 같은 말이 있다고 합시다. "론칭 규모감과 타깃의 미디어 주목도 증대를 위해 User Interaction 광고를 주 포털사이트에서 집행, Impression을 확보하겠습니다." 자, 이 말은 광고업계에서 종사했던 사람이라면 누구나 쉽게 이해할 수 있는 말입니다. 하지만 그렇지 않은 사람이라면 어떨까요? 어렴풋이 무슨 말인지는 이해할 수 있을지 몰라도 정확하게 그 내용을 파악하는 것은 어려울 겁니다. 그럼 자연히 커뮤니케이션이 원활히 흘러가지 않겠죠.

● 보고서를 읽는 대상에 맞게 용어의 수준을 결정하라

포인트는 이것입니다. 당신이 쓰는 보고서나 말이 대중을 대상으로 하는 것인지, 전문가를 대상으로 하는 것인지, 어떤 업계에 있는 사람인지 등 그것을 정확히 파악한 뒤 용어의 수준을 결정해야 한다는 겁니다.

위에서 예로 든 문장은 같은 업계에 있는 사람이나 광고 경험이 다수 있는 사람이라면 괜찮은 말이지만, 그렇지 않다면 다음과 같이 바꿔야 합니다. "우리 제품이 대세감을 확보하고 더 많은 고객들이 제품에 주목할 수 있도록 네이버 등의 메인 포털사이트에서 반응형 광고를 집행하여 유효한 노출수를 확보하겠습니다."라고요. 훨씬 이해하기 쉽죠? 그리고 이렇게 풀어서 이야기한다고 하더라도 당신의 지적 수준이 낮아 보이는 것도 아닙니다.

전문용어를 마구 섞어 말을 어렵게 해야만 일을 제대로 하고 있는 것이라 생각한다면 그것은 큰 착각입니다. 본질을 잘 이해하고 있는 사람은 결코 말과 글을 어렵게 쓰지 않는다는 것을 기억해 주세요.

1 풍부한 어휘력을 가지는 것은 중요하다.
2 보고서는 글을 쓰기 이전, 내 글을 읽는 사람이 누구인지 파악하는 것이 중요하다.
3 말을 어렵게 써야만 일을 제대로 하는 것이라 생각한다면 큰 착각이다.

05 당신의 언어가 '한글'이듯, 기획서의 언어는 '숫자'다

감성과 이성은 비즈니스에서는 반대되는 뜻을 가진 단어입니다. 그리고 우리는 흔히 비즈니스에서 감성보다는 이성을 앞세워야 한다고 이야기 하죠. 참으로 맞는 말입니다. 감성은 변화하기 쉬운 성질을 가졌고, 이성은 논리이기 때문에 변수에 흔들리지 않는 특성을 가지고 있죠. 비즈니스란 흔들리지 않아야 하므로 이 말이 자주 인용됩니다.

● 말과 글을 수치화하라

자 그럼 대체 보고서에서 '감성보다 이성을 중시'하려면 무엇을 어떻게 해야 하는 걸까요? 비결은 바로 '숫자'에 있습니다. 보고서에 글이 가득하다면 감성적인 보고서가 아닌지 의심해 봐야 합니다. 반대로 숫자가 많이 보인다면 이성적일 확률이 높죠. 여러분의 말과 글을 수치화하는 것이 보고서의 본질입니다. 예를 들어 볼까요?

만약 당신이 "We Design Innovation"이라는 회사의 슬로건을 변경해야 하는 업무를 맡았습니다. 이런 경우 어떻게 보고서의 서문을 여시겠습니까? 다음 글을 한번 보겠습니다.

"Innovation이라는 단어는 이미 수많은 기업에서 쓰고 있는 닳고

수치화 시키지 않은 문장

수치화 작업을 거친 문장

닳은 단어입니다. 워낙 사람들의 귀에 이 어휘가 익숙해져 있기 때문에, 더 이상 혁신이 혁신처럼 느껴지지 않는다는 문제가 있습니다. 그래서 슬로건을 변경해야 합니다."

　자 어떠신가요? 얼핏 듣기에는 그럴싸합니다. 하지만 큰 문제가 있죠. 슬로건을 변경해야 하는 근거를 감성과 추상에 의존하고 있다는 점입니다. 숫자를 가볍게 본 것이죠. 숫자를 가볍게 보는 보고서는 흔들릴 수밖에 없는데 말이죠.

이런 경우 어떠한 문제가 있냐면, 당장 그 자리에서는 그럴싸한 언변이 더해질 경우 상대방을 설득할 수도 있습니다. "아, 그렇지. 바꿔야겠네." 이렇게요. 하지만 장담하건데 이런 보고서는 며칠이 지나지 않아 근거를 보강하라며 수정 지시가 내려옵니다. 회사는 숫자가 없으면 움직이지 못하는 조직이거든요. 결재 라인을 타면서 어느 단계에선가 막히게 될 것입니다.

그럼 다음과 같이 말하면 어떨까요?

"'혁신' 하면 가장 먼저 떠오르는 기업이라는 질문을 가지고 300명을 대상으로 설문조사 한 결과 당사는 10위권에 들지 못하였습니다. Market Share에서 3위를 차지하고 있는 우리가 Mind Share는 무려 15위에 머물러 있습니다. 당사가 추구하는 가치를 고객에게 제대로 전달하기 위해, 즉 혁신과 관련된 Mind Share를 Market Share와 동등한 순위로 만들기 위해 슬로건 변경이 필요합니다."

이렇게요. 완전히 느낌이 달라지죠? 이런 식의 보고서는 결재 라인을 타고 올라가도 누구도 의문을 가지기 쉽지 않습니다. 숫자라는 이성의 언어로 근거를 탄탄하게 보강해 놓았기 때문이죠.

● **숫자가 없는 보고서는 자신감의 결여**

인간은 자신이 없을 때 추상을 말하는 경향이 있습니다. 그래서 보고서의 글이 감성적이면 감성적일수록 상대방은 당신이 스스로의 주장에 자신감이 결여되었거나 당신의 주장이 급조되었다는 것을 본능적으로 깨닫게 됩니다. 특히 상대방의 업무 능력이 만렙에 이른 사람이라면 그 사람은 말 그대로 꿈쩍도 하지 않을 겁니다. 하나 더 해 볼까요?

이솝이라는 기업의 제품 중 '레저렉션(Resurrection)'이라는 핸드크림이 있습니다. 쉽지 않은 이름이죠. 만약 여러분이 해당 제품의 네이밍 변경

● market share: 시장점유율
● mind share: 인식상의 선호도

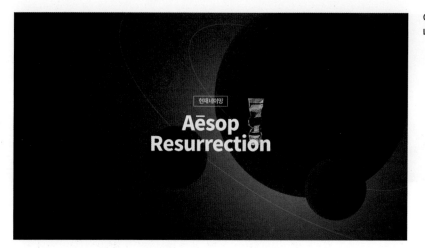

을 담당하게 되었다면 어떻게 보고서를 시작하실 건가요?

이러면 어떨까요? "이솝의 핸드크림 '레저렉션'의 네이밍은 그 의미를 파악하기가 어려워, 타깃이 우리 제품을 한 번에 인식하기 힘들다." 오, 또 들어 보니 그럴 듯합니다. '레저렉션'이라는 말이 무슨 뜻인지 모를 어려운 말임은 맞고, 그렇다 하면 고객들이 제품을 한 번에 인지하기 힘들 테니까요. 하지만 이제 당신은 잘 아실 거예요. 여기에서 뭐가 잘못됐는지 말이죠.

그렇습니다. 이 문장 역시 감성과 추상으로 가득 차 있을 뿐입니다. 숫자가 없죠. 어려우면 얼마나 어려운지와 같은 정량화가 필요한 것이거든요. 왜냐고요? 보고서이기 때문이죠.

● 주장을 수치화하라

이 책을 접한 당신은 앞으로 절대 이런 실수를 범하지 않으셔야 합니다. 초고의 첫 주장은 감성과 추상이 담긴 글을 쓰셔도 됩니다. 하지만 당신의 초고를 검토하는 과정에서 그 주장을 무슨 수를 써서라도 수치화하시길 바랍니다. 방법은 무궁무진하며, 생각보다 어렵지 않게 많은 숫자

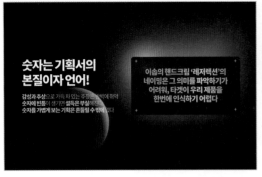

수치화 작업이 되지 않은 문장   수치화 작업이 완료된 문장

들을 뽑아낼 수 있습니다.

레저렉션의 경우 다음과 같이 보고서를 작성할 수 있겠습니다.

"당사의 충성고객 중 주요 타깃인 20대 여성 10명과의 심층 인터뷰 결과, '레저렉션'의 의미를 이해하는 사람은 단 20%에 불과했습니다. 가치 전달에 약 N원이라는 큰 마케팅 비용이 들 것입니다."

이렇게요. 20대 여성, 10명, 20%, N원이라고 하는 수치화를 통해 감성적인 글을 이성화할 수 있는 것입니다. 이제 당신은 수치화하는 방법에 대해 궁금증이 생기실 겁니다. 지금부터 수치화를 할 수 있는 두 가지 방법을 소개해 드리고자 합니다.

● 대규모 설문조사와 FGI를 활용하라

첫 번째로 대규모 설문조사(Mass Survey)가 있습니다. 가장 신뢰도가 높고 대기업에서 자주 사용하는 방법이죠. 할 수만 있다면 대규모 설문조사는 근거로 쓰기에 충분히 좋은 데이터입니다. 하지만 문제는 시간과 비용이죠. 대규모 설문조사에는 면밀한 설계가 필요하기 때문에 전문업체에서 진행해야 하는 영역입니다. 비용도 굉장히 많이 들죠. 그래서 쉽게 진행할 수 있는 부분은 아닙니다. 이런 조사에 별도의 예산을 편성하지 않는 회사라면 사실상 불가능에 가까운 방법이죠.

두 번째는 FGI(Focus Group Interview)입니다. 제가 가장 추천드리고 싶은 설문 방식이에요. 앞에서 예로 든 '레저렉션'의 경우에도 "주요 타깃인 20대 여성 10명과의 심층 인터뷰"라는 구절이 있었죠. 이것이 바로 FGI 입니다. 우리 제품이나 서비스에 대해서 알고 싶은 내용과 부합하는 타깃을 소수로 모아 긴 시간 인터뷰 및 테스트를 진행하며 그 반응을 관찰하고 리포트화하는 것입니다.

모수(N수)가 적다고 걱정되신다고요? 그렇지 않습니다. 이 방법은 수많은 기업에서 이미 진행하고 있고, 설득의 자료로 쓰기에 충분합니다. '맥도날드, 필립모리스, 폭스바겐' 등 수많은 기업에서 잘 활용하고 있죠. 비용도 매우 합리적입니다. 참여하는 시간에 따라 다르겠지만, 대규모 설문조사에 비하면 턱없이 저렴한 수준입니다. 당신이 주장하고 싶은 근거를 쉽게 숫자화하고 싶다면 이 FGI를 잘 활용하시길 바랍니다.

---

1 숫자가 없는 보고서는 자신감의 결여와 같다.
2 당신의 주장을 설득하고 싶다면, 그 주장을 수치화하라.
3 대규모 설문조사는 많은 비용과 시간이 필요하므로, FGI를 적극 활용하라.

06 기획서에서 써 먹으면 좋은 황금 문구들

▶ YouTube
꽉 막힌 기획서를 뻥! 뚫어줄 '꿀구조' 대방출!

기획서를 쓸 때 막막한 경우가 많으실 겁니다. 데드라인은 정해져 있어서 이렇게 저렇게 시작은 하는데 도저히 나아질 기미는 보이지 않고, 구조도 무언가 이상한 것 같고 또 내가 쓴 문장이나 단어들이 너무 평범하고 재미없는 것 같은 그런 느낌이 들 때 많으시죠.

이해합니다. 저도 잘 알고 있습니다. 이런 현상에는 여러 가지 문제가 있을 수 있겠지만 가장 큰 문제는, 바로 기획서에 어울리는 '언어'에 아직 익숙하지 않으시다는 겁니다.

'사랑'이라는 단어를 300페이지로 늘려 쓰면 그건 무엇일까요? 그렇습니다. 그건 소설입니다. 그럼 그 300페이지를 다시 1페이지로 줄이면 뭐가 될까요? 그렇습니다. 그건 시가 됩니다. 소설에는 소설에 맞는 문체가 있고, 시에는 시에 맞는 문체가 있습니다. 이렇듯 기획서에도 기획서에 맞는 문체가 있다는 겁니다.

이번 원칙에서는 여러분께 기획서에 자주 쓰면 좋은 구조 3가지를 공유 드리도록 하겠습니다. 그리고 이런 구조는 제가 제안드리는 것들이 전부가 아니니, 여러분은 여러분만의 이런 구조들을 많이 가지고 있어야 합니다.

영어를 배울 때와 마찬가지입니다. 영어 문장 구조를 약 50개 정도만 알고 있어도 일상 회화에 아무런 문제가 없듯, 여러분만의 기획서 문장 구조를 50개 정도만 확보해 두면 기획서를 쓰는 데 있어 막힘이 없이 나아갈 수 있습니다. 그리고 그 구조는 시나 영화 시나리오 등에서 얼마든지 가져올 수 있습니다. 물론 메모가 동반되어야겠지요.

● 첫 번째 구조

이런 문장이 있습니다. "대한민국에서는 토익 700점을 넘기 위해 수많은 사람들이 고군분투하고 있습니다." 어떠세요? 별 문제없어 보이시나요? 사실 이 문장은 워드에 어울리는 문장입니다. 이걸 PPT에 그대로 올리게 되면 문제가 있습니다.

기획서에 익숙지 않은 분들이 가장 많이 하는 실수가 이런 문장을 그대로 PPT에 올리는 것인데, 그렇기 때문에 발표에서 화면에 쓰여 있는 문장을 그대로 읽어 버리는 좋지 않은 발표가 계속되는 것입니다.

이것은 PPT 형식의 기획서에 어울리는 말이 아닙니다. 이 문장을 PPT로 올리는 과정에서는 다음과 같이 구조화하는 것이 좋습니다. 함께 보시죠.

"토익 700점 - 700점을 넘지 못하면 대학을 졸업할 수 없는 나라, 700점을 넘지 못하면 공무원이 될 수 없는 나라, 700점을 넘지 못하면 이직, 승진을 할 수 없는 나라"

자 여러분, 구조가 보이시나요? 이건 기획서에서 정말 많이 써 먹는 구조 중 하나입니다. 가장 중요한 키워드 '토익 700점'을 크게 강조해서 한 번 제시해 주고요. 이때 주목도를 확 올릴 수 있겠죠? 궁금증도 자아내고요.

그다음 그 키워드의 의미를 3가지로 풀어 설명하면서 끝에 같은 단

문장의 구조화 과정을 거치지
않은 PPT 예시

대한민국에서는 **토익 700점**을 넘기 위해
수많은 사람들이 고군분투하고 있습니다.

문장의 구조화 과정을 거친
PPT 예시

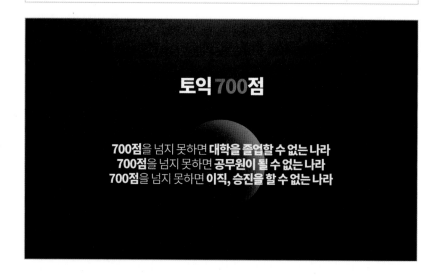

어로 라임을 맞춰 주는 구조예요. "700점을 넘지 못하면 대학을 졸업할 수 없는 나라, 700점을 넘지 못하면 공무원이 될 수 없는 나라, 700점을 넘지 못하면 이직, 승진을 할 수 없는 나라" 이렇게요.

처음에 썼던 '대한민국에서는 토익 700점을 넘기 위해 수많은 사람들이 고군분투하고 있습니다.'와 같은 말이에요. 똑같은 뜻이에요. 하지만 훨씬 극적이라는 걸 여러분도 느끼실 수 있을 겁니다.

● 두 번째 구조

또 일반 예시부터 보여 드릴게요. 클라이언트는 '모바일 토익 어플'이라고 가정을 하고요. 이런 문장이 있습니다. "수험생들은 토익 공부를 위한 시간을 일부러 따로 내야 하는 불편함을 겪고 있습니다. 이제는 '스마트폰'이라는 플랫폼으로 언제 어디서든 토익 공부가 가능하도록 해야 합니다." 어때요, 여러분?

설명을 늘어놓은
데 그친 PPT 예시

의미는 적당히 잘 전달되죠. 하지만 이 역시 PPT에 어울리는 구조는 아닙니다. 단지 설명을 늘어놓은 느낌이라고나 할까요? 이런 말은 워드형 보고서에 써야지, PPT에 어울리는 말이 아닙니다.

그리고 이런 식의 문장을 PPT에 올려 놓으면, 발표할 때 그대로 보고 읽게 되므로 '커뮤니케이션'이 잘 되는 발표를 할 수 없게 됩니다. 듣는 사람들도 지겨워지죠. 이미 눈으로 읽은 내용을 발표자가 한 번 더 이야기 하고 있는 것뿐이니까요. 그러니 이런 문장을 보다 기획서에 어울리게 바꿔야 합니다.

이번의 경우는 문장이 2개 있습니다. 이럴 때 들이면 좋은 습관은 '키워드 추출'입니다. 각 문장에서 키워드를 추출해 보면, "관습 → 파괴"가 됩니다. 기존의 관습을 파괴해야 한다는 말이 되죠. 좀 더 길게 말하

첫 번째 키워드 '관습'을 추출하여 구조화한 PPT 예시   두 번째 키워드 '파괴'를 추출하여 구조화한 PPT 예시

면, "토익 공부를 '할 수 있는 시간에 한다'는 관습을 — 공부를 '할 수 없었던 시간에도' 할 수 있도록 파괴해야 한다"가 됩니다. 이것을 PPT에 올리면 위와 같이 되겠죠.

어떤가요? 훨씬 보기에 좋죠. 아까 그 문장 다시 한번 보시면요. "수험생들은 토익 공부를 위한 시간을 일부러 따로 내야 하는 불편함을 겪고 있습니다. 이제는 '스마트폰'이라는 플랫폼으로 언제 어디서든 토익 공부가 가능하도록 해야 합니다."

즉, '기존에 어떠한 불편함이 있었고 이제 그 불편함을 우리가 해결하겠다.'의 구조를 가지고 있잖아요. '문제를 발견한다. 문제를 해결한다.' 기획서의 가장 기본이 되는 구조죠?

그걸 키워드로 뽑아서 정확히 알려 주는 게 우선입니다. 그게 바로 하나는 '관습'이었고, 하나는 '파괴'였죠. 그래서 보기 좋게 '관습 → 파괴'의 구조를 먼저 만들어 놓고요. 어차피 발표로 자세한 내용은 말씀하실 거기 때문에 "할 수 있는 시간에 한다'는 관습을 — 공부를 '할 수 없었던 시간에도' 할 수 있도록 파괴"하겠다 정도만 써 놔도 충분하다는 거죠.

그리고 글이 구조를 가지니, PPT 디자인에 대한 고민도 자연스럽게 같이 해결될 수 있는 겁니다. 결국 PPT 디자인은 구조 따라 가는 거거든요.

정리하면, 문장의 구조를 먼저 파악하신 다음, 여기에서는 '문제를 발견한다 → 문제를 해결한다'였죠? 그리고 그 구조에 맞는 키워드 '관습'과 '파괴'를 뽑아 내고 나머지 카피워싱(copy washing)을 하시면 되겠습니다.

● 세 번째 구조

다음과 같은 문장이 있다고 해요. 신규로 론칭하는 캔커피가 하나 있다고 가정할게요. 그리고 이런 글이 나왔습니다. "캔커피 A의 마케팅 방향은 소비자 감성에 집중해야 합니다. 데이터를 참고해 이성적으로 판단하는 것도 중요하지만 소비자 감성을 더 파고들어 갈 필요가 있습니다." 좋습니다. 괜찮은 글이에요.

그런데 이건 발표용 멘트 혹은 워드로 쓰인 글에 적합하죠. 이걸 PPT에 올릴 땐 달라야 합니다. 다음과 같이요.

"캔커피 A의 마케팅은 비록 49:51 일지라도 이성보다는 소비자 감성에 집중해야 합니다."

구조화 전 PPT 예시

구조화 후 PPT 예시

아까 그렇게 길었던 글을 이렇게 짧게 압축하면서 모든 의미를 다 담았죠. 글이 짧으면서 내용이 다 포함되어 있다? 그럼 뭐가 생긴다? 임팩트가 생긴다는 겁니다.

여러분이 참고하실 문장 구조는 바로 "49:51일지라도 ○○○에 집중해야 합니다."예요. 그러니까 이성도 중요하고 감성도 중요하지만, 조금은 더 감성에 집중해야 한다는 말을 49:51로 한 방에 풀어 버린 거죠. 여러분도 이 문장 구조를 잘 파악해서 여러분의 기획서에 써 먹으시길 바라겠습니다.

기억해 주세요. 여러분이 글로 완성한 초안은 PPT에 올리며 구조화가 되어야 합니다. 그래야 PPT 디자인도 잘 풀릴 수 있습니다.

1 워드형 언어와 PPT형 언어는 달라야 한다.
2 문장마다 키워드를 뽑아 내는 습관을 기르자.
3 49:51처럼 자주 쓰는 표현들을 꼭 메모해 놓자.

보고서 '글' 완전격파 원칙

07 보고서의 언어,
'숫자'를 활용하는 방법

여러분은 보고서를 만들 때 내용을 고민하고 그것을 토대로 파워포인트 자료를 만든 뒤, 큰 스크린에 띄워 놓고 PT를 합니다. 왜 이런 과정을 거치는 것일까요? 바로 타인을 설득하기 위함입니다. PPT의 가장 핵심이 되는 키워드는 누가 뭐래도 '설득'이라고 할 수 있습니다.

이때 조목조목 당신이 하는 주장과 장표에 '설득력'을 갖추기 위해서는 반드시 그 근거를 제시해 줘야 하는데요. 근거를 제시할 때 가장 좋은 방법은 '숫자의 활용'입니다. 숫자를 활용하는 순간 당신의 이야기는 단지 한 개인의 주관적인 이야기가 아닌 객관적이고 논리적인 주장이 됩니다. 이번 원칙에서는 당신이 숫자를 활용하는 방법에 대한 이야기를 드리도록 하겠습니다.

▶ YouTube

PPT '숫자' 고민 이제 그만!
앞으로 그냥 이렇게
하시면 됩니다!

● 글자를 숫자로 바꿔라

당신이 만든 PPT 초안은 아무래도 장문의 글로 가득 차 있을 수밖에 없습니다. 그렇게 끝낸다면 좋은 보고서라고 볼 수 없습니다. 단지 초안을 제출한 수준이라고 볼 수 있죠.

다음 페이지의 첫 번째 이미지를 봐 주세요. 이걸 보시면 어떤 생각

단순히 워드형 문장을 올려놓은 PPT 예시

PPT형 언어로 바꿈과 동시에 수치화 진행

이 드시나요? 디자인적으로는 안정감이 있을지 모르겠으나, 내용으로 본다면 절대 좋은 PPT라고 볼 수 없습니다. 본문을 보시면 "수천만 명의 응답자를 대상으로 실시한 설문조사 결과, 이번 시즌 음료 신메뉴는 많은 분들에게 호평을 받음. '맛'과 관련된 호평이 가장 많았으며, 다음은 '가격'이었다."라고 되어 있죠.

물론 어떤 것을 말하고 싶었는지는 한국어를 쓰는 사람이라면 누구나 알 수 있습니다. 하지만 큰 문제가 있습니다. 바로 '숫자의 부재'입니다. 근거가 제대로 제시되어 있지 않은 것이죠. 합리적인 근거가 제시되어 있지 않기 때문에 저 간단한 내용이 텍스트로 무려 3줄씩이나 차지하고 있게 되는 것입니다. 저 3줄씩이나 되는 문장은 바로 그 아래 이미지와 같이 모두 숫자로 바꿀 수가 있습니다.

개인의 주관적 표현처럼 보였던 "호평을 받았다"라는 말은 간단히 평점(4.6)으로 표기하면 끝나는 일입니다. 또한 나머지 문장들도 위 그림과 같이 '맛 만족도 4.6점, 가격 만족도 4.3점' 등으로 표현할 수 있는 부분입니다. 어떠신가요? 문장을 숫자화했더니 여러분의 말에 객관적 근거의 힘이 실리는 것은 물론이고, 문장도 훨씬 간결해졌습니다.

여러분이 쓰신 문장들을 잘 살펴보시면 거의 대부분 숫자화할 수 있다는 걸 알게 되실 겁니다. 보고서에 올라가는 것은 경중을 따질 수는 없지만 숫자가 말보다 우선시되어야 한다고 생각해 주시면 편합니다. 그래야 더 많은 숫자를 집어넣을 수 있게 됩니다. 인간은 보고서에서만큼은 글자보다는 숫자에 반응하는 습성이 있습니다. 숫자는 장표에 '리얼리티'라는 힘을 실어 주게 됩니다. 와닿는다는 것이죠.

● 숫자를 띄워 놓고 질문을 던져라

또 한 가지 숫자 사용에 대한 팁을 알려 드리겠습니다. PT를 해 보신 분은 아시겠지만, 마치 뉴스처럼 일방적으로 내용을 읽는 방식은 그다지 좋은 방법이 아닙니다. PT라는 건 상대방에게 있어서 꽤나 집중해야 하고 수동적인 자리이기 때문에, 중간중간 환기가 필요합니다. 그 환기 역시 숫자를 통해서 잘해 낼 수 있습니다.

뒤의 왼쪽 그림을 보시면 '인간의 평생 수명 시간'이라고 해 놓고, '인간은 한 평생을 살면서 평균적으로 약 26년을 수면하는 데 시간을 보낸다고 합니다.'라고 쓰여 있습니다. 이 장표를 띄워 놓고 발표를 한다고 생각해 보세요. 청중들은 아무런 흥미를 느끼지 못할 겁니다. 질문과 답

단순히 워드형 문장을 올려놓은 PPT 예시　　　　　질문을 던질 수 있는 기능이 들어간 장표 예시

이 모두 보이기 때문에 발표자(프레젠터)가 말하는 것에 크게 흥미를 가지기 어렵습니다.

　이럴 땐 오른쪽 그림과 같이 과감한 장표의 공간 활용이 필요합니다. '26년'이라는 키워드 하나만 띄워 놓는 겁니다. 그리고 여기서 중요한 것은 '질문을 던져야 한다'라는 것입니다. 예를 들면 "여러분, 26년이라는 시간, 어떤 시간인지 혹시 알고 계신가요?"라고요. 이때가 바로 청중들의 몰입을 엄청나게 끌어올려 주는 포인트가 됩니다. 발표를 잘하는 사람, PPT를 잘하는 사람들은 다른 게 아니라 이런 장치들을 잘 사용할 줄 아는 사람들입니다.

　이러한 질문 방식은 실제로 대답을 기대하고 던지는 질문이 아닙니다. 단지 호기심을 불러일으키는 장치라고 생각해 주시면 편합니다. 실제로 청중들 중에서 저 숫자에 대한 해답을 즉석에서 알고 있는 사람은 극히 드물 것입니다. 이게 별것 아닌 것처럼 보여도, 위와 같이 '숫자 제시와 질문'을 인트로 혹은 본격적인 아이디어에 들어가기 직전인 '브릿지' 부분에 적절히 사용하면 PT 중간에 청중들의 집중력을 한껏 끌어올리게 되는 아주 귀한 장치가 됩니다.

공연에 가 보신 분들이라면 무슨 말인지 이해하실 거예요. 단지 노래만 부르다가 끝나는 공연은 없습니다. 구성이 단조로우면 사람들은 금방 흥미를 잃기 때문에 공연의 프로들은 중간중간 어떤 장치들을 집어넣습니다. PT에서는 그 '장치'가 바로 숫자 활용 그리고 질문 던지기라는 것을 꼭 기억해 주시기 바랍니다.

● 기호를 사용해서 공식화하라

숫자는 PPT의 언어라고 말씀드렸습니다. 이 언어에 날개를 달아 줄 수 있는 또 하나의 방법이 있습니다. 바로 '기호 사용'을 통한 '공식화'입니다. 자, 전혀 어렵게 생각하실 필요가 없습니다. 우리가 비즈니스에서 사용하는 기호는 보통 '더하기, 빼기, 나누기, 곱하기' 이렇게 4개입니다. 이것만 사용해도 거의 모든 데이터를 장표에 표현해 낼 수가 있습니다. 말씀드리고자 하는 포인트는 '굳이' 이 쉬운 공식을 장표에 나타내 주자는 겁니다. 설득력을 높이기 위해서죠.

아래의 이미지는 일일 매출이 5,800,000원이라는 것을 말해 주는 장표입니다. 이때, 단순히 일일 매출 5,800,000원이라고 기재하는 것보

곱하기 기호를 활용한
장표 예시

다는 그 근거를 작게 써 주는 것이 좋다는 말입니다. 왜 5,800,000이 나왔는지에 대한 공식이죠. 방문객이 58명이며 객단가가 100,000원이기 때문에 '58×100,000'을 써 줄 수 있습니다. 이게 있고 없고는 큰 차이가 있습니다. 숫자를 쓰는 이유가 당신의 주장과 글에 근거를 실어 주기 위함이라고 말씀드렸습니다. 이 공식은 또한 그 '숫자'에 더 힘을 실어 주는 역할을 하게 됩니다. 근거의 근거가 되는 것이죠. 사람은 숫자에 압도당하고 또 공식에 압도당합니다. 이 점을 적극적으로 활용해 주어야 합니다.

　다만 이때 디자인적으로 주의하셔야 할 점은 어디까지나 '매출 5,800,000원' 이 부분이 메인이라는 것입니다. 근거로 활용한 '58× 100,000'이 '5,800,000원'보다 잘 보이면 안 됩니다. 우리가 디자인을 할 때는 무엇이 무엇을 위한 근거인가를 잘 따져 보고 경중을 계산해야 합니다. 5,800,000원이 메인이기 때문에 당연히 공식은 그보다 작아야 하는 것이죠.

1　내 보고서에 '글자'가 많으면 반드시 의심하라.
　　숫자로 바꾸면 말을 반 이상 줄일 수 있다.
2　숫자를 띄워 놓고, 질문을 던져라.
　　PT에 더 집중하게 만드는 좋은 장치이다.
3　기호 활용은 숫자에 대한 근거가 된다.
　　간단한 산수 정도면 되니 반드시 넣어 주자.

08 보고서를 지배하는 숫자 '3'

당신이 보고서를 만들 때 가장 많이 하는 실수가 무엇일까요? 여러 가지가 있겠지만 가장 큰 실수는 '불필요하게 많은 내용을 집어넣는 것'입니다. 아마도 '짧으면 성의 없어 보인다'는 잘못된 인식으로 인해 이러한 실수를 만들어 내는 것 같습니다. 분명히 말씀드리지만 비즈니스에서는 '짧은 것이 예의'입니다. 불필요하게 많은 내용을 집어넣는 것만큼 시간 낭비가 없습니다. 글을 작성하는 내 입장에서도, 그것을 읽는 상대방 입장에서도 모두 시간 낭비라고 볼 수 있겠습니다.

무엇보다도 많은 내용을 집어넣으면 듣는 사람 입장에서 당신이 말하고자 하는 내용을 다 기억하지 못하게 됩니다. 광고물들을 한번 생각해 보세요. 엄청나게 많은 돈을 내고 매체 광고를 집행하고 있는데, 설마 할 이야기가 없어서 카피를 극도로 제한하며 쓰고 있을까요? 아니죠. 내용이 적을수록 사람들의 머릿속을 파고들 수 있다는 점을 알고 있는 겁니다. 내가 하고 싶은 말을 많이 할수록 오히려 손해라는 것을 알고 있는 겁니다. 실컷 이야기했는데, 보고서에 수많은 이야기를 썼는데 보는 사람 머릿속에 아무것도 남아 있지 않다, 이것만큼 의미 없는 일이 있을까요?

● 비즈니스에서 매직 넘버는 3

숫자 '3'은 매직 넘버라고 불립니다. 과학적으로도 전달할 내용들을 '3가지'로 압축해야만 듣는 사람이 이해하기도 쉽고 기억하기도 쉽다고 합니다. 이 3가지가 넘어가는 순간 인간은 이해도와 기억력이 현저하게 떨어진다고 하죠. 그래서 커뮤니케이션 전문가들은 이 '3가지'라는 것을 늘 의식하면서 보고서를 만듭니다. 주제로 3가지를 넘지 않으려고 하고, 또 근거도 최대한 3개를 제시할 수 있게 굉장히 많은 노력을 기울입니다. 내가 하고 싶은 이야기가 설령 10개가 된다 하더라도 과감하게 나머지 7개를 버릴 줄 아는 용기가 필요한 것이죠.

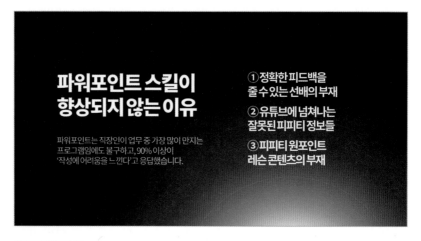

3가지 이유를 제시

위 그림이 적절할 예시라고 볼 수 있겠습니다. 파워포인트 스킬이 향상되지 않는 이유에는 수십 수백 가지가 있겠죠. 하지만 그중 핵심이 되는 3가지만 골랐습니다. 현재 회사의 컨펌자 위치에 있는 사람들은 파워포인트 세대가 아니기 때문에 '정확한 피드백을 줄 수 있는 선배의 부재'가 하나의 원인이 되고, 또 '유튜브에 넘쳐 나는 잘못된 PPT 정보들'도 한몫할 것입니다. 꼭 필요한 것만 익힐 수 있도록 하면 되는데, 콘텐츠를 계속 생산해야 한다는 압박감 때문에 실무에는 쓰지도 않는 기술들이 마치 필요한 것처럼 포장되어 돌아다니고 있죠. 마지막으로는 그런 핵심 포인트들을 알려 주는 PPT 원포인트 콘텐츠가 아직까지 없었다는 것도 하나의 이유가 될 수 있겠습니다.

● 집중을 유도하는 보여 주기 방식

위의 그림처럼 3가지 예시를 들어 주는 것은 좋습니다. 하지만 우리 조금만 더 욕심을 내 보도록 하죠. 세 가지 근거를 제시했다는 점에서는 훌륭하지만, 보여 주는 방식에서 아쉬운 점이 있습니다. 만약 이 보고서가 발표용이라면 말이죠. 어떤 점이 아쉬울까요? 이유 3가지를 설명해 주는 것은 이 장표의 하이라이트 부분이 됩니다. 그런데 그게 그대로 노출되어 있다는 점이죠. 영화에 비유해서 이야기하면 영화의 결론을 스포일러로 앞부분에서 다 말해 주고 영화를 상영하는 꼴이 됩니다. 마찬가지입니다. 저렇게 하이라이트 부분을 노출해 놓은 채로 발표를 하다 보면요. 듣는 사람들은 당신의 이야기에 더 이상 흥미를 가지지 않게 됩니다. 이미 눈으로 다 읽었기 때문이죠. 그래서 내가 이 내용에 대해 말하

3가지 각 이유를 궁금증을 자아내는 단어로 치환

는 시간 내내 집중할 수 없게 됩니다. 같은 내용이지만 앞 페이지의 그림과 같이 보여 주는 것이 훨씬 좋은 방법입니다.

앞의 그림과 같이 3가지 이유에 대해서는 심볼릭하게 나타내 주면 됩니다. 50(FIFTY), 90(NINETY), 0(ZERO) 이렇게요. 당연히 저 말만 쓰여 있으면 아무도 무슨 말인지 모르겠죠. 그렇기에 사람들은 당신의 입에 집중할 수 있게 되는 것입니다. 각 숫자가 의미하는 바는 다음과 같습니다.

"먼저 '50'은요. 현재 PPT를 컨펌해 주는 입장에 있는 사람들의 연령대는 평균 50세 이상으로 그들은 파워포인트 세대가 아닙니다. 세월이 흘러 현세대가 임원의 자리에 가면 어느 정도 해결해 줄 수 있는 문제이지만 지금으로서는 PPT에 대한 정확한 피드백을 줄 수 없는 상황이므로 당신의 PPT가 자리잡기까지 혼선이 있을 수밖에 없습니다.

다음은 '90'입니다. 유튜브에 존재하는 약 90% 이상의 PPT 관련 영상들은 실무에서 전혀 쓰이지 않는 것들입니다. 단지 영상을 위한 영상, 강의를 위한 강의일 뿐입니다. 그것 때문에 우리들의 PPT 능력이 향상되지 못하고 제자리걸음을 하게 되는 것입니다.

마지막으로 '0'은요. 아직까지 이거다! 할 수 있는 킬링 강의가 존재하지 않습니다. 여러분의 시간과 비용 그리고 에너지를 최소화시켜 주는 모든 노하우를 이 책에 담았습니다." 이런 식으로 설명을 이어 나갈 수 있겠죠.

여기서 잠깐! 지금 뭔가가 머릿속을 스치고 지나가지 않으셨나요? 그렇습니다. 숫자입니다. 저 많은 글을 '50, 90, 0' 이렇게 단 3개의 숫자로 바꿀 수 있는 겁니다. 앞서 말씀드렸지만 숫자는 여러분의 글을 줄여 주는 역할을 할 뿐만 아니라 사람들에게 당신의 주장을 이성적으로 보이게 만들어 내용의 설득력이 높아집니다.

● 효과적인 장표 쪼개기

다시 이번 이야기로 돌아와 보죠. 여기에서 한 단계 더 업그레이드 할 수 있는 방법이 있습니다. 지금부터는 그걸 설명드리려고 합니다. 예전에는 PPT 장수가 늘어나는 것에 대해 호불호가 많이 갈렸습니다. 왜냐, 문서를 인쇄해야 하는 경우가 많았기 때문이죠. 하지만 요즘은 어떤가요? 여러분 회사에서 특수한 경우를 제외하고 PPT를 인쇄해서 보는 경우가 있으셨나요? 그렇기 때문에 장표를 늘리는 것에 있어서 당신은 더 이상 부담을 갖지 않으셔도 됩니다. 그래서 앞의 장표 역시 아래와 같이 쪼개는 것이 좋습니다.

파워포인트 스킬이 향상되지 않는 이유를 3가지로 제시하고 있는데요. 그에 따라 장표를 3장으로 나누었습니다. 무슨 의미냐 하면요. "내가

FIFTY에 대해 발표할 때

NINETY에 대해 발표할 때

FIFTY에 대해 이야기할 때는 NINETY나 ZERO에는 눈길을 적게 주세요.”라는 암묵의 제안이 되겠습니다. 마찬가지로 그다음 이유에 대해 이야기할 때는 나머지 두 가지 이유에 대해서는 눈길을 적게 뒤 달라는 제안이 됩니다. 이런 식의 장표 쪼개기는 ‘현재’ 당신이 말하고 있는 것에 집중할 수 있도록 도와주는 가장 좋은 방법이 됩니다.

● 강조 요소 외의 것들은 톤 다운!

이럴 때 강조한답시고 키워드를 레드 컬러(Red Color) 등으로 두드러지게 하는 것은 가장 좋지 않은 방법입니다. 내가 강조하고 싶은 것이 있을 땐 나머지 요소들을 톤 다운(Tone-Down) 해 주는 것이 정녕 세련된 방법이라고 할 수 있습니다. 톤 다운에는 여러가지 방법이 있겠지만 가장 추천드리는 방법은 강조하고 싶지 않은 부분은 그레이 컬러(Grey Color)로 빼 주는 겁니다. 지금 다시 한 번 3장으로 쪼갠 장표와 그렇지 않은 장표를 비교해 보세요. 내가 어디에 집중해야 하는지, 지금 발표자가 무엇을 말하고 있는 건지 확연히 집중도나 주목도의 차이가 느껴지실 겁니다.

이번 원칙에서 말씀드린 ‘3’의 법칙은 상당히 많은 부분에 적용할 수 있습니다. 따라서 이 ‘3’이라는 매직 넘버를 꼭 당신의 머릿속에 원칙으로 넣어 두시길 바랍니다. 주장에 대한 근거를 제시할 때에도 3가지를 들면 좋고, 디자인 레퍼런스나 시안을 보여 줄 때도 A, B, C 이렇게 3가지를 보여 주면 좋습니다. 인간은 세 가지를 제시했을 때 가장 안정감을 느끼고 또 집중력과 흥미를 잃지 않는다는 점을 꼭 기억해 주시기 바랍니다.

1 비즈니스에서 숫자 '3'은 매직 넘버다.
2 PPT 페이지는 많아도 괜찮다. 최대한 페이지를 쪼개자.
3 내가 강조하고 싶은 부분 외에는 그레이 컬러로 톤-다운을 하자.

09 보고서를 쓰는 데 중요한 5가지 원칙

이번 원칙에서는 보고서를 쓰는 데 중요한 5가지 원칙에 대해 말씀드리고자 합니다. 보고서를 쓰실 때, 단지 남의 것을 참고하는 식으로 여러분의 실력을 익히다 보면 나쁜 습관이 몸에 밸 가능성도 배제할 수 없습니다. 레퍼런스를 참고하는 것은 좋지만, 적어도 지금 소개해 드리는 5가지 원칙은 꼭 지키시면서 보고서 작성을 몸에 익히는 것이 좋습니다.

원칙 1 ▶ 정확성

보고서에는 객관적인 사실을 정확하게 기술하는 것이 중요합니다. 이는 신뢰도와 즉결되는 문제이기 때문입니다. 즉 여러분이 보고서를 작성하는 과정에서 수집한 데이터들을 끊임없이 의심해 봐야 합니다. 출처가 불분명하거나 의도적으로 왜곡된 데이터들이 수없이 많이 있기 때문에 이를 잘 선별할 줄 아는 시선을 가져야 합니다. 이는 '의심하는 습관'으로부터 기를 수 있습니다.

어디 이상한 곳은 없는지, 왜곡되어 전해지는 부분은 없는지 꼭 살펴봐 주시기 바랍니다. 아울러 개인적인 의견이나 감상은 꼭 사실과 구분하여 기재하시기 바랍니다.

원칙 2 **요구에 부응하는 내용**

보고서는 여러분 스스로가 목적을 만드는 경우는 흔치 않습니다. 통상적으로 보고서는 결재 라인의 위에 있는 사람들 중 누군가가 여러분에게 요청합니다. 그러므로 그 의도를 파악하는 것이 굉장히 중요합니다. 회사에서 여러분께 무엇 때문에 보고서를 요청했는지, 읽을 사람이 어떤 것을 알아야 하는지, 또한 무엇을 알고 싶어 하는지 등에 대해 보고서 작성을 시작하기 전에 생각하고 그것에 부응하는 내용으로 보고서를 정리해야 합니다. 이것들을 판단하는 데 있어 확신이 서지 않는다면 진도가 많이 나가기 전 대화를 시도하여 그 의도를 다시 정확히 파악하는 과정을 거쳐야 합니다. 이런 과정 없이 여러분이 임의로 판단하여 보고서를 작성한다면 일을 두 번 세 번 하는 결과를 낳게 될 것입니다. 질문하는 것을 어려워할 필요는 없습니다. 잘못된 보고서는 시간과 에너지를 낭비하지만 질문은 시간과 에너지를 아껴 준다는 사실 꼭 기억해 주세요.

원칙 3 **타깃과 목적성 확인**

여러분이 보고서를 쓸 때, 타깃과 목적성을 헷갈려선 안 됩니다. 먼저 타깃입니다. 여러분의 보고서를 읽는 사람이 누구인지 정확하게 파악하고 나서 보고서를 써야 합니다. 대중에게 나가는 보고서인지, 회사의 임원들이 보는 보고서인지, 다른 팀 사람들이 보는 보고서인지 등을 먼저 파악해야 합니다. 그 이유는 그에 따라 말투가 달라져야 하기 때문입니다. 만약 대중을 상대로 나가는 보고서(이런 경우 리포트라고도 합니다)에 그 업계에 소속된 사람들만 알 법한 전문용어를 가득 채운다면 어떻게 될까요? 아마 많은 사람들이 알아듣지 못하는 난해한 단어가 가득할 것입니다. 이것은 보는 사람을 배려하지 못한 행동입니다.

　다음은 목적성입니다. 단순한 사실 전달인지, 피드백을 받고 싶은 것인지, 의사결정을 요하는 것인지(이것 외에 목적은 더 있을 수 있습니다)를 정확히 결정해야 합니다. 이것에 따라 보고서의 형식이나 말투가 상당히 달라지기 때문입니다. 피드백을 받고 싶은데, 단순한 사실 전달인 것 같은 포맷으로 쓰여 있다든지 하면 보고서를 보는 사람이 매우 헷갈려합니다.

원칙 4 ▶ 타이밍과 스피드

보고서 제출의 핵심은 바로 '타이밍'입니다. 예를 들어 급한 사안이라면 먼저 작성하고 있던 보고서가 있다고 하더라도 그것을 뒤로 미루고 급한 보고서부터 작성해야 합니다. 이것을 '타이밍 조절'이라고 말합니다. 어떤 보고서는 타이밍이 늦어지면 아무런 의미가 없어지는 경우도 있습니다.

또한 보고서의 내용만큼 중요하다고 여겨지는 것이 '스피드'입니다. 기본적으로 보고서는 '빠르게 끝낸다'라는 마음가짐을 가지고 작성하는 것이 여러모로 유리할 것입니다. 당연하다고 생각하실 수 있습니다만 생각보다 이것을 정말로 몸에 익히셔야 합니다. 약간의 오타가 있어도, 약간의 논리 비약이 있더라도 조직에서는 빠른 스피드를 더 선호합니다. 빠르게 제출했기 때문에 오류가 있어도 피드백을 받아 수정할 시간이 충분히 있습니다.

원칙 5 ▶ 작성 방식 결정

보고서는 크게 '톱다운' 방식과 '보텀업' 방식으로 구분됩니다. 톱다운 방식의 보고서라 하면, 어떤 내용을 써야 할지 항목(목차)을 먼저 정하고 이후 그 항목에 맞게 내용을 채우는 경우입니다. 정기 정례 보고서같이 어느 정도 포맷이 정해져 있는 경우라면 이 방식이 도움이 됩니다.

보텀업 방식은 그 반대라고 생각해 주시면 되겠습니다. 정해져 있는 목차가 없고, 기존에 써 오던 양식이 없는 경우라면 조사를 위해 모아 놓은 자료를 먼저 '분류'하는 작업을 해야 합니다. 분류함에 따라 자연스럽게 목차가 생성될 것인데요, 이런 방식을 보텀업 방식이라 말합니다.

보고서 작성에 익숙해지다 보면 아마 여러분은 융합형으로 가실 가능성이 높습니다. 즉, 목차를 정하면서 동시에 목차에 없는 정보를 모아 목차화하고, 애초에 정보를 모으는 과정에서 항목을 정해 놓는 등 톱다운이니 보텀업이니 하는 그런 절차에 구애받지 않게 될 것입니다. 하지만 초반에 기본기를 익히기 위해서는 융합형보다는 '톱다운' 혹은 '보텀업' 중 하나를 선택하여 접근하는 것이 좋습니다.

각 방식에는 장단점이 있는데요. 톱다운은 먼저 중요한 내용이 빠지기 어렵다는 장점이 있습니다. 단점으로는 채울 내용이 없는데 목차가 존재하므로 억지로 내용을 채워 넣는 상황이 꽤나 많이 생긴다는 것입니다. 보텀업의 경우 장점은 억지로 내용을 채워 넣는 경우가 드물기 때문에 항목별로 꽤나 구체적 정보들이 포함될 수 있다는 것입니다. 반면 통째로 중요한 내용이 누락될 수도 있는 단점이 있습니다. 이러한 장단점을 잘 파악하셔서, 또 지금 어떤 상황인지를 파악하시어 방식을 선택해 주시길 바라겠습니다.

1 보고서 작성에 필요한 5가지 원칙을 반드시 지키자.
2 내용만큼 보고서에 중요한 덕목은 신속함이다.
3 처음부터 융합형 보고서를 쓸 수는 없다.
   톱다운 또는 보텀업 방식 중 맞는 것을 결정, 충분히 연습하자.

10 보고서를 작성하는 6가지 절차

보고서를 작성하는 데 있어서 정말 중요한 것 중 하나는 한 번에 '통과'되는 것입니다. 수정 또 수정 또 수정을 하다 보면 그것이 그대로 회사 생활의 매너리즘으로까지 연결됩니다. 안 그래도 수동적일 수밖에 없는 회사 생활에 있어서, 직격탄을 맞는 꼴입니다. 그래서 이번 원칙에서는 여러분이 그런 리스크에 빠지지 않게 하기 위해 한 번에 통과될 수 있는 보고서 작성의 6가지 절차에 대해 말씀드리고자 합니다.

Step 1 문서의 목적, 주제, 종류, 듣는 사람을 명확하게

여러분이 영화를 고를 때 어떠신가요? 영화의 장르부터 몇 세 관람가인지 또 어떤 감독이 만들었고 누가 주연을 했는지 등등을 필수로 확인한 뒤 예매를 결정할 것입니다. 그런데 안타깝게도 보고서 작성에서는 그 과정을 누락하는 경우가 상당수 있습니다. 이것을 보고서의 첫 번째 단계로 제대로 확정하고 가지 않으면 보고서는 끝까지 엉망이 될 것입니다. 다음의 사항들을 꼭 확인하고 가야겠습니다.

- 이 보고서를 왜 작성하는가?
- 이 보고서를 읽는 사람은 누구인가?
- 목적이 무엇인가? (설득, 설명, 피드백 등)
- 제출일은 언제인가?

Step 2 **포맷 정하기**

보고서의 포맷을 정하는 것은 작성의 혼돈을 줄여 주는 아주 중요한 두 번째 단계입니다. 포맷은 템플릿을 말하는 것이 아닙니다. 템플릿은 디자인에 한정된 것을 말합니다. 특히 PPT 템플릿이 그렇죠. 디자인 구성이 미리 짜여 있는 템플릿을 사용한다면 그 디자인에 여러분의 내용을 끼워 맞추게 됩니다. 아주 좋지 않으니 PPT 템플릿은 사용하지 마시길 권고드립니다. 다음의 포맷 중 어떤 것을 선택해야 하는지 미리 정해 놓고 가는 것이 좋습니다.

- '톱다운' 방식 or '보텀업' 방식: 톱다운은 목차를 먼저 정해 놓고 내용을 채우는 방식이며, 보텀업은 자료 조사를 먼저 해 놓은 뒤 목차를 구성하는 방식입니다.

- 설명형 보고서 or 설득형 보고서: 설명형 보고서는 결론이 맨 앞에 나오게 되는 방식(PREP)이며, 설득형 보고서는 결론을 나중에 도출하는 방식입니다.

- 정해진 포맷이 있는가? or 프리 포맷인가?

요리로 비유를 하자면, 여러분이 아무런 재료를 가지고 있지 않다면 여러분은 어떤 요리든 해낼 수가 없습니다. 보고서도 마찬가지입니다. 자료, 정보들이 수집되어 있지 않으면 어떤 보고서든 써 내려갈 수가 없습니다. 정보 수집은 그만큼 필수적인 요소입니다. 포맷과 구성을 정하셨다면 이제 정보 수집을 해 나가야 할 차례입니다. 여기에서 주의할 점은 데이터는 신뢰성과 즉결되는 문제이기 때문에, 반드시 그 출처를 수차례 확인하고 신빙성 여부를 따져 봐야 합니다. 정보를 수집할 때만큼은 여러분의 본래 심성을 떠나서 계속 의심하고 오류를 찾아내고자 노력해야 합니다.

○ 책, 논문, 인터넷 등을 활용해 정보를 수집하되, 자료의 신빙성을 끝없이 의심한다.

○ 이번 보고서의 주제를 고려하여 알맞은 자료를 찾는다. 필요하면 설문조사 FGI 등의 방법을 쓸 수 있다.

○ 정보를 모아 놓는 것보다 중요한 것은, 모아 놓은 정보를 정리하는 것이다.

`Step 4` 글쓰기

보고서를 쓸 때, 무턱대고 PPT부터 만드는 사람들이 있습니다. 이는 가장 잘못된 방법 중 하나입니다. PPT는 글을 쓰는 프로그램이 아니며, 함축적인 워드로만 구성되어야 합니다. 처음부터 함축적인 말로 보고서를 쓸 수 있는 사람은 없습니다. 무조건 초안이 있어야 합니다. 초안을 토대로 PPT에 글을 올려야 합니다.

- 자유롭게 초안을 작성하기: 그 어떤 것에도 구애받지 말고 쓰자. 논리의 오류가 있어도 오타가 있어도 아직은 괜찮다.

- 꼭 문장일 필요는 없다. 키워드 나열식의 글쓰기도 괜찮다.

- 사실과 의견을 구분하며 글을 써야 한다.

Step 5 퇴고하기

초안은 보고서가 될 수 없습니다. 하지만 그 초안을 5번 정도 깎아 내면 훌륭한 보고서가 될 수밖에 없습니다. 많은 분들이 시간 절약 등의 이유로 퇴고하는 절차를 생략하거나 대충 합니다. 이 과정은 반드시 거쳐야 하며, 제안드리는 퇴고의 횟수는 5회입니다. 맨 처음 퇴고할 때는 다소 시간이 걸릴 수 있겠습니다만, 2번째 3번째에 들어갈수록 그 시간은 절반 이하로 떨어집니다. 이때 여러분은 중복되는 표현이나 문장, 미사여구, 과도한 접속사, 쓸데없이 들어가 있는 문장들 등을 제거해 나가야 합니다. 논리가 부족한 부분이 있다면 보강해 주시면 되겠습니다.

- 보고서의 주제, 목적, 읽는 사람을 생각할 때 이에 어긋나는 문제는 없는지?

- 구성에 잘 맞게 쓰여져 있는지?

- 문장은 깨끗하고 이해하기 쉬운지?

- 정보의 오류, 수치 오류, 오타 등은 없는지?

Step 6 제출

위 다섯 단계를 거쳤다면 이제 제출할 차례입니다! 제출하기 전, 최종 점검을 하며 빠진 부분이 있으면 채워 넣고, 불안한 부분이 있다면 관계자에게 조언을 들으면 좋습니다. 또한 Q&A를 대비해 예상 답안을 머릿속으로 미리 생각해 보는 것도 좋은 방법입니다.

○ 불안한 부분이 있다면 전문가, 관계자에게 검토를 받는다.

○ 보고서에 미처 들어가지 못한 자료가 있다면 Appendix(맨 뒤)에 첨부한다.

위 6개의 단계를 지키며 보고서를 작성하신다면, 수정은 최소화될 것입니다. 또한 여러분의 보고서는 좋은 평가를 받게 될 거예요! 보고서가 여러분이 진짜 중요한 일을 하는 데 더 이상 방해물이 되지 않도록 위 절차와 원칙을 잘 명심해 주시면 좋겠습니다.

1 아무리 급해도 문서의 목적, 주제, 종류, 듣는 사람 먼저 명확하게 정해야 한다.
2 PPT 템플릿 사용은 장기적으로 악영향을 끼치니 절대 사용하지 말자.
3 퇴고 과정에서 여러분의 문장은 좋아질 수 있으니, 자신감 있게 초안을 작성하자.

11 보고서의 제목은 어떻게 지어야 할까?

책을 고를 때 선택 기준이 무엇인가요? 표지 디자인, 작가, 출판사 등도 고려하시겠지만 아무래도 가장 큰 요인으로 작용하는 것은 '책의 제목'일 겁니다. 보고서도 마찬가지로 제목이 있습니다. 제목은 보고서에서 가장 먼저 읽히는 부분입니다. 보고서를 읽는 위치에 있는 사람은 제목을 보고 이것이 무엇에 관한 보고서인지를 판단합니다. 그런데 이때 제목이 적절하지 않다면 어떻게 될까요? 상대방은 이 보고서를 지금 읽어야 할 만큼 중요한지 아닌지 판단하기 시작할 것입니다. 그러다 인지 선택에서 탈락하게 된다면 당신의 보고서는 우선순위에서 뒤로 밀려나 버립니다. 우리에게 중요한 것은 효율과 시간인데 우리 보고서가 뒤로 밀려 피드백을 오랫동안 기다려야 한다면 참으로 억울한 일이죠. 지금부터 여러분이 보고서의 제목을 붙일 때 어떤 방식으로 작성해야 하는지 그 원칙을 알려 드리도록 하겠습니다.

● 구체적으로 표현하라

보고서의 제목에는 추상적이고 모호한 표현이 들어가서는 안 됩니다. 예를 들어 "테니스 대회 협찬 현황"이라고 하면 어떨까요? 이런 제목은 좋지 않습니다. 너무 모호하기 때문입니다. '제목을 모호하게 쓰면 중간은 가겠지'라고 생각하신다면 큰 오산입니다. 보고서의 경우 이런 타이틀을 채택하게 되면 상대방의 흥미를 끌 수가 없습니다. 구체적으로 적는 것이 좋습니다. "4대 메이저 테니스 대회 최근 5년 스폰서 분석" 이렇게 적는 편이 훨씬 낫겠죠. 이제서야 보고서의 테마가 명확해집니다.

● 간결하게 표현하라

구체적으로 써야 하지만 그렇다고 해서 너무 긴 표제는 좋지 않습니다. 예를 들면 "테니스인의 축제! 세계 4대 메이저 대회인 '롤랑가로스, 호주오픈, US오픈 그리고 윔블던'의 최근 5년 메인 스폰서 분석" 이렇게 써 버리면 너무 길어집니다. 명심하셔야 할 것은 제목의 글자 수는 20글자를 넘어가면 안 된다는 것입니다. 구체적으로 내용을 적으면서 20글자를 넘지 않는다는 것은 쉽지 않을 수 있습니다. 하지만 충분히 그 중간지점(구체적이면서도 간결한)이 존재합니다. 연습하다 보면 누구나 할 수 있으니 꼭 지켜 주시길 바랍니다. 조사나 수식어를 제거해 나가다 보면 금세 20글자 안으로 들어오게 됩니다.

● 부제목을 활용하라

제목을 20글자 내로 쓰기 위해서라면 아무래도 부가적인 설명이 필요한 경우가 생깁니다. 이런 경우에 사용하면 좋은 기술이 바로 '부제목'입니다. 이번에 예시로 든 제목 "4대 메이저 테니스 대회, 최근 5년 스폰서 분석"을 보시게 되면, 여러분의 조직이 테니스웨어를 만드는 등의 테니스 관련 조직이라면 몰라도 그렇지 않은 경우에는 상사들이 "4대 테니스 메이저 대회"라고 해도 그것이 뭔지 모를 가능성이 큽니다. 이럴 땐, 주저 말고 부제목의 기술을 사용해 주세요. "4대 메이저 테니스 대회, 최근

5년 스폰서 분석 ::: 롤랑가로스, 호주오픈, US오픈 그리고 윔블던까지"
이렇게 써 준다면 4대 메이저 테니스 대회가 뭔지 모르는 사람들도 아래
부제목인 "롤랑가로스, 호주오픈, US오픈 그리고 윔블던까지" 이 부분을
보고, 구체적으로 그릴 수 있게 됩니다.

● 덩어리별 제목도 반드시 필요하다

제목과 부제목이 결정되었다면, 덩어리별 제목도 반드시 뽑아야 합니다. 덩어리라 함은 주제별로 모여 있는 글의 덩어리들을 말합니다. 덩어리별로 제목을 뽑으면 그것은 곧 보고서의 목차가 되겠죠. 덩어리별 제목들도 제목의 원칙을 그대로 지켜 주세요. 구체적이면서도 간결하게 작성하며 20글자를 넘지 말아 주시길 바랍니다.

　제목을 붙이는 노하우를 몇 가지 소개 및 요약해 드리면서 이번 원칙을 마무리하도록 하겠습니다. 첫 번째로 제목은 내용 전반을 품어야 합니다. 어느 한쪽의 주제를 가지고 전체화하면 안 됩니다. 두 번째로 제목이 잘 뽑아지지 않는 경우라면 보고서 전반을 관통하는 키워드를 5개 골라, 그것을 늘어놓고 문장화해 보시길 바랍니다. 그러면 보고서 내용의 전체를 관통하면서도 간결한 형식의 제목을 금방 뽑을 수 있게 됩니다. 세 번째는 최대한 20글자를 넘지 않게 작성해 주시기 바랍니다. 마지막으로 제목에 내용을 다 품을 수 없다고 판단되면 '부제목'을 잘 활용해 주시길 바라겠습니다.

1　보고서의 제목은 책의 제목만큼 중요한 부분이다.
2　구체적으로 적되 간결하게! 최대 20글자를 넘지 말자.
3　덩어리별 제목도 같은 원칙으로 뽑자.
　그것은 곧 목차가 된다.

12 6W3H

보고서를 쓰실 때, '내가 이번 보고에 필요한 내용을 모두 넣었는지' 많이 고민이 되실 겁니다. 이럴 땐 주저 없이 6W3H 원칙을 떠올리시면 편합니다. 이것은 모든 글의 기본 요소가 될 만큼 중요한 항목입니다. 이번 원칙에서는 6W3H에는 각각 어떤 것들이 있는지 짚어 보도록 하겠습니다.

● 6W

6W 1   When

'언제'입니다. 보고서에는 날짜(필요하다면 시각까지)가 명확하게 명시되어야 하는 것이 기본입니다. 만약 행사 개최에 대한 보고서라면, 행사의 날짜는 물론 각 이벤트의 구체적인 시각까지 다 적어 주어야 하겠죠. 날짜와 시각만큼은 최대한 구체적으로 적는 것이 좋습니다. 초 단위까지는 필요 없고, 분 단위까지 적는 것이 기본입니다. '2025년 10월 24일 22:00' 이렇게 말이죠.

'어디'입니다. 보고서에는 이벤트의 장소나 지역이 구체적으로 명시되어야 합니다. 누구나 주소만 보고 찾아갈 수 있을 정도로 구체적으로 명시해 주어야 합니다. 필요하다면 장소의 간단한 약도를 첨부하는 것도 좋은 방법입니다. (*여기서 말하는 이벤트란 '행사가 아닌 일반적인 보고서의 '사건'을 말함.)

6W 3 ▶ What

'무엇' 부분입니다. 6W3H의 가장 중요한 부분으로 이벤트 자체에 대한 설명이 필요합니다. 이 보고서는 무엇에 대한 내용인지, 무엇을 하기 위한 보고서인지 그 주제와 주체가 명확하게 명시되어야 합니다.

6W 4 ▶ Why

'왜' 부분으로 이유, 원인, 취지, 목적 등이 여기에 해당됩니다. 기존 보고서를 보시다 보면, "이 보고서는 ○○○를 목적으로 쓰여졌다."라고 쓰여 있는 것을 많이 접해 보셨을 것입니다. 그 문장은 6W3H 중 Why 부분을 채우기 위한 목적으로 쓰인 것입니다.

6W 5 ▶ Who

'누구' 부분입니다. 한 특정 이벤트에는 반드시 관계되어 있는 인물이 있습니다. 그 인물이 어떠한지, 인물 간의 인과관계는 어떻게 되는지, 각 인물의 백그라운드는 어떻게 되는지 등 여러분의 보고서 주제에 맞춰 최대한 자세하게 기재해 주는 것이 좋습니다.

6W 6 ▶ Whom

'누구에게' 부분입니다. 먼저 이 보고서는 누구를 위해 쓰인 것인지, 보고서 전반에 걸쳐 그 말투가 맞춰져야 합니다. 대중을 위한 보고서라면 조금은 전문용어를 풀어서 쉽게 쓴다든지, 사내용 보고서라면 전문용어를 사용해 간단하게 작성한다든지 등, Who 부분을 보고서 전반에 걸쳐 녹일 수도 있겠고 아예 대놓고 명시를 해 주는 것도 좋습니다. 이메일을 쓸때 수신자가 명확히 있는 것처럼 보고서에도 '수신자 ○○팀 ○○○' 이런 식으로 명시해 주는 것이 좋습니다.

● 3H

3H 1 How

'어떻게'입니다. 보고서의 큰 기본 구조는 '문제를 발견하고 → 문제를 해결한다'인데요. 바로 이 '문제를 해결한다' 부분이 How가 되겠습니다. 아주 중요한 부분으로 솔루션(Solution)을 의미합니다.

3H 2 How Much

'얼마' 부분입니다. 제품에 대한 소개가 들어간 보고서라면 각 제품의 정확한 가격이 명시되어야 하며, 출장 보고서라면 정확한 경비 내역이 포함되어야 합니다.

3H 3 How Many

'수량'입니다. 제품의 개수, 웹사이트의 회원 수, 상품별 재고의 개수 등 How Many로 표현할 수 있는 부분이 있다면 이 역시 정확하게 명시해 주어야 합니다.

6W4H라고 한다면, 'How Long(기간)'까지 추가될 수 있습니다. 이것은 여러분이 쓰시는 보고서의 종류에 따라 추가하거나 빼도 무방합니다.

보고서를 작성하셨다면 기본적으로 위에 설명드린 '6W3H'가 들어갔는지 검토해 보시면 되겠습니다. 이 원칙만 잘 지켜도 보고서에 기본적인 사항이 누락되는 일이 있을 수 없으므로 당신의 보고서는 한층 수준 높은 보고서가 될 것입니다.

1　보고서를 쓰는 과정에서 혹은 검토 과정에서 6W3H 중
　　누락된 부분이 있는지 확인하자.
2　6W는 When, Where, What, Why, Who, Whom을 의미한다.
3　3H는 How, How much, How many를 의미한다.

13 '정보'와 '의견'을 정확하게 분리하는 기술

본서에서 몇 차례 강조드린 바가 있습니다. 보고서는 정보 나열로 끝나 버리면 안 된다고요. 정보를 수집하고 정보를 잘 정리하는 능력은 중요 하긴 하나, 상당 부분 구글에 지분을 내 주었습니다. 그것을 자꾸 경쟁력 으로 삼고자 한다면 경쟁 상대를 구글로 삼는 것과 별반 다르지 않습니 다. 보고서에서 우리의 역할은 정보를 넘어 그 정보를 꿰뚫는 '의견'을 내 야 한다는 데 있습니다. 하지만 주의해야 할 점은 사실과 의견을 혼재시 키면 안 된다는 점입니다. 읽는 사람이 '아, 이 부분은 정보구나', '아, 이 부분은 의견이구나'를 구분하며 읽을 수 있도록 우리가 잘 분리해 줘야 한다는 말입니다.

● 의견의 기술

의견을 내는 문장은 보고서에 반드시 포함되어야 하며, 다음의 원칙을 따라야 합니다.

- 복잡하게 쓰지 않고, 간결하게 기술한다.
- 문서의 목적에서 벗어나지 않는다.

- 의견란은 작성자의 일기장이 아니다. 읽는 사람에게 그 말투와 표현을 맞춰야 한다.
- 아무리 의견이라 해도 너무 주관적인 느낌이 드는 문장은 쓰지 않는다.

또한 의견은 정보 속에 섞이기 매우 쉬운 성질을 가지고 있습니다. 예를 들면 이런 문장이 있습니다. "ABC주스의 과천시 매출은 안양시 매출의 절반에도 미치지 못합니다." 어떤가요? 이건 의견인가요, 사실인가요? 그렇습니다. 이것은 사실을 기반으로 의견이 잠복해 있는 문장입니다. 바람직하지 않은 예시입니다. "ABC주스의 과천시 매출은 안양시 매출의 47%입니다." 이렇게 써야 사실만을 나타내는 문장이 됩니다.

그럼 이 문장은 어떤가요? "ABC주스의 제조사 사장은 올해 과천시에 프로모션을 공격적으로 진행할 예정이기 때문에, 안양시 매출의 60% 수준까지는 끌어올릴 수 있을 것이라 말했습니다." 이것은 사실입니다. 의견이 아닙니다. ABC주스의 제조사 사장이 저렇게 발언한 것은 사실이 맞기 때문입니다. 이처럼 의견과 사실은 혼재하기 쉽고, 그 구분이 미묘한 표현이 굉장히 많이 있기 때문에 주의하셔서 쓰실 필요가 있습니다.

1 의견 없이 정보뿐인 보고서는 좋은 평가를 받지 못한다.
2 의견은 정보 속에 섞이기 쉬운 성질을 가지고 있으므로 주의하자.
3 의견, 정보에 관계없이 너무 주관적인 문장은 보고서에 쓰지 않는다.

14 보고서도 '효율'의 시대

이번 원칙에서는 보고서를 효율적으로 쓸 수 있는 원칙에 대해 알아보도록 하겠습니다. 결국 보고서를 잘 쓴다고 인정받는 사람들을 보면, 그 안에는 '배려'라는 강력한 무기가 있습니다. 상대방의 시간을 아껴 주는, 상대방이 에너지와 시간을 효율적으로 쓸 수 있도록 도와주는 배려의 기술들이 담겨 있는 것이죠. 지금부터 그 배려의 기술들에 대해 짚어 드리도록 하겠습니다.

● 결론부터 말하자

프렙(PREP) 기법이라는 것이 있습니다. 프렙은 각각 Point, Reason, Example, Point의 앞자를 따 만들어진 단어입니다. 풀어 설명드리면 결론부터 말한 뒤, 이유를 말하고, 예시를 들어주며 마지막으로 결론을 한 번 더 말하는 보고서의 방식입니다. 결론을 마지막에 말하는 방식도 있습니다. 이는 주로 설득형 보고서에 사용되는 방식입니다. 하지만 사내 보고서나 일반 보고서에서는 설득형 보고서의 구조를 따르지 말고 프렙(PREP) 방식을 따라야만 합니다.

결론부터 말하게 되면, 효율을 엄청나게 높일 수가 있습니다. 상대방이 결론만 듣고 납득하게 됐다면, 나머지 부분인 '이유 → 예시 → 결론 재확인'의 절차를 모조리 생략할 수 있는 것이죠. 보고서뿐만 아니라 구두 보고, 이메일에서도 마찬가지의 룰을 따르면 좋습니다. 결론부터 말하지 않고 한참을 돌려 말한다면 사람들은 이내 인내심을 잃을 것입니다. 또한 여러분이 감정적인 사람이라고 오해받기 쉽습니다. 비즈니스 상황에서 사용하는 방식으로는 배려가 부족하다고 말할 수 있겠습니다.

● 요약하는 습관을 들이자

'세 줄 요약'이라는 말 너무나도 익숙하시죠? 이것은 비즈니스에서도 예외가 아닙니다. 보고서는 각 덩어리마다 먼저 '요약'을 나타내 주면 효과적입니다. 요약이 없으면 사람들은 그 보고서를 끝까지 읽어야만 하고, 읽으면서 스스로 정리까지 해 나가야 합니다. 즉 바쁜 사람이 읽는다면 무슨 말인지 모르고 넘어갈 가능성이 크죠. 이것은 큰 손해입니다. 요약은 말 그대로 3의 법칙을 따라 세 줄을 넘지 않게 쓰면 가장 좋습니다. 요약을 하는 방법에는 크게 두 가지가 있습니다.

- 중요한 부분은 남기면서 불필요한 부분을 삭제해 나가는 것으로 요약 문장을 만든다.
- 핵심이 되는 키워드 5개를 뽑은 뒤, 그것을 가지고 문장을 만든다.

위 방법 중 하나를 따르되, 주의할 점은 본문에 쓰여 있는 키워드를 요약의 목적으로 다른 키워드로 변경해서는 안 된다는 것입니다. 예를 들어 본문에서는 '아이패드'라고 기재한 것을 '태블릿'으로 변경하면 안 됩니다. 보고서를 워드로 쓰시든 PPT로 쓰시든 상관없이 이 요약본은 가장 시선이 먼저 가는 곳에 배치해 주시기 바랍니다. 상단 왼쪽이 가장 적절한 자리입니다.

● 별첨을 적극 활용하라

보고서는 간결해야 합니다. 그러나 보고서를 쓰다 보면 제시하고 싶은 정보나 근거들이 자연스럽게 많아지기 마련입니다. 이것 때문에 보고서가 길어지게 되는 것인데요. 이럴 땐 이 모든 정보와 근거들을 본문에 기재하기보다는 따로 빼 두는 것이 훨씬 좋습니다. 그렇게 되면 문서를 간결하게 만들 수 있는 것은 물론이고 자료의 알참까지, 두 마리 토끼를 모두 잡을 수 있죠. 읽는 사람은 간결한 보고서를 읽다가 상세한 내용을 알고 싶을 때만 첨부 자료(Appendix)를 참고하면 되기 때문에, 보고서의 양으로 인해 부담이 되는 일은 결코 없을 것입니다.

별첨으로 뺄 때는 '위첨자'를 사용해 숫자를 하나하나 순서대로 기재해 주시면 됩니다. '내용[1] 내용[2] 내용[3] …' 이런 식으로 전개되는 것입니다. 그리고 Appendix에서는 '1. 설명 2. 설명 3. 설명' 이런 식으로 해당 내용에 대한 설명집을 따로 만들어 주는 것이죠. Appendix는 어느 정도 분량이 길어져도 상관없습니다. 어차피 그 부분까지 정독해 달라는 요구를 하는 것은 아니니까요.

● 전문용어는 쓰되 별첨으로 용어 설명을!

대중들을 대상으로 하거나(강의, 강연 등), 여러분의 업계에 완전히 문외한인 사람들을 대상으로 하는 보고서에서는 전문용어를 최대한 풀어 쓰는 것이 좋다고 말씀드렸습니다. 하지만 대부분의 보고서는 같은 업계 사람을 대상으로 합니다. 이럴 땐 편하게 전문용어를 사용하는 편이 오히려 낫습니다. 전문용어를 사용한다는 것의 의미는 말을 함축적으로 쓸 수 있다는 말입니다. 용어를 풀어서 쓰는 것보다 그 뜻을 대체할 수 있는 단어를 하나 쓰는 것이 훨씬 양적으로 적고 이것이 쌓이다 보면 보고서를 굉장히 간결하게 쓸 수 있습니다. 특별한 양식의 제한이 없다면

1Page로 보고서를 끝내는 것이 가장 이상적이라고 생각합니다.

하지만 전문용어 중에서도 보고를 받는 입장에 있는 사람이 그 뜻을 정확하게 유추하지 못할 가능성이 있는 용어들도 있습니다. 예를 들어 광고 집행에 대한 용어라고 칩시다. 당신의 상사는 광고 집행의 경험이 없습니다. 이럴 땐 광고업계에서 쓰는 용어를 그대로 쓰되 별첨으로 용어 설명을 해 주시면 간단히 해결됩니다.

"이번 온라인 캠페인의 CPC는 2원으로 3Q 대비 25% 하락"이라는 문장이 있습니다. 광고 경험이 있는 사람들이라면 CPC에 대해 따로 설명할 필요가 없지만, 지금 예시로 드는 것과 같이 광고 경험이 없는 사람들이라면 저 CPC라는 단어는 생소할 수 있습니다. 그러면 다음과 같이 별첨해 주면 됩니다. "이번 온라인 캠페인의 CPC*는 2원으로 3Q 대비 25% 하락" 이렇게요. CPC 옆에 '*' 표가 보이시죠? 그리고 보고서 덩어리 최하단 부분에 작은 글씨로 * 부분에 대해 설명을 해 주면 됩니다. 이때 글자 크기는 5~6pt가 적당합니다. '* Cost Per Click의 약자로, 광고를 클릭하여 당사 사이트로 이동했을 때 광고비가 소진되는 과금 체계'라고요. 전문용어가 계속해서 나올 때는 *, **, *** 이런 식으로 붙여 나가는 것도 좋지만, 너무 많아질 경우에는 다른 기호들을 섞어 쓰거나 숫자 혹은 알파벳 등을 위첨자로 기재해 주면 되겠습니다.

여기서 잠깐!

3Q?

3rd Quarter의 줄임말로 1년을 넷으로 나눈 세 번째 기간, 즉 '삼분기(삼사분기, 3/4분기)'를 뜻합니다. 1, 2, 3, 4분기를 각각 1Q, 2Q, 3Q, 4Q라고 하는데요. 숫자와 쿼터의 위치를 바꿔서 Q1, Q2, Q3, Q4와 같이 쓰기도 합니다.

전문용어도 마찬가지로 이것들을 본문에서 설명하기 시작하면 끝이 없습니다. 보고서의 양만 한없이 늘어나게 됩니다. 반대로 전문용어들을 별첨으로 빼 주기 시작하면 보고서의 양은 매우 간결해지며 보기에도 좋아집니다. 단, 적은 글자 수로 전문용어 해설이 가능한 경우라면 그냥 본문에 괄호로 기재해 주서도 좋습니다. CPC(Cost Per Click) 이런 식으로 말이죠.

1 읽는 데 효율적인 보고서 작성은 상대방을 위한 배려의 기술이다.
2 결론부터 말하는 버릇을 들이자.
3 전문용어와 근거들은 위첨자 등을 활용해
   별첨으로 빼 두자.

15 서술형보다는 항목을 쪼개자

보고서를 쓸 때 처음부터 항목을 쪼개기 어려운 경우가 있다는 점, 충분히 공감합니다. 좋습니다. 처음에는 자유롭게 서술형으로 적으시면 됩니다(나중에 충분히 훈련이 된다면 처음부터 항목 쪼개기 글쓰기가 가능해집니다). 항목을 쪼개야 하는 이유는 '포인트가 명확'해지기 때문입니다. 수차례 말씀드리지만 보고서는 소설이나 에세이가 아닙니다. 이것을 분명히 구분할 줄 알아야 합니다. 즉 보고서에서 장문의 글을 쓰는 경우는 거의 없다고 보셔도 무방합니다. 이럴 때 항목 쪼개기 기술은 굉장히 유용한 기술이 됩니다. 예시를 한번 보겠습니다.

● 문장을 항목으로 변신시키자!

"문제 해결형 부업은 세상에 있는 불편함을 해결하는 사업 유형이다. 다시 말해 불필요한 절차를 줄이거나 특정 부분의 불편을 해소하는 데 비용을 지불하게 하고 매출을 발생시키는 유형이다. 예를 들어 전자 서명을 가능하게 하는 '도큐사인'이라는 회사는 오프라인으로 계약을 할 때 발생하는 간인, 우편발송, 분실, 보관 등의 불편한 절차를 해소해 준다. '스트라이프'라는 기업은 온라인 사업을 하는 판매자들에게 매우 심플한 결제 API 솔루션을 제공하고 있다. 단 7줄 정도를 붙여 넣는 것으로 판매자는 자사몰, 자사 미디어인 온드미디어(Owned Media)에 쉽게 결제 시스템을 구축할 수 있다."

위와 같은 문장이 있습니다. 보시다시피 보고서에 적절하지 않은 문장이죠. 서술형이니까요. 책에서나 어울리는 문장입니다. 원칙에 따라 항목 쪼개기를 해 보겠습니다.

제목: **문제 해결형 부업**

부제목: **세상에 있는 불편함을 해결하는 사업 유형**

요약: **불필요한 절차를 줄이거나 특정 부분의 불편을 해소해 줌으로써 매출을 발생시키는 유형으로 '도큐사인, 스트라이프' 등이 대표적**

내용:

A. 도큐사인(Docu-Sign)

- 전자 서명의 대표 기업
- 오프라인 계약의 불편함[1]을 해소

B. 스트라이프(Stripe)

- 결제 API[2] 솔루션 기업
- 7줄 정도의 코딩만으로 쉽게 결제 시스템 구축 가능

별첨:

1. 오프라인 계약을 할 때 발생 가능한 불편함으로는 간인, 우편발송에 걸리는 시간은 물론 분실, 보관의 위험 등이 있다.
2. API는 Application Programming Interface의 줄임말로 컴퓨터 프로그래밍 사이의 연결을 말한다.

같은 내용이지만 보고서는 위와 같이 써야 합니다. 문장이 아니라 항목

으로 말이죠. 제목과 부제목이 있고, 그 아래 바로 '요약'이 있습니다. 요약을 봤을 때 이미 도큐사인이나 스트라이프라는 기업을 알고 있는 사람이라면 그 아래 내용을 보지 않아도 되겠죠. 이렇게 상대방의 시간을 줄여 줄 수가 있습니다.

또한 도큐사인과 스트라이프를 각각 A와 B로 나눈 뒤, 불렛포인트(bullet point)로 필요한 항목을 쪼갰습니다. 바로 이 쪼개기가 필요한 것입니다. 어떠신가요? 서술형 문장이 거의 없어지니 보기에 간결해지고 한눈에 모든 내용이 들어옵니다. 그리고 '불편함'에 대한 구체적인 내용과 'API'라는 말의 용어 설명은 본문에 쓰기 적절하지 않으니, 아래 별첨으로 빼서 필요한 사람만 읽도록 만들었습니다.

● 불렛포인트
글머리 앞에 붙이는 기호로 신속하게 주요 이슈와 정보를 식별할 수 있게 하기 위해 사용되며 보통 다이아몬드, 동그라미, 네모 등으로 표시됨.

● 쪼갠 항목은 10개를 넘지 않게!

이런 식으로 보고서를 작성하면 포인트가 명확해질 뿐만 아니라 문서 자체에 적당한 공백이 생기기 때문에 읽는 사람 눈에 띄기 쉽고 주의력이 높아집니다. 저는 A, B와 같은 알파벳 그리고 불렛포인트를 사용했지만, 이것은 '가, 나, 다'로 써도 되고 'ㄱ, ㄴ, ㄷ'으로 써도 되며 '1, 2, 3'으로 써도 됩니다. 순서를 나타내기에 적합한 것이면 여러분의 취향에 맞게 써 주시면 됩니다. 저는 알파벳과 불렛포인트의 조합을 가장 선호합니다. 미적으로 가장 완성도 있다고 생각합니다. 또한 불렛은 아무리 많아도 10개를 초과하지 않는 선에서 해 주시기 바랍니다. 10개를 초과한다면 'C'를 만들어 쪼개는 것이 좋습니다.

● 불필요한 말은 덜어내자!

마지막으로 표현의 통일입니다. 앞의 보고서 예시를 보시면 '-이다'나 '-있다'로 끝나는 문장이 단 하나도 없습니다. 대신 '가능', '해소' 같은 단어형으로 끝나고 있죠. 여러분이 불렛으로 항목을 나누었다면 이제 다음에 할 작업이 바로 이것입니다. 보고서에 '-이다', '-있다' 같은 말은 최대한 쓰지 않는 것이 좋습니다. 불필요한 말이기 때문입니다. 그리고 이것만 줄여도 보고서의 길이를 현저히 줄일 수 있습니다.

1 보고서에 서술형이란 없다. 항목을 쪼개자.
2 각 항목은 10개를 넘지 않도록 하자.
3 '-이다', '-있다' 같은 말을 최대한 덜어내자.
그럴수록 보고서다워진다.

보고서 '글' 완전격파 원칙

16 보고서 작성의 최강 기술 '로직트리'

이번 원칙에서는 보고서 작성에 있어서 현존하는 최강의 기술인 '로직트리'에 대해 상세히 알아보고자 합니다. 로직트리라는 것을 알고 일하는 자와 그렇지 않은 자 사이에는 굉장한 간극이 존재합니다. 이것은 이 책을 읽는 분들이라면 반드시 익히셔야 하고, 당장 지금부터 현업에 써먹으셔야 합니다. 비단 업무뿐이 아닙니다. 내 인생을 설계하는 데 있어서도 로직트리를 습관처럼 사용해 주시면 생각이 얼마나 효율적으로 정리되며 또 최고의 솔루션이 나올 수 있는지 깨닫게 되실 것이라 믿습니다.

　로직트리는 어렵지 않습니다. 때문에 한 번 배워 몇 번의 습관화를 하는 것만으로도 평생의 기술로 습득할 수 있습니다. 또한 넓은 시야를 가질 수 있게 만들어 줍니다. 근시안이 아닌 숲을 보는 능력을 기를 수 있게 됩니다. 넓은 시야를 가질 수 있기에 중요한 것과 덜 중요한 것을 구분해 낼 줄 알게 됩니다.

▶ YouTube

10개의 아이디어 중
2개를 골라내는 방법

● 로직트리로 솔루션을 찾자!

로직트리는 큰 문제들을 작은 문제로 인수분해하며, 경중을 파악해 솔루션을 파악해 나가는 과정입니다. 쉬운 예시로 '테니스를 잘 치려면 어떻게 해야 하는가?'라는 문제로 로직트리를 만들어 보겠습니다. 테니스를 잘 치기 위한 방법으로는 '연습을 많이 한다', '체지방을 감량한다', '경기 영상을 보며 공부한다' 정도가 있겠습니다. 보통은 이 선에서 사고를 멈추죠. 하지만 로직트리를 쓰면, 여기에서 한발 더 나아갈 수 있습니다.

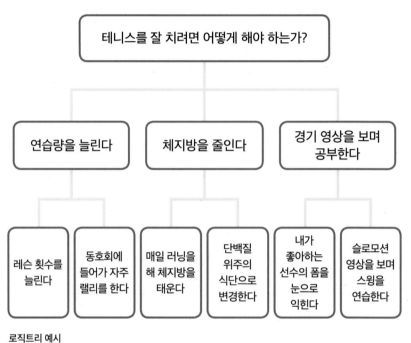

로직트리 예시

● 각 항목을 수치화하라!

이것이 바로 로직트리입니다. 정말 쉽죠? 이처럼 덤덤하게 문제들을 인수분해해 나가며 해결해 나가는 것이 바로 로직트리입니다. 물론 더 깊이 들어가면 여기에서 끝나는 것이 아니라 각 항목을 수치화해야 합니다. 위의 예시의 경우 테니스에 실제로 어떤 것들이 가장 도움이 되는지 내가 직접 체험해 보며, 혹은 테니스 선수 출신의 코치들에게 조언을 구해 가며 가장 도움이 되는 것과 그나마 덜 도움이 되는 것을 구분할 수 있게 되고 그것들을 수치화할 수 있게 됩니다. 그에 따라 비중을 조절하는 것이 가능해집니다. 예를 들어 '동호회에 들어가 자주 랠리를 한다'가 최고 점수를 받은 항목이라면, 경기 영상을 보며 연습하는 것을 버리고 랠리에 비중을 실어 행동할 수 있겠죠. 수치상 유의미하지 않은 항목이 있다면 아예 빼거나 미뤄도 되는 것입니다.

● 로직트리로 버리는 능력을 익히자!

이렇게 로직트리를 업무에 활용하게 되면, 버리는 능력을 익힐 수 있습니다. 필요 없는 부분을 버리고 중요한 것에만 시간을 쓸 수 있게 되는 것입니다. 그렇기 때문에 경쟁력이 어마어마하게 높아진다고 말씀드렸습니다. '버릴 줄 알면' 가벼워지고 효율적이게 되며 몸과 마음이 빨라집니다.

여러분도 업무를 하면서 경중을 따져 우선순위를 결정하고 싶으셨을 거예요. 그런데 초년생이라면 아직 이 방법을 몰라 헤매었을 가능성이 높습니다. 이제 로직트리로 버리는 능력을 익히시길 바랍니다.

1 로직트리는 '무엇을 버릴 것인가'에 대한 가장 좋은 훈련법이다.
2 로직트리는 업무뿐만 아니라 일상에도 적용하면 좋다.
3 사소한 것들부터 로직트리화하며 연습하자.

17 가장 먼저 접할 문서, '회의록'

회의록은 대부분의 신입 사원이 회사에 들어가 처음으로 맡게 되는 문서입니다. 신입 사원에게 회의록 작성을 시키는 데에는 여러 가지 목적이 있겠죠. 하나는 회의 내용에 집중하게 만들어 업무용어의 리스닝을 향상시켜 주기 위함일 것이고, 또 하나는 문서를 작성하는 기본적인 스킬을 익히게 만들기 위함일 것입니다. 그만큼 회의록 작성은 문서 작성의 기본 중에 기본이 됩니다. 그래서 '잘' 해야 합니다.

다행인 것은요. 이 회의록이라는 것, 잘 쓰는 방법이나 규칙이 확실하게 존재한다는 것입니다. 그리고 여러분도 필사적으로 회의록을 잘 쓰시기 위해 노력하셔야 합니다. 이걸 잘 쓰면 다른 문서까지 저절로 잘 쓸 수 있도록 만들어지거든요. 지금부터 어떻게 회의록을 써야 하는지 모든 원칙을 공개해 드리도록 하겠습니다.

● 회의록은 대본이 아니다

관찰 결과, 신입 사원이 회의록을 작성할 때 저지르는 가장 큰 실수는 발언하는 모든 내용을 회의록에 담아 버리는 것입니다. 누가 어떤 말을 했고 또 누가 어떤 말을 했는지 최대한 자세히 쓰려고 하는 거죠. 회의록은 속기록이 아닙니다. 그럴 거면 그냥 녹음한 뒤 공유해서 들으면 될 것을 문자로 변환할 필요가 없죠.

- ○ 회의록의 기본은 발언을 적는 것이 아닌 '그 자리에서 결정된 것을 쓰는 것'입니다.
- ○ 회의의 목적은 합의입니다. 즉 '합의된' 내용을 정확하게 적는 것이 회의록의 제1목적입니다.

회의록에 기재할 결정 사항이라고 하면 예를 들어 이런 것들이 있을 겁니다.

- ○ 우리 제품의 네이버스토어 상세 페이지는 7/29일까지 최종 변경, 익일 자정부터 릴리즈함.
- ○ 상세 페이지 수정은 A팀의 ○○○님이 담당하며, 7/25일 변경된 시안을 가지고 다시 회의 진행함.
- ○ 상세 페이지에서 제품의 크기는 공통적으로 지금보다 30%씩 키우기로 결정함.

말로만 끝내는 회의라면, 향후 이런저런 갈등들이 많이 생기기 마련입니다. 저 역시 회사에서 자주 목격했던 상황이었죠. 그런 갈등을 없애기 위해 회의록이라는 것을 쓰고, 회의록을 작성하여 참여자들 모두에게 이메일로 공유해 주는 것입니다. 결정된 사항을 문서로 공유하게 되면, 나중에 잘못된 기억을 가지고 싸울 일이 없어지죠.

● **회의록에 들어가야 하는 5가지 필수 항목**

위 결정 사항들을 보면, 결정된 사항뿐만 아니라 미래에 해야 할 일이 함께 기재되어 있는 것을 볼 수 있을 겁니다. 그것 또한 회의록의 중요한 역할입니다. '현재 결정된 것과 향후 해야 할 일을 적는다.' 이것이야말로 회의록의 가장 큰 순기능이라 할 수 있겠죠. 그렇다면 이 외에 회의록에 어떤 것들이 들어가야 하는지 짚어 드리겠습니다.

○ 회의 일시와 장소
○ 회의에 참여했던 사람
○ 회의 주제
○ 정해진 것들, 향후 해야 할 일들
○ 확인이 필요하거나 다음에 결정할 사항 등

최소한 위 5가지 항목은 필수적으로 기재되어야 합니다. 위 5가지 사항이 잘 구분되어 정리되어 있으면 그 회의록은 더할 나위 없다고 볼 수 있습니다. 그러니까 모든 발언을 적을 이유는 단 한 가지도 없는 것입니다. 위 5가지 항목을 제외하고는 모두 불필요한 정보죠. 일반 발언들은 위 사항을 도출해 내기 위한 밑거름에 불과한 것이니까요.

또한 위 5가지 항목을 토대로 여러분이 크리에이티브함을 추가하시는 것은 자유입니다. 기본적인 사항을 지키면서 더 좋은 방법을 추가하는 것은 찬성입니다. 다만 이 경우에도 최대 1Page를 넘기지 않도록 유의해 주시면 좋겠습니다.

1 회의록은 문서 작성 연습의 기본이다. 충실하게 하나하나 작성하자.
2 다섯 가지 필수 기재 사항 외에는 적을 필요 없다.
    발언의 모든 것을 적는 것은 바보 같은 일이다.
3 회의록은 업무를 원활하게 돌아가게 하기 위한 중요한 증거 자료가 된다.

업무관리표는
이렇게 만드는 것이다

회사에서 하는 일은 그 종류로만 치면 상상을 초월합니다. 하나의 일에 집중할 수 있도록 도무지 시간을 주지 않습니다. A라는 프로젝트를 하면서 동시에 B라는 프로젝트를 진행해야 하며, 그 둘을 진행하고 있는 와중에 갑자기 C라는 업무가 들어오죠. 이런 과정의 연속입니다, 회사 업무라고 하는 건요. 그래서 업무관리표가 없으면 도저히 내 머리로는 각 업무의 현재 단계를 암기해서 일을 할 수 없습니다.

또한 여러분이 관리자의 입장이 되면 직접 실무는 하지 않더라도 관리할 프로젝트들은 수십 가지로 늘어날 수 있습니다. 이때 업무관리표를 통해 그 현황을 파악하지 않으면, 여기저기서 업무가 정체되기 시작하고 결국 리더가 무능력하다는 소리를 듣게 되기 일쑤입니다.

제가 가장 열심히 업무관리표를 만들었던 때는 광고대행사 재직 시절이었던 것 같습니다. 저희 팀에서 담당하고 있던 브랜드만 20개가 넘었기 때문에 업무관리표 없이는 도무지 일을 할 수조차 없었습니다. 그러다가 그게 습관이 되어 지금은 개인적인 일에까지 업무관리표를 만들어서 활용하고 있는데, 너무나도 유용합니다.

● 업무관리표는 회의록을 대신할 수 있다

업무관리표와 회의록은 한 세트입니다. 회의록에 기재되어야 할 사항 중 가장 중요한 것은 '정해진 것들, 향후 해야 할 일들'이었죠. 그게 업무관리표에도 유사하게 들어갑니다. 그렇다면 업무관리표에는 어떠한 사항이 들어가야 하는지 정확하게 알려 드리도록 하겠습니다.

○ 프로젝트 넘버
○ 공유 날짜
○ 과제 내용
○ 현재 상태(검토중, 작성중, 완료 등)
○ 특이사항
○ 프로젝트 담당자
○ 기한

위 일곱 가지 사항이 들어간다면 업무관리표로서의 기본적인 내용은 다 담겼다고 볼 수 있습니다. 또한 업무관리표는 PPT에 만들면 너무나도 비효율적이기 때문에 엑셀로 만들어 주시면 좋습니다. To-do List를 잘 쓰시는 분들에게는 전혀 어렵지 않은 원칙입니다. 다만 모든 분들이 TDL(To-do List) 작성에 익숙하신 것은 아니기에 혹시 이 표가 생소하게 느껴지시는 분들은 빨리 몸에 익히시길 바랍니다. 업무가 아닌 일상생활에서도 이것을 적용해야 합니다. 그래야 트래픽이 막히지 않고 업무가 원활히 진행됩니다.

● 담당자를 명시하라!

주의해야 할 점은 단순히 '할 일'의 나열에 그치면 안 된다는 겁니다. 의무적으로만 업무관리표를 쓰고 있고, 실제로는 업무에 참고하지 않는 경우가 허다합니다. 그래서 아래 표를 보시면 '프로젝트 담당자'와 '기한'까지 꼭 적어야 합니다. 이름이 명시된 것만으로도 책임감과 의무감이 배가 되니까요. 더 효과를 보기 위해서는 담당자의 연락처까지 적어 놓으면 좋습니다.

그러다 보면 어느 순간 '매우 중요한 프로젝트'가 생기거나 '너무 복잡해지는 프로젝트'가 가끔 생겨납니다. 참여자가 수십 명 이상이 되는 대형 프로젝트를 하는 경우도 있으니까요. 그럴 땐 아래 양식에 적되, 탭을 하나 더 만들어 개별 프로젝트에 대한 진척 상황까지 따로 만들어 놓으면 좋습니다.

여기에서 주의할 점은 아래 양식, 그러니까 대중적으로 보는 표에 복잡한 프로젝트에 대한 세세한 내용까지 적어 놓으면 또 다른 프로젝트들이 묻힐 수가 있습니다. 그러니 복잡한 것은 함께 적지 말고 '별도

업무관리표 양식 예시

No	과제 내용	현재 상태	특이사항	프로젝트 담당자	기한
					20XX년 X월 X일

탭'이라고 각주 표시를 하고 따로 정리해 주시길 바랍니다. 이 양식은 가장 기본적인 것이지 이렇게만 해야 한다는 것이 아닙니다. 여러분의 회사에 맞게 추가할 사항이 있을 것입니다. 그런 경우 편하게 추가해 주시길 부탁드립니다.

1 업무관리표는 회의록을 대신할 수 있다.

2 업무관리표는 회사 생활뿐만 아니라 일상에서도 써야 한다.

3 담당자를 명시함으로써 책임감을 불어넣어 줄 수 있다.

19 부가가치가 없는 보고서는 쓰레기다

부가가치, 이것이 없는 보고서는 일종의 정크(Junk)라고 볼 수 있을 만큼 중요한 사항입니다. 말씀드리지만 아무도 읽지 않는 보고서를 쓴다. 그리고 이것이 쌓이고 세월이 되고 업력이 된다. 어떻게 될까요? 무조건 매너리즘에 빠질 수밖에 없고, 조직에서는 점점 설 자리를 잃게 될 것입니다. 잔인하게 들려도 이것은 사실입니다.

● 보고서의 주인공은 '보고를 받는 사람'
내가 만족하는 보고서는 부가가치가 있을까요? 내가 원하는 대로 쓴 보고서라면 어떨까요? 둘 다 아닙니다. 접근 방식부터 잘못됐습니다. 보고서는 '누군가에게' 보고하는 문서입니다. 즉 보고서의 주인은 내가 아닌 '누군가'가 됩니다. 그렇다면 보고서의 모든 것은 그 사람에게 맞춰져 있어야 한다는 것입니다.

가벼운 이야기부터 드리면, 그 사람이 PPT를 싫어합니다. 본인은 무조건 엑셀로만 보고를 받고 싶다고 합니다. 그런데 나는 PPT를 잘한다는 이유로 그 요청을 무시한 채 계속 PPT 형식으로 된 보고서를 올립니다. 최악입니다.

또한 그 사람은 'PREP' 방식으로만 보고서를 받기를 좋아합니다. 그런데 나는 설득형 보고서를 잘 쓴다는 이유로 결론 부분을 맨 앞에 이야기하지 않고 뒤쪽으로 뺍니다. 어떨까요? 그 순간 주객이 바뀌어 버리는 것이죠. '누군가에게 보고하는 문서'가 아닌 '나를 위해 보고하는 문서'로요. 그럼 애초에 콘셉트부터가 잘못되어 있는 것입니다.

방금은 사내의 상사를 예로 들어 이야기를 드렸습니다만, 회사에 따라 클라이언트가 존재하는 경우가 많이 있습니다. 대표적으로는 컨설팅회사나 광고회사가 그렇습니다. 이런 경우 여러분의 보고서를 보는 주체는 누구입니까? 클라이언트입니다. 그렇다면 문서나 말투도 클라이언트 쪽에 맞추는 것이 당연합니다. 맞춰 주는 것이 아닙니다. 맞춰야 마땅한 것입니다.

제가 이노션에 있었을 때 클라이언트가 현대자동차였는데요. 이런 일이 있었습니다. 현대자동차 내부에는 보고를 위한 템플릿과 폰트가 있습니다. 저희 광고주들이 그 양식에 맞춰 위에 보고를 올려야 하죠. 지금 생각하면 부끄럽습니다만, 제가 당시 이 부가가치라는 것을 더 신경썼더라면 애초에 먼저 그 양식에 전하고자 하는 내용을 적어 공유했어야 하는 것이 맞습니다. 하지만 당시 제가 PPT 디자인에 관심이 유독 많

템플릿(template)?

템플릿은 일정한 틀이나 형식을 말하는 것으로 PPT에서의 템플릿이란 작업 시 슬라이드의 배경으로 사용하는 각종 디자인 서식을 가리킵니다. PPT 테마에 특정 목적의 프레젠테이션을 할 수 있도록 콘텐츠 레이아웃을 포함한 것이 템플릿 즉 서식 파일이라고 할 수 있습니다.

았었고, 또 재능도 있어서 그런 것들을 클라이언트에게 자랑하고 싶었습니다. 지금 생각하면 어이가 없죠. 하지만 신입 사원 때였으니 조금 이해해 주시길 부탁드립니다. 그래서 그 정해진 템플릿이 아닌, 내가 생각했을 때 아름다운 디자인으로 PPT를 만들었습니다. 그렇게 주면 클라이언트도 좋아할 줄 알았죠. 클라이언트는 몇 번 애둘러서 그냥 기본 양식에 써 달라고 말을 계속 했는데 제 기억에 그것을 바로 알아듣지 못하고 3번 만에 알아들어 고쳤던 것 같습니다.

이런 경우 어떤 문제를 지적해야 할까요? 제가 PPT를 예쁘게 만들어서 주는 것은 아무런 부가가치를 창출하지 못합니다. 대체 무엇을 위한 디자인인가요? 왜냐하면 클라이언트는 제가 자료를 그런 식으로 주면 그것을 보고로 올리지 못합니다. 사내에서 정한 보고서 규정이 있었으니까요. 아마 제가 준 자료를 기반으로 본인들 템플릿에 다시 올리는 과정을 거쳐 보고를 했을 겁니다. 글을 쓰는 지금도 민망합니다. 정말 그 아무것도 아닌 'PPT 디자인' 어필을 하고 싶어서 저뿐만 아니라 클라이언트에게 하지 않아도 될 일을 시킨 꼴이 되니까요. 내용을 떠나서 저는 사소한 것 때문에 보고서에 부가가치를 창출하지 못하고 있었던 겁니다.

● 상대방에게 맞춰야 부가가치가 생긴다

템플릿은 단지 사소한 영역입니다. 조금 더 본질적인 이야기를 드려 보겠습니다. 당신이 광고회사의 AE라면 당신의 보고서는 어떤 DNA를 가져야 할까요? 어떻게 해야 부가가치가 있는 보고서를 계속 만들어 낼 수 있을까요?

답은 사소한 마인드의 차이에 있습니다. 조금 거창한 이야기로 들릴 수 있겠지만 보고서를 만들어 낼 때의 마인드는 철저하게 클라이언트를

● AE(Account Executive)
대행사 혹은 프로젝트를 대표해서 광고주와 연락을 주고받는 담당자

위해야 합니다. 클라이언트가 없는 경우라면 여러분이 속한 조직의 번영을 위한 마음이 담겨야겠죠. 그 보고서에 말이에요.

단지 빨리 세금계산서를 끊고 일을 끝내기 위해서? 내가 편한 대로 내가 기존에 알던 것을 하면 편하니까 계속 하던 대로? 그런 식으로 보고서를 작성하면 금방 티가 납니다. 물론 클라이언트가 있는 경우, 너무 클라이언트의 이익만 생각해서 보고서를 쓰면 여러분이 속한 조직 내부의 저항을 받을 수 있으니까 이 경우에는 선 조절을 잘하셔야 합니다.

우리는 더 이상 그 기업의 소비자가 아닙니다. 그 기업에서 돈을 받고 일하고 있다면 그 기업이 우리의 소비자가 되는 것입니다. 우리의 고객이 되는 것입니다. 기업들이 고객 만족을 위해 애쓰는 것처럼 우리도 우리 고객의 만족을 위해 애써야 합니다.

이렇게 해야 하는 이유는 결국, 그것들이 고스란히 쌓여 여러분의 몸값이 되고 여러분에게 이익이 되기 때문입니다. 봉사를 하라는 말이 아닙니다. 여러분을 위해, 오직 여러분을 위해 그런 부가가치가 있는 보고서를 만들어 주시길 바라겠습니다.

1 보고서의 주인공은 내가 아니라 '보고를 받는 사람'이다.
2 보고서의 형식과 말투는 주인공에게 맞춰야 한다.
  그래야 부가가치가 생긴다.
3 상대방에게 맞춘 보고서 작성은 결국 내 몸값과 직결된다.

20 주어와 목적어를 생략하지 마라

보고서에서 흔히 하는 실수로 '주어와 목적어'를 생략하는 경우가 참 많습니다. 하지만 이런 일이 절대 보고서에서 있으면 안 됩니다. 필요한 주어나 목적어가 빠져 있으면 글을 이해하는 것이 상당히 어려워지기 때문입니다. 어떤 경우에는 의미가 전달되지 않기도 하죠. 그러니 늘 주어나 목적어가 빠지지 않았는지를 체크하면서 보고서를 작성해 나가야 합니다.

여기서 잠깐!

빠진 주어, 빠진 목적어 넣어 보기

1. 우리가 한글과 세계의 여러 문자들을 비교해 볼 때, (   ) 매우 조직적이며 과학적이고 독창적인 문자라고 하는 사실은 널리 알려져 있다.
2. 나는 박물관에서 금으로 만든 통일신라의 공예품을 관람했는데, (   ) 대개 왕이나 왕족의 생활을 보여주었다.
3. 사람은 남에게 속기도 하고 (   ) 속이기도 한다.
4. 나는 원고지에 연필로 십 년 이상 글을 써 왔는데, 이제 (   ) 바꾸려니 쉽지 않다.

정답 예시
1. 한글은 2. 그것은
3. 남을 4. 컴퓨터로

● 문장에 주어를 포함하는 것을 습관화하자

예를 들어 다음과 같은 안내문이 있다고 가정해 보겠습니다.

> "저희 회사 건물에 주차를 하기 위해서는 차량 번호를 사전에 등록해야 합니다. 사전에 등록되어 있지 않은 경우라면 출입이 제한되므로, 꼭 미리 신청해서서 등록해 주시기 바랍니다."

물론 이 정도만 쓰더라도 의미를 파악하지 못하는 분은 안 계실 겁니다. 누구나 천천히 읽으면 빠진 주어를 유추할 수 있는 상황이죠. 하지만 주어가 있는 편이 더 자연스럽게 읽히는 경우라면 그것은 중복이 아니기 때문에, 포함하는 것이 좋습니다. 다음과 같이요.

> "저희 회사 건물에 주차를 하기 위해서는 차량 번호를 사전에 등록해야 합니다. 차량 번호가 사전에 등록되어 있지 않은 경우라면 출입이 제한되므로, 꼭 미리 신청해서서 등록해 주시기 바랍니다."

문장에 주어를 포함하는 것은 꼭 습관화해야 합니다. 글을 줄이는 것은 좋습니다만 빠져야 할 것은 '주어'가 아니라는 것을 꼭 명심해 주세요.

● 목적어를 제시해야 문장이 명확해진다

목적어는 상황에 따라 뺄 수도 있지만, 대부분의 보고서는 '명확성'이 생명입니다. 목적어를 빼면 명확하지 않은 문장이 될 가능성이 큽니다. 주어와 마찬가지로 목적어는 최대한 생략하지 않는 방향으로 보고서를 작성해 주시기 바랍니다. 다음 문장을 예로 들어 보겠습니다.

> "저는 2023년 1월 24일(수)에 잘못된 보고서를 제출했습니다."

이번 예시는 시말서의 첫 줄입니다. 이 문장만 보면 보고서에 무엇이 잘못되었는지 알 수가 없죠. 다음과 같이 바꾸는 것이 적합합니다.

> "저는 2023년 1월 24일(수)에 합계 금액을 틀리게 기재한 보고서를 제출했습니다."

'합계 금액을'이라는 목적어가 들어가는 것으로 이제서야 문장이 명확해집니다. 주어와 마찬가지로 명확한 목적어를 넣는 것도 보고서의 기본입니다. 이것도 늘 의식하시어 습관화하셔야 합니다.

● 주어와 서술어는 호응되어야 한다

마지막으로 주어와 서술어는 꼭 호응되어야 하는데요. 그렇지 않다면 의미가 왜곡되지는 않더라도 문장이 잡다하다는 느낌을 줄 수 있기 때문입니다. 우리가 가끔 글을 읽다가 '글이 지저분하다'라고 느끼는 경우가 있는데 그게 바로 이 때문입니다. 주어와 서술어의 호응이 안 되어 있는 것입니다.

> "제가 이번에 신청한 온라인 강의에서 바라는 점은, 저의 PPT 스킬을 향상시키고 싶습니다."

이런 문장이 대표적인 지저분한 글입니다. 무슨 말인지는 당연히 이해할 수 있지만, 주어와 서술어가 일치하지 않아서 불편하죠. 다음이 맞는 문장입니다.

> "제가 이번에 신청한 온라인 강의에서 바라는 점은, 저의 PPT 스킬을 향상시키고 싶다는 것입니다."

SUMMARIZE 3

1 주어는 최대한 생략하지 말자.
2 목적어는 생략하지 말고 최대한 명확하게 쓰자.
3 주어와 서술어가 호응해야 문장이 깔끔해진다.

21 빙빙 돌려 말하는 보고서는 아웃

초안부터 완벽하게 글을 써 내려가는 사람은 없습니다. 괜찮습니다. 초안이니까요. 그러나 검토하는 과정에서 많은 부분을 고쳐야 합니다. 그 중 특히 '수식어', 그리고 '빙빙 돌리는 표현' 이 두 개만 잘 바로잡아도 여러분의 글은 즉시 좋아질 수 있습니다. 이번 원칙에서는 퇴고 과정에서의 이 두 가지 항목에 대해 알려 드리도록 하겠습니다.

● 수식어의 위치는 정확하게!

수식어는 아예 들어가지 않을 수는 없죠. 필요할 땐 써야 합니다. 하지만 그 위치가 매우 중요합니다. 위치가 적절하지 못하면 오히려 글의 내용에 대한 오해를 불러일으킵니다. 퇴고 과정에서는 수식어의 위치를 바로잡거나 어순을 바꾸는 등, 문제를 빠르게 파악해 고쳐야 합니다. 다음 예시를 보시죠.

> "10일 전 등기로 보낸 계약서가 담당자에게 도착하지 않은 것을 알 수 있었습니다."

앞의 예시 문장은 수식어의 잘못된 위치로 인해 두 개의 해석이 가능한 상황입니다. 하나는 등기를 10일 전에 보냈는데 그것을 담당자가 받지 못했다는 뜻일 수도 있고, 다른 하나는 담당자에게 등기가 도착하지 않은 것을 10일 전에 인지했다는 뜻이 될 수도 있습니다. 상황에 맞게 정확하게 글을 써야 합니다. 다음과 같이요.

> "등기로 보낸 계약서가 담당자에게 도착하지 않았다는 것을 10일 전에 알았습니다."
>
> "10일 전에 등기로 보낸 계약서가 지금까지 담당자에게 도착하지 않았다는 것을 알게 되었습니다."

● 빙빙 돌려 말하는 습관을 버리자!

장황한 말투나 빙빙 돌려 말하는 표현에 늘 경계심을 가지고 있어야 합니다. 몇 가지 예시를 보여 드리겠습니다.

> "결정을 해야 합니다."
>
> "중지되는 일은 있어서는 안 되겠습니다."
>
> "참가하는 것이 좋을 것 같다고 생각합니다."

위와 같이 예시를 들었는데요. 위 문장은 모두 보고서에 쓰기에 적합하지 않습니다. 다음과 같이 바꿔야 합니다.

> "결정해야 합니다."
>
> "중지되면 안 됩니다."
>
> "참가하겠습니다."

물론 일부 예시는 약간의 뉘앙스 차이가 있는 것은 알고 있습니다만, 말씀드리고자 하는 건 의사를 최대한 명확히 밝히는 것이 좋다는 겁니다. "참가하는 것이 좋을 것 같다고 생각합니다."라고 생각할 수 있습니다. 하지만 참가할 것인지 말 것인지를 확실히 정해서 참가를 하든 하지 않든 그 의사를 명확히 표현하는 것이 보고서의 올바른 작성 방법입니다.

1 두 개 이상의 해석이 나오지 않도록 수식어의 위치를 잘 배치하자.
2 빙빙 돌려 말하는 습관을 버리자. 보고서는 명확해야 한다.
3 칸만 채우기 위한 '애매한 표현'을 버리자.
Next Step을 명확히 알 수 있도록 글을 써야 한다.

보고서의 내용을
끝까지 지키는 기술

두 가지 상황을 가정해 보겠습니다. 하나는 보고서에 기재된 목표가 조금 보수적인 것. 또 하나는 보고서에 기재된 목표가 가슴이 두근거릴 정도로 장황한 것. 어떤 것이 좋을까요? 지킬 수만 있다면 당연히 후자가 좋습니다. 하지만 지금 말씀드리고자 하는 것은 '무슨 일이 있어도 보고서에 있는 내용을 지켜 내자'라는 것입니다.

● 보고서로 약속한 사항은 반드시 지키자!

업무에 있어서 프로와 아마추어의 큰 차이 중 하나는 바로 프로들은 지킬 수 있는 약속을 한다는 것입니다. 보고서의 내용이 장황한 것보다 내가 지킬 수 있는 약속을 하는 것이 중요합니다. 그것은 곧 신용과 직결되는 문제이기 때문입니다. 양치기 소년과 마찬가지로 보고서에 있는 내용을 자꾸 지키지 못하다 보면(목표 혹은 일정 등) 점점 보고서에 기재된 문자들은 신용을 잃게 됩니다. 그럼 정말 큰일이 나는 것입니다.

　사례를 하나 들어 드리겠습니다. 한 광고회사에 선배 A와 후배 B가 있습니다. 제안서는 주로 후배 B가 작성하고 있습니다. 그런데 갑자기 훨씬 더 큰 예산의 클라이언트가 들어왔습니다. 선배 A는 후배 B에게 말합니다. "지금 하고 있는 일은 클라이언트한테 말해서 일정을 조금만 미뤄 보자. 지금 더 급한 일이 생겼어." 그렇게 미팅을 미루는 요청을 하고, 기존 클라이언트는 흔쾌히 받아들입니다. 결국 두 클라이언트의 일을 모두 해낼 수 있었습니다.

어떻게 보이시나요? 대단한 융통성을 발휘해 두 마리 토끼를 다 잡은 좋은 사례로 보이시나요? 절대 그렇지 않습니다. 원래 있었던 클라이언트에게 제안한 그 날짜는 선약입니다. 커뮤니케이션을 통해 서로의 스케줄을 고려하여 문서로 확정하고 정해져 있는 날짜라는 겁니다. 그것을 미룬다? 그것도 다른 클라이언트 때문에? 이번 한 번은 어떻게 잘 넘어갔을지 몰라도 이런 식의 마인드를 가지고 있으면 결코 롱런하지 못합니다. 천재지변이 아니고서는 보고서로 약속한 사항을 반드시 지켜야 합니다.

● 신용을 지키는 기술

비즈니스맨은 신용이 생명이라는 말 자주 들어 보셨죠? 신용을 지키는 데 있어서 별다른 방법이 있는 게 아닙니다. 그저 문서로 약속된 내용들을 철저하게 지키면 되는 것입니다. 번복하지 않는 것이죠. 그렇기에 애초에 일정을 타이트하게 잡으면 안 된다는 겁니다. 몇 가지 기술을 알려드리겠습니다.

○ 제안 미팅이라면, 일정을 최대한 여유 있게 잡는다.
○ 하루에 3개 이상의 미팅을 잡지 않는다. (최대 2개)
○ 진짜로 지킬 수 있는 목표치보다 10% 정도 하향해서 잡는다.
○ 약속 시간을 잡을 땐, 차가 막히는 시간까지 고려해서 잡는다.

수도 없이 쓸 수 있겠지만 이 4가지 정도만 보더라도 여러분은 감을 잡으셨을 거예요. 지키지 못할 약속, 아슬아슬한 약속은 하지 말라는 겁니다. 아무도 그렇게 하기를 강요하지 않습니다.

그리고 어쩌다가 제출 기한이 다가왔는데 전날까지 끝내지 못했다면 죄송한 말씀이지만 밤을 새워서라도 끝내야 합니다. 일정을 전날 변경하는 것이 최악 중 최악입니다. 상대가 흔쾌히 받아들였다고 해서 그것을 액면 그대로 받아들여서는 안 됩니다. 상대방은 사회에서의 페르소나 때문에 그렇게 흔쾌한 척을 하는 것일 뿐, 속으로는 완전히 다른 생각을 하고 있을 겁니다. 실제로 주변에서도 능력은 좋은데 생명력이 길지 않은 사람들을 보면 약속을 지키지 못하는 사람들이었습니다.

● 약속을 경시하는 조직은 아웃

이런 자세는 신입 사원 때부터 가지는 것이 아주 중요한데요. 저는 이것이 신입 사원 여러분들이 회사를 판단할 수 있는 좋은 기준이 된다고 생각합니다. 조직 자체가 '약속'이라는 것을 경시하고 있거나 여러분의 직속 상사가 '약속'을 우습게 보는 경우가 분명히 생길 겁니다. 그런 경우 과감하게 회사를 옮기거나 팀을 옮기세요. 괜찮습니다. 지금 조금 불편함을 겪는 것보다 여러분의 미래가 훨씬 더 중요합니다. 그렇지 않으면 보고서에 기재된 약속을 우습게 보는 버릇이 여러분께도 스며들게 될 것입니다.

● PPT 보고서에서 기한을 맞추는 기술

PPT 보고서의 경우, 내용부터 디자인까지 전부를 고려해야 하기 때문에 기한에 촉박하게 작성되는 경우가 많이 있습니다. 이 때 알아두시면 좋은 방법을 하나 소개해 드리겠습니다. 간단합니다. 'PPT부터 열어서 작업하지 않는 것'입니다. PPT부터 열어 작업한다는 것은 내용과 디자인을 동시에 작업한다는 것과 같습니다. 두 개를 동시에 작업하기 때문에 내용도 디자인도 이도저도 아닌 중간 지점의 결과물이 탄생하게 됩니다. 그걸 본 여러분은 만족하지 못하고 계속 수정을 반복합니다. 그러다 시계를 보면 어느 새 기한이 코앞입니다.

솔루션은 '워드'입니다. 메모장, 노션, 한글, 율리시즈 어디든 상관없습니다. 포인트는 '글'부터 완성하라는 것입니다. 글이 완성되면 디자인은 절대 어렵지 않습니다. 글이 완성되지 않은 것을 디자인하는 게 어렵죠. 디자인이라는 것의 특성상 글이 완벽히 준비되어 있으면, 알아서 달라붙게 되어 있습니다. 그토록 어렵게 느껴지던 디자인이 너무나도 쉽게 느껴집니다. PPT 디자인은 '포장'입니다. 선물의 알맹이가 준비되어 있지 않은데 포장을 먼저 준비하게 되면 어떻게 될까요? 운이 따라오지 않는 이상 그 포장은 다시 뜯어서 결정된 알맹이에 맞게 재포장을 해야 될 것입니다. PPT 디자인에 할애할 시간은 하루(PPT 디자인이 익숙한 사람)나 이틀(익숙하지 않은 사람)이면 충분합니다. 완성되어야 할 것은 PPT 디자인이 아니라 내용이라는 것, 그래서 글이 완성된 다음 PPT 디자인을 해야 된다는 절차를 꼭 기억해 주세요. 그렇게 PPT형 보고서에 접근하다 보면 기한을 맞추지 못하는 일은 거의 일어나지 않을 것입니다.

1 천재지변이 아닌 이상, 보고서(혹은 메일 등)에 기재된 약속들은
반드시 지켜라.
2 약속을 지키는 마음은 전염된다.
약속을 잘 지키는 습관을 가진 조직에서 일하라.
3 목표를 늘 보수적으로 잡아라. 과도한 목표는 지키지 못할 확률이 높다.

Sections

+ 1

Number

+ 7

Structure

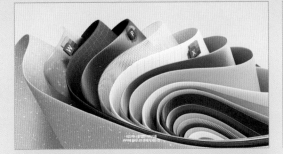

+ 6

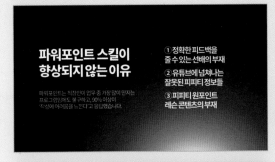

Magic Number 3

+ 2

보고서 '디자인' 완전 격파할 수 있는

32가지 원칙

지금까지 기획서의 기본이 되는 '글'을 완성했습니다. 지금부터는 여러분의 '글'을 PPT에 어떻게 올려야 하는지에 대해 말씀드리는 시간을 가져 보도록 할게요. 다 쓴 글을 단순히 복사 붙여넣기 하는 건 안 돼요. 글은 훨씬 더 많이 줄여야 하고요. 도식화도 하셔야 하고, 발표하는 사람의 성향에 맞게 페이지네이션도 해야 하고, 그리고 구조화도 다시 해야 합니다. 하지만 다행인 건 잘되는 보고서에는 디자인의 공식과 룰이 존재한다는 겁니다. 이번 장에서는 진짜 현장에서 먹히는 PPT 디자인의 모든 원칙을 알려드리도록 하겠습니다.

보고서 '디자인' 완전격파 원칙

23 PPT를 열자마자 할 일은 사이즈 확정

▶ YouTube

피피티 열자마자
가장 먼저 해야 할 일

'PPT 사이즈는 대체 어떻게 설정해야 하지?' PPT를 처음 열면, 이것 때문에 고민하시는 분들 많으실 거예요. PPT 사이즈의 기본 설정은 '16:9'로 되어 있습니다. 그러니까 PPT를 처음 열고 그 어떤 사이즈 조정도 하지 않았을 때 사이즈가 16:9로 고정이 되어 있다는 말이죠. 16:9는 여러분 문서의 목적이 발표용일 경우에 적합한 사이즈입니다. PPT를 띄워놓는 대부분의 모니터들이 이 사이즈로 만들어져 있기 때문에 발표를

16:9 기본 사이즈

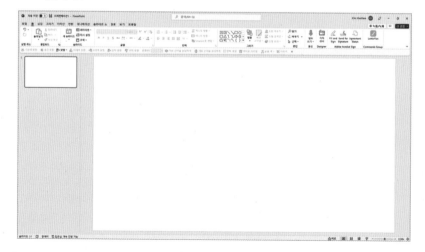

주목적으로 하는 프로그램인 파워포인트도 16:9를 기본 사이즈로 채택하고 있는 것이죠. 만약 여러분이 만드시는 문서의 목적이 '발표'라면, 일반적으로는 사이즈 조정 없이 바로 문서를 작성하셔도 좋습니다.

● PPT 사이즈 변경은 초반에

하지만 '디자인 → 슬라이드 크기'에 들어가시면, 사용자 지정부터 A4 사이즈, 16:10 사이즈 등 다양한 사이즈로 여러분의 PPT 화면 사이즈를 바꿀 수 있어요. 말씀드리고 싶은 건, 사이즈는 여러분의 문서의 목적에 맞게 '초반에' 변경하는 것이 굉장히 중요하다는 겁니다. 왜냐하면, 예를 들어 여러분이 PPT 100장을 만들었다고 가정해 볼게요. 다 만들고 나서 뒤늦게 '아, 사이즈를 변경해야겠네.'라고 생각하시면 정말 대참사가 일어날 수 있거든요.

PPT 사이즈 변경: 디자인 → 슬라이드 크기

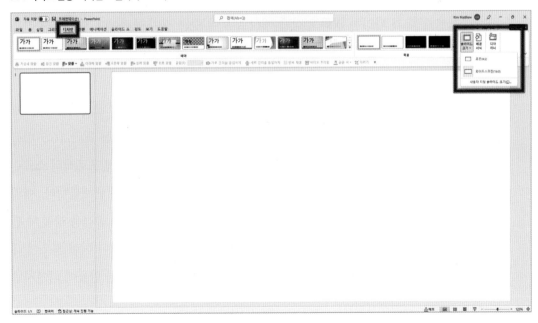

만약 여러분이 16:9 사이즈로 된 100장짜리 PPT를 다 만들고 난 뒤, 뒤늦게 그걸 4:3 비율로 바꿔야 하는 상황이라면 어떻게 될까요? PPT는 반응형 프로그램이 아니기 때문에 개체의 사이즈를 알아서 조절해 주지 않습니다. 여러분이 힘들게 맞춰 놓은 이미지의 비율, 도형의 위치, 텍스트의 위치 및 텍스트 박스의 크기 모두 원래의 위치에서 어긋나거나 어그러집니다. 즉 100장을 하나하나 전부 다시 디자인해야 한다는 의미예요. PPT 디자인에 10시간을 쓰셨다면 최소 5시간 정도는 더 쓸데없는 일을 해야 하는 상황이 옵니다. 이렇게 되면 시간과 기회비용이 너무 아깝잖아요?

● **PPT 사이즈는 내 문서의 목적에 맞게**

그래서 PPT를 열자마자 해야 할 일은 바로 '사이즈 확정'이라는 것입니다. 만약 여러분의 보고서가 발표용이 아닌 '인쇄용'이다, 이런 경우라면 PPT 사이즈를 A4 사이즈로 하는 것이 좋습니다. 만약 여러분의 PPT가 다양한 영화 영상을 예시로 보여 주는 것이 목적이다, 이런 경우라면 2.39:1이나 1.85:1로 사용자 지정에 들어가 사이즈를 변경하는 것이 좋습니다.

이뿐만 아니라 여러분이 발표할 곳의 환경을 미리 조사하는 것은 굉장히 중요해요. 서두에 말씀드렸듯이 대부분의 화면은 최근 16:9 비율의 모니터를 사용하지만 일부 회사나 기관에서, 특히 빔프로젝터 스크린을 쓰는 곳 중에는 4:3 비율을 쓰는 곳이 여전히 많이 존재합니다. 이럴 때 여러분의 PPT가 16:9 사이즈라면 스크린의 상하 공간을 충분히 활용하지 못하게 됩니다. 우리에겐 아까운 일이죠. 그러니 이런 경우에 대비하여 미리 PPT 사이즈를 4:3으로 조정한 뒤, 문서를 만들어 나가시면 되겠습니다.

여러분이 강의를 해야 하는 상황이라고 가정하면 어떨까요? 최근 만들어진 강의 공간은 16:10 혹은 그 이상의 와이드스크린을 쓰는 경우도 많이 있습니다. 이것은 예측할 것이 아니라 미리 여러분이 발표할 곳의 담당자에게 연락을 취해, 스크린 사이즈를 확실하게 파악해 놓으셔야 합니다. PPT를 열자마자 사이즈 조절부터 하는 것, 이것은 문서 작성의 1단계도 아닌 0단계 작업이라고 볼 수 있습니다.

● 시간 절약이 좋은 문서를 만드는 지름길

문서에서 가장 중요한 것이 뭐냐고 한다면 바로 '시간 절약'입니다. 문서를 만들고 꾸미는 데 너무 많은 시간을 보내다 보면 그만큼 '내용'을 고민할 시간이 줄어들겠죠? 내용이 탄탄하지 않다면 아무리 내 PPT가 화려하고 아름답다 하더라도 여러분의 목적을 달성할 수 없습니다. 그 어떤 경우에도 PPT 디자인을 위해 내용을 포기하지 말아 주세요. 그리고 치명적인 실수를 줄이는 것 역시, 문서 작성에서 시간을 절약할 수 있는 중요한 팁입니다. 이번 강에서 말씀드린 '사이즈 확정부터 하는 것'도 바로 이 '에러'를 줄이기 위한 목적도 가지고 있습니다.

1 **PPT를 열자마자 가장 먼저 해야 할 일은 '사이즈 확정'이다.**
2 **PPT 사이즈는 내 문서의 목적에 맞게 설정하면 된다.**
3 **시간을 절약할 줄 알아야, 내용을 고민할 시간을 벌 수 있어 좋은 문서를 만들 수 있다.**

24 초스피드 PPT의 시작은 '툴바' 세팅부터

툴바 세팅의 핵심 키워드는 '스피드'입니다. 어떤 자료든 '빨리 만든다는 것'은 굉장히 중요한 덕목입니다. 특히 PPT의 경우는 더 그렇다고 볼 수 있습니다. 우리가 자료를 만드는 시간을 단축하면 할수록, 그만큼 내용을 고민할 시간이 늘어나기 때문입니다. 결국 PPT는 디자인이 아니라 내용으로 승부해야 하는 영역입니다. 따라서 디자인은 '잘' 하는 것만큼 '빨리' 하는 것이 중요합니다.

세계적으로 유명한 셰프들은 이런 공통점을 가지고 있다고 합니다. 그들의 주방을 보면, 요리를 시작하기 전, 재료들과 도구들을 철저하게 준비해 놓고 시작한다고 합니다. 칼, 양념, 도마, 재료 등이 있어야 할 자리에 정확하게 있는 것이죠. 그렇기에 순식간에 좋은 요리들이 완성될 수 있는 것입니다.

만약 이렇게 요리를 시작하기 전, 재료들과 도구들을 루틴대로 준비해 놓지 않으면 어떻게 될까요? 설탕이 필요할 때 설탕을 가지러 가고, 칼이 필요할 때 칼을 가지러 가는 등 허둥지둥 한다면 아마 제 시간에 좋은 요리가 탄생하기에는 무리가 있을 겁니다.

● 자주 쓰는 기능을 툴바에 모아 놓자

다시 우리 이야기로 돌아와 보죠. 그렇다면 파워포인트에서 좋은 작업 환경은 뭘까요? 바로 '빠른 실행 도구 모음(이하 툴바)' 그러니까 '툴바'를 제대로 세팅해 놓는 것이 되겠습니다. 요리사의 도구처럼요. 이 툴바는 여러분이 자주 쓰는 기능들을 모아 놓는 공간입니다.

PPT는 프로그램이기 때문에 어쩔 수 없이 기본이 되는 기능들은 사용할 수밖에 없습니다. (하지만 최소한으로 사용하는 것이 좋습니다.) 이때 특히 자주 쓰는 기능들이 있다면 이것들을 툴바라는 공간에 모아 놓는 것입니다. 자주 쓰는 기능들을 매번 여러 번의 클릭을 통해 타고타고 들어간다면, 그만큼 버리는 시간이 많아지게 됩니다. PPT를 한 번만 만들고 말거면 상관없을지 몰라도 계속 PPT를 만드실 텐데, 이럴 때 이 시간이 쌓이면 어마어마한 시간을 버리게 됩니다.

빠른 실행 도구 모음이 잘 세팅되어 있다.

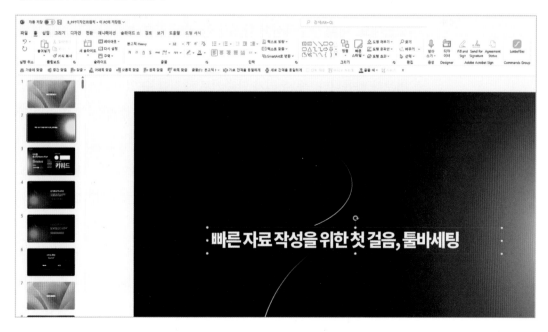

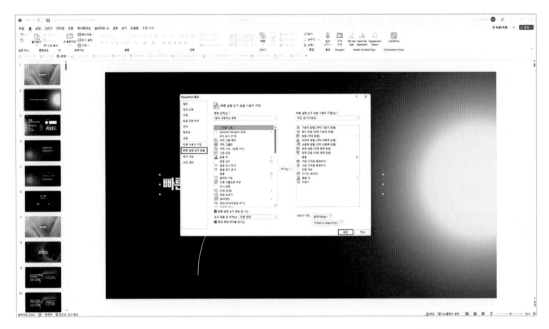

옵션에 들어가, 빠른 실행 도구 모음에서 넣을 것들을 추가할 수 있다.

툴바에는 자신이 특히 자주 쓰는 것을 모아 놓으면 좋다고 말씀 드렸는데요. 이때 구분하셔야 할 중요한 점이 있습니다. 단축키로 쉽게 해결할 수 있는 것까지 툴바에 넣을 필요가 없다는 것입니다. 단축키는 툴바보다 빠릅니다. 즉, 우리가 단축키로 해결할 수 있는 부분은 최대한 단축키 사용으로 해결을 하고 이후 단축키로 해결할 수 없는 부분 중 자주 쓰는 기능을 툴바에 넣어 놓는 것이 중요합니다.

위 그림과 같이 파워포인트의 '옵션' 부분에 들어가면 '빠른 실행 도구 모음' 즉 툴바가 있습니다. 그 부분을 클릭해 들어가면 많은 종류의 기능들을 추가하거나 빼거나 할 수 있습니다.

파워포인트를 처음 접하시는 분들이라면, 어떤 기능을 넣어야 할지 막막하실 텐데요. 이건 사실 파워포인트를 많이 접해 보면서 스스로 깨닫고 추가하거나 빼는 과정을 거치는 것이 가장 중요합니다. 직업 분야에 따라서 달라질 수 있는 부분이기 때문입니다.

만약 당신이 사무직이라면 왼쪽 사진에 보이는 정도만 추가해 놓으셔도 충분하다고 말씀드릴 수 있습니다. 어떤 것을 추가해야 할지 잘 모르시겠다면 앞의 설정을 그대로 따라해 주시면 되겠습니다.

한 가지 말씀드리고 싶은 건, 현재 제가 툴바에 넣어 놓고 쓰고 있는 기능들 외에 다른 것을 추가한다면 그건 당신이 PPT의 기능을 과하게 사용하고 있는 건 아닌지 꼭 되짚어 보셔야 합니다. PPT에 있는 기능은 적당히 써야 좋지 과하게 쓰면 좋지 않습니다. 태생적으로 파워포인트는 디자인 프로그램이 아니기 때문에 자꾸 디자인적인 부분을 이 안에서 해결하려는 것은 좋지 않은 습관입니다. 재차 설명드리겠지만, 시간만 오래 걸리고 좋은 결과물이 나오기 힘듭니다.

보시면 제가 해 놓은 설정은 대부분 '정렬과 정돈'입니다. PPT는 어디까지나 비즈니스 문서이기 때문에 정리 정돈이 가장 중요하다고 말씀드릴 수 있습니다. 이것 외에는 좋은 요소를 적재적소에 배치하는 것이 단시간에 아름다운 PPT를 만들 수 있는 핵심이라고 할 수 있겠습니다.

● '리본 아래'를 선택해 동선을 최대한 짧게

한 가지 주의하셔야 할 점은 '도구 모음 및 위치'를 '리본 아래'와 '리본 위'로 설정할 수 있는데, 이때 '리본 아래'를 선택해 주셔야 합니다.

다음의 두 그림을 비교해서 보면, 하나는 툴바가 리본 위에 위치해 있고 다른 하나는 리본 아래에 위치해 있습니다. 어떤 차이가 있느냐, 바로 동선의 거리입니다. 모니터 크기에 따라 다르겠지만 툴바가 리본 위에 위치해 있으면 매번 5cm 정도를 더 이동해야 합니다. 이것도 한두 번은 괜찮겠지만 시간이 쌓이면 큰 차이가 날 수 있습니다. 그러니 동선은 최대한 미리 짧게 해 놔야 합니다.

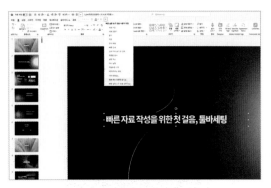
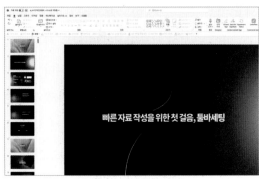

툴바를 '리본 위'에 두면 동선이 길어진다.

툴바를 '리본 아래'에 두면 동선이 짧아진다.

툴바에 무언가를 추가하거나 빼는 것은 굉장히 간단한 작업입니다. 그러니까 툴바에 무언가를 넣을 때 너무 고민하지 마세요. 일단 넣어 두고 안 쓴다 싶으면 그때 다시 빼면 그만이니까요.

툴바에 기능을 추가하고 빼는 그 과정이 있어야만, 여러분만의 스타일이 완성될 것입니다. 다른 사람이 만든 것을 따라 만들어 보고 또 내가 스스로 상상해서 이것저것 만들어가는 과정을 통해, 그리고 이 과정에서 툴바에 무언가를 넣고 또 빼는 과정을 거친다면 평생 쓸 툴바가 완성될

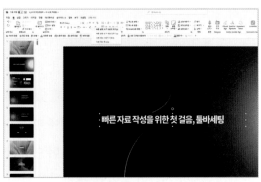

툴바에서 무언가를 제거하고 싶은 게 있을 때, '우클릭 → 제거'를 통해 간단하게 해결할 수 있다.

툴바에 무언가를 추가하고 싶으면, 해당 메뉴에서 '우클릭 → 추가'를 통해 간단히 추가할 수 있다.

것입니다. 저 역시 10년 전에 세팅해 둔 이 툴바에 손을 대지 않고 있으니까요.

● 리본 메뉴 축소로 편집화면을 넓게 쓰자

툴바를 세팅한다는 것은 여러분의 클릭 동선을 짧게 만들어서 파워포인트의 작성 시간을 줄이는 것도 있지만, 또 한 가지 중요한 점이 있습니다. 바로 '편집 화면을 넓게 쓰기 위한' 목적도 달성할 수 있습니다.

상단에 여러 가지 기능을 보여 주는 구간을 '리본'이라고 하는데요. 툴바를 세팅하여 이 리본을 축소해서 쓸 수 있습니다. 리본의 빈 공간에 대고 우클릭을 하면 아래의 사진처럼 '리본 메뉴 축소' 메뉴가 나오게 됩니다. 리본 메뉴를 축소하면 아래 그림과 같이 리본이 축소됩니다.

굉장히 큰 차이가 느껴지시죠? '리본 메뉴 축소'를 하게 되면, 여러분이 설정한 툴바를 제외하고는 모든 리본이 사라지게 됩니다. 그만큼 여러분은 PPT의 편집화면을 크게 쓰실 수가 있게 되는 겁니다. 편집화면을 크게 쓴다는 것은 당신이 파워포인트를 많이 만지면 만질수록 얼마나 큰 힘이 있는지 느끼게 될 겁니다.

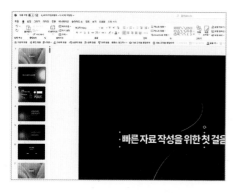

'리본 메뉴 축소'를 누르면 리본메뉴가 사라진다.

리본 메뉴가 사라지면, 편집 화면을 크게 쓸 수 있다.

내가 자주 쓰는 것은 이미 툴바에 다 있고, 그 외의 것들은 대부분 단축키로 해결이 가능하기 때문에 리본이 접혀 있다고 하더라도 아무런 문제가 없습니다. 내가 세팅해 둔 것 외에 다른 것을 써야 하는 경우에는 상단에 있는 '홈, 삽입, 디자인, 전환 등'을 다시 클릭하게 되면 리본이 살 아납니다. 그리고 다시 장표 쪽으로 넘어오게 되면 리본이 쏙 숨어 들어 가죠.

이번 원칙에서는 파워포인트를 빠르게 만들기 위한 기본 세팅법에 대해 이야기해 봤습니다. 툴바를 세팅하고, 단축키를 활용하고 또 리본 메뉴를 축소해 놓는 것만으로도 당신의 파워포인트 작업 시간은 기하급 수적으로 짧아질 것입니다.

1 내가 자주 쓰는 기능을 툴바에 모아 놓는 것은 반드시 해 놓아야 할 기본 중의 기본이다.
2 리본 메뉴 축소를 통해 편집 화면을 누구보다 넓게 쓰는 것이 가능하다.
3 파워포인트의 핵심은 시간 단축이다.
그것은 툴바 세팅과 단축키를 통해 가능하다.

PPT 첫 장은
뭘로 해야 할까?

PPT는 사실 알고 보면 너무나도 쉬운 프로그램입니다. 자신 있게 말씀
드리건대, 이 책을 한 번 정독하는 것만으로도 여러분은 더 이상 PPT에
대한 책이나 강의를 찾아보지 않으셔도 될 겁니다. 제가 핵심만을 골라
서 알려 드리고 있기 때문입니다.

● 기준표부터 작성하라

PPT를 만드는 것에 있어서 많은 분들이 어려움을 느끼는데, 그 이유 중
하나는 바로 기준표가 없기 때문입니다. 기준표는 일종의 '원칙'이라고도
볼 수 있습니다. 원칙이 없으면 뭐 하나를 만들 때마다 고민해야 하기 때
문에 당연히 그만큼 머리가 지끈거리고 또 힘이 들게 되죠. 그래서 PPT
첫 장에는 원칙을 적어 놓는 '기준표'를 만들어야 하는 겁니다.

　이 '기준표'라는 걸 만들어야 하는 이유는 세 가지가 있습니다.

　첫째, 여러분이 한 프로젝트의 PPT를 몇십, 몇백 장 만들어 가는 동
안 톤앤매너(Tone & Manner)의 일관성을 유지해 줍니다.

　둘째, 도형이나 화살표, 아니면 폰트나 효과 같은 것들은 복사 혹은
서식 복사를 해서 그대로 사용할 수 있습니다. 이것이 가져와 주는 시간

절약은 어마어마합니다.

셋째, 다른 사람하고 이 PPT 파일을 공유할 때 가이드라인이 됩니다. 이 세 번째 사항은 'PDF 파일'을 전송함으로써 해결할 수도 있지만, 서로 협업을 하거나 수정을 하며 PPT 파일이 왔다 갔다 하는 경우가 사실 더 많잖아요. 이때 서로의 기준을 잡을 수 있기 때문에 디자인이 일그러지지 않고, 많은 시간이 절약됩니다. 이거 아주 중요한 포인트예요.

그럼 기준표가 대체 어떤 것인지 한 번 보시죠.

위 장표가 바로 '규칙표'입니다. PPT의 맨 앞장에는 이 규칙표부터 만들어야 하는데요. 이 규칙표 안에는 다음의 사항이 포함되어야 합니다. 첫째, 폰트입니다. 제가 말씀 드리는 폰트에는 글꼴은 물론이고 '두께, 크기' 같은 디자인적인 요소들까지 모두 포함됩니다. 둘째, 도형입니다. 그러니까 이번 PPT에 쓰는 사각형은 어떤 사각형을 쓸 건지, 원형은 어떤 원형을 쓸 건지, 또 화살표는 어떤 모양과 두께로 할 것인지 이런 것들을 사전에 정해 놓는 거죠. 세 번째는 컬러입니다. 자신만의 컬러 팔레트를 만드는 과정인데요. 백그라운드 컬러는 어떤 것을 쓸 것인지, 도형에는 어떤 컬러를 쓸 것인지, 또 폰트는 어떤 컬러를 쓸 것인지 이런 것들까지도 일관성 있게 '기준표'에 정해 놓아야 합니다.

● 기준표 작성 방법

왼쪽 규칙표에서 '타이틀 본고딕 Heavy 40pt'라고 적어 놓은 것 보이시
죠? 이 말인 즉슨, 앞으로 이 PPT에 들어갈 거의 대부분의 제목을 '본고
딕 Heavy'라는 폰트를 사용할 것이며, 크기는 '40pt'로 하겠다는 말입니
다. 부제목도 마찬가지예요. 일반 서술 부분에는 '본고딕 Normal'을 크
기 '16pt'로 사용할 것이며, 그중 강조하는 부분에는 같은 크기, 같은 폰
트지만 두께는 'Heavy'를 쓰겠다는 의미가 됩니다. 이렇게 일관성이 있
으면 PPT 디자인 전반에 통일성이 살아 있기 때문에 굉장히 깔끔해집
니다. 그리고 다른 사람과 PPT 협업을 할 때도 나중에 하나하나 다시 맞
추는 번거로움을 줄여 주죠. 간단히 '디자인은 기준표대로 부탁드립니
다.'라고 한마디만 하면 끝나는 일이니까요.

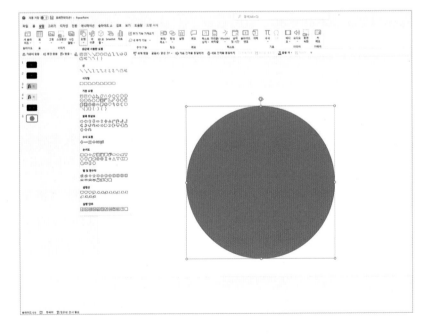

파워포인트에서 정해 놓은
기본 도형 디자인

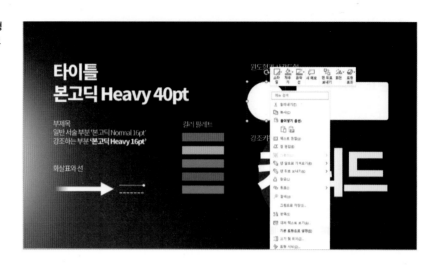

도형도 특정 디자인의 원 도형, 사각 도형을 계속 쓰겠다고 정할 수 있습니다. 도형이야말로 페이지마다 다른 컬러, 다른 모양의 디자인을 적용하다 보면 PPT가 점점 복잡해지고 통일성이 없어지며 이는 내용에까지 해를 끼치게 됩니다. 만약 당신이 특정 원 도형, 사각 도형을 쓰겠다고 결정했다면 이 도형은 '기본 도형'으로 설정하는 것이 좋습니다. 만약 그렇지 않다면 PPT에서 정해 놓은 디자인으로 원이나 사각 도형이 생기게 됩니다.

도형에서 원이나 사각형을 선택해 PPT 안에 그리면 기본 도형이 그려지는 경험 많이 하셨을 거예요. 자, 이제 기준표에서 여러분이 쓰실 도형을 정하셨다면 '기본 도형 설정'을 세팅해 주시기 바랍니다. 간단합니다. 위의 그림처럼 도형에 마우스를 가져다 대고 우클릭을 하면 '기본 도형으로 설정'이 있습니다. 그 부분을 체크해 주면 앞으로 당신이 PPT에서 그리는 모든 도형은 저 컬러, 저 서식으로 나오게 됩니다. 하나하나 맞춰야 하는 번거로움이 사라지죠.

컬러 팔레트의 경우 일단 기준표에 잡아 놓으신 뒤, PPT 장표의 바

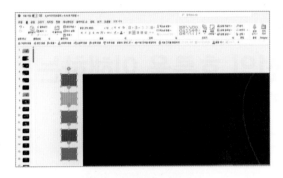
나만의 컬러 팔레트를 장표 좌상단에 배치한다.

필요할 때 '스포이트' 기능을 활용해 컬러를 찍어 쓴다.

같쪽에도 배치해 놓으시면 좋습니다. 장표를 복사하면 컬러 팔레트도 같이 따라서 복사가 되므로 장표마다 컬러 고민을 할 필요가 없습니다.

　만약 당신이 한 개체의 컬러를 바꾸고 싶다면, 스포이트 기능을 통해 화면 바깥쪽에 있는 기준 컬러 중 하나를 찍으면 간단하게 해결됩니다.

　이처럼 PPT 첫 페이지에 기준표를 작성하는 것은 수십 수백 장이 될지 모르는 PPT에서 '폰트, 도형, 컬러, 선, 화살표'라는 디자인의 가장 큰 고민의 기준을 세워 줍니다. 이것이 없으면 장표마다 이 요소들을 어떻게 할지에 대해 고민하실 거예요. 그래서 PPT가 어렵다는 말이 나오는 겁니다. 이제 기준표 작성으로 내용에만 집중하는 진짜 일잘러가 되시길 바랍니다.

1　PPT 디자인을 하기 전, 가장 먼저 해야 할 것은 '기준표 작성'
2　기준표에서 '폰트, 폰트의 크기와 두께, 도형, 컬러' 등을 정해 놓자.
3　PPT 디자인에 들어가는 시간을 줄이기 위해서는
　기준표 작성이 필수다.

26 시선의 흐름을 이해하는 PPT

파워포인트를 만들 때 당신이 가장 고민하는 것 중 하나는 바로 '배치'일 것입니다. 타이틀은 어디에 놓지? 본문은 어디에 놓지? 또 그림이나 도표는 어디에 놓지? 등 장표마다 이런 고민을 하고 계셨을 거예요. 하지만 프로들은 이런 고민 없이 장표를 척척 제작해 나갑니다. 그렇다면 어떠한 차이가 있을까요? 바로 '시선의 흐름'을 이해하고 있느냐 그렇지 않느냐의 차이라고 볼 수 있겠습니다. 이번 원칙에서는 인간 시선의 흐름을 따라서 어떻게 장표를 쉽고 빠르게 제작할 수 있는지 말씀드리도록 하겠습니다.

가끔 그런 장표 보신 적 있으시죠? 대체 어디서부터 읽어야 하는지… 혹은 내용도 별로 없는 것 같은데 이상하게 잘 안 읽히는 그런 장표들이요. 그런 것들이 대표적으로 인간의 시선 흐름을 고려하지 않은 PPT라고 볼 수 있습니다. 레이아웃의 흐름이 사람의 눈의 움직임, 즉 시선의 흐름과 맞아야만 보는 사람이 내내 불편하지 않고 또 그럼으로 인해 내용을 잘 흡수할 수 있게 되는 것입니다.

사람은 장표를 읽을 때 보통 다음의 시선 흐름을 가지게 됩니다. 첫째, 왼쪽 위에서 오른쪽 위로, 둘째, 오른쪽 위에서 왼쪽 아래로, 마지막으로 왼쪽 아래에서 오른쪽 아래로요. 이것을 자연스럽게 연결하면 아래 장표와 같이 Z자가 됩니다.

　가장 기본적인 형태인 '제목', '요소', '요소에 대한 설명' 이렇게 세 덩어리가 들어간 경우입니다. 이럴 때 어떻게 배치해야 할지 고민이 많으셨을 텐데, 더 이상 고민 마시고 아래 장표처럼 Z형을 적극 활용해 주시면 되겠습니다. Z형은 굉장히 안정적이고 또 가독성이 높아지기 때문에, 별도의 도형이나 화살표를 쓸 필요도 없습니다. 오히려 쓰면 과하게 됩니다.

다음은 LR형입니다. LR은 'Left to Right'의 약자로 '왼쪽에서 오른쪽으로'를 뜻합니다.

Z형 시선 흐름을 고려한 PPT 디자인

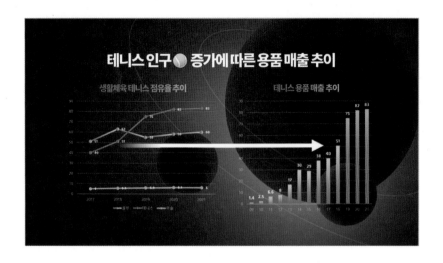

위 장표를 보시면, 저는 '생활체육 테니스 점유율(A)'이 높아짐에 따라 그 결과로 '테니스 용품 매출 추이(B)'가 함께 상승했다는 것을 나타내고 싶었습니다. 그렇기 때문에 A를 왼쪽에 B를 오른쪽에 배치한 것입니다. 이런 기본적인 흐름을 고려하지 않고 B를 왼쪽에 A를 오른쪽에 배치했다면 제가 의도한 것과 완전히 반대가 됩니다. 말씀드렸듯이 사람은 자연스럽게 위와 같은 장표에서는 왼쪽부터 시선을 두게 되어 있습니다. 그러니까 당연히 왼쪽이 사건 발생의 순서에서 '전'에 놓이게 되는 것이고, 오른쪽에 있는 게 '후'에 놓이게 되는 것이죠.

시선 흐름의 3가지 대원칙 · 3 ▶ TB형

다음은 TB형입니다. 여기에서 TB는 'Top to Bottom' 즉, '위에서 아래로'를 뜻합니다.

오른쪽 그림은 PREP식 비즈니스 업무에 대해 설명하는 장표입니다. 이는 결론부터 먼저 말하는 방식으로 주로 사내 PPT 혹은 사내 커뮤니케이션에서 자주 차용하는 방식의 업무 방법입니다. P.R.E.P에 대한 예시를 각각 보여 주는 상황이라고 하면, 이때는 TB형을 활용하는 것이

좋습니다. 위에서 아래로죠. 이때 LR형을 쓸 수도 있겠지만, 상상해 보시자마자 공간 활용이 녹록치 않다는 것을 느끼실 겁니다. 즉 가로로 긴 덩어리들을 연속해서 보여 줘야 할 때는 고민하지 마시고 TB형을 떠올려 적용하시면 되겠습니다.

이번 원칙에서 알려 드린 'Z형, LR형, TB형' 이렇게 3가지 레이아웃의 법칙만 지킨다고 하면, 대부분의 장표를 표현해 낼 수가 있습니다. 그리고 장표마다 하셨던 레이아웃 고민들도 쉽게 해결하실 수 있을 거예요. 여기서 변형을 주는 것은 얼마든지 괜찮습니다. 하지만 대원칙을 거스르는 경우(예를 들어 TB형인데 아래에서 위로 보여 주는 방식을 사용하면 누가 봐도 어색하겠죠.)는 만들지 마시고 원칙을 지키는 선 안에서 다양한 변형을 시도해 보시기 바랍니다.

1 인간의 시선 흐름을 고려한 PPT야말로 청중을 편하게 해 준다.
2 Z형, LR형, TB형 이렇게 3가지는 시선 흐름의 대원칙이다.
3 다양한 변형과 시도는 늘 옳다.
  하지만 대원칙을 거스르지는 말자.

27 사방에 못을 박아, 안정감 200% 상승!

PPT 디자인에서는 꼭 염두에 두어야 할 핵심 요소들이 몇 가지 있는데, 그중 큰 축을 담당하는 것이 '레이아웃의 안정감'입니다. 레이아웃이 안정감이 있어야만 보기에 편해져 청중들이 집중력을 잃지 않을 수 있기 때문입니다. 아래 두 장표를 비교해서 보시겠습니다.

　같은 내용의 장표이지만, 다른 점이 한 가지 있습니다. 바로 사방의 '못'입니다. 왼쪽 이미지와는 달리 오른쪽 이미지에는 각 귀퉁이마다 텍스트가 들어가 있는 것이 차이점입니다. 중요한 것은 저 텍스트를 청중들에게 읽어 달라고 넣은 것이 아니라는 겁니다. 청중들이 읽어 줬으면

사방에 못이 없는 PPT

사방에 못이 있는 PPT

하는 텍스트라면 저 위치에 있으면 안 되고 본문 쪽으로 와야겠죠. 그리고 사방에 있는 저 텍스트들은 글자 크기가 작아 잘 읽히지도 않습니다. 일종의 블라인드 텍스트(Blind Text)인 것입니다.

● 블라인드 텍스트
글자, 즉 텍스트임에도 불구하고 상대방에게 읽힐 목적으로 작성한 것이 아닌, 디자인적 요소로 들어가는 텍스트

　잘 읽히지도 않는 저 텍스트들을 사각 귀퉁이에 하나씩 배치해 놓은 이유는 다름 아닌 '안정감' 때문입니다. 페이지를 구분하고 안정감을 주기 위해 넣어 놓은 아주 귀중한 장치라고 봐 주시면 되겠습니다. PPT 디자인은 이처럼 별것 아닌 곳, 디테일에서 판가름이 납니다. PPT를 잘 만든다는 것은 이와 같이 대단한 기능을 사용하는 것이 아닌, 적절한 곳에 적절한 것을 배치할 수 있는 능력이라고 볼 수 있습니다. 안정감을 위해 사방에 박을 수 있는 못은 텍스트뿐만이 아닙니다. 아래 장표를 함께 보시겠습니다.

　대표적으로 사방에 박을 수 있는 못은 4가지가 있습니다. 방금 소개

사방에 박을 수 있는 못은 4가지가 있다.

해 드린 텍스트형 말고도 괘선형, 원형, 플러스형처럼 다양하게 활용할 수 있습니다. 당연히 저 4가지가 전부는 아니죠. 당신의 취향대로 안정감만 줄 수 있다면 어떤 것이든지 넣으셔도 됩니다. 하지만 써 보니 텍스트형이 가장 안정적이며, 본연 이상의 기능(페이지네이션 등)까지 수행해 낼 수 있기 때문에 가장 추천드립니다.

꼭 기억해 주세요. 보는 사람이 편한 장표야말로 정말 좋은 장표입니다. 그리고 보는 사람이 편하려면 안정감이 가장 중요합니다.

1 사방에 못을 박아 안정감을 향상하자.
2 못의 종류로는 텍스트형, 괘선형, 원형, 플러스형 등이 있다.
3 무엇을 써야 할지 애매할 때는 텍스트형으로 못을 박자.

보고서 '디자인' 완전격파 원칙

아름다운 보고서는
오직 '폰트'에 달려 있다

● 잘 쓴 폰트 하나 열 이미지 안 부럽다

보고서는 아무리 화려한 모핑이나 사진, 동영상, 애니메이션 등으로 치장을 해 봐야 '근본'이라고 할 수 있는 '폰트'가 그 심미성을 가르기 마련입니다. 아니 오히려 보고서의 근본인 글자가 잘 보인다면, 나머지 현란한 효과들은 최대한 자제해야만 내용이 더 돋보이게 된다고 말씀드릴 수 있습니다.

또 한 가지 보고서에 글자 수가 적고 내용이 짧아도(핵심만 들어갔기 때문에 오히려 좋은 보고서입니다만) 이때 폰트만 제대로 시의적절하게 들어가 있다면, 그 보고서는 끝까지 품위와 품격을 지킬 수가 있습니다.

일례로 글로벌 기업에서 진행하는 온라인 PT(신제품 발표회) 같은 것을 보시면 아실 겁니다. 검은 장표에 화이트톤 단어 하나만 들어가 있는 덱(Deck)을 띄워 놓고 몇 분간이나 발표를 진행하는데, 여러분 눈에는 그 장표가 허전해 보이셨나요? 아니죠. 오히려 심플하고 간결하며 임팩트가 있었죠. 그 비결은 바로 '폰트 선정'에 있다는 겁니다.

같은 짧은 문장으로 구성되어 있는 두 개의 1Page 장표가 있을 때 폰트를 잘못 쓰면 '성의 없어 보인다'는 평가를 받게 되고, 잘 쓴 폰트라

● 덱(Deck)
'전략을 담는 그릇'이라는 뜻으로 광고회사 등에서 PPT 대신 자주 사용하는 용어

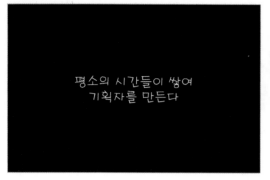

폰트 선정의 안 좋은 예시 　　　　　　　　폰트 선정의 좋은 예시

면 '역시 눈에 잘 들어오네, 심플해서 강력하네' 등 온갖 칭찬이 쏟아집니다. 같은 문장인데 말이죠. 그 정도로 폰트는 중요합니다.

　　PPT를 처음 열어서 글을 쓰신다면 자동으로 설정되는 폰트가 있습니다. 이걸 '기본 폰트'라고 하는데요. '맑은 고딕'이라는 폰트입니다. 이 폰트를 쓰면 안 된다는 말이 아닙니다. 써도 되지만 여러분이 소중히 고민한 내용들이 폄하되지 않도록 도와드리고 있는 겁니다. 맑은 고딕 그대로 들고 나가면 '성의 없다, 센스 없다, PPT 만들 줄 모른다' 이런 소리를 무조건 듣기 마련이거든요. 위 이미지만 보셔도 그 차이가 극명히 드러나죠. 단 몇 초만 투자해도 되는 폰트 변경, 무조건 하셔야 하는 일입니다.

본 폰트 그대로 PPT를
마무리하지 말자.

140

● 간격 조정으로 덩어리감을 살리자

하지만 '그냥 좋은 폰트만 쓰면 된다' 이 말은 반은 맞고 반은 틀립니다. 추가로 몇 가지 작업까지 해 주신다면 이제 여러분의 보고서는 좋은 내용을 넣는 일만 남아 있습니다. 먼저, 간격 조정입니다. 폰트 변경은 PPT를 조금 만져 본 사람이라면 누구나 하고 있는 보통의 영역이지만 지금부터 말씀드릴 간격 조정은 상위 1%의 보고서를 만드는 사람들이 하고 있는 영역입니다.

자, 아래에 'HG꼬딕씨'라는 글씨체를 적용한 두 개의 화면이 있습니다. 여러분은 어떤 차이가 있는지 눈에 보이시는지요? 그렇습니다. 간격이 다릅니다. 하나는 간격이 '표준으로', 다른 하나는 '매우 좁게'입니다. 의도적으로 폰트 간격을 넓게 설정하는 경우도 있습니다만(이것은 나중에 설명드릴 예정) PPT의 타이틀 부분에서는 늘 잊지 말고 '매우 좁게'로 폰트를 설정해 주시기 바랍니다. 단 몇 초면 되는 이 설정을 추가하는 것만으로도 여러분의 PPT는 확연히 달라집니다. 매우 중요한 부분입니다. 왜냐하면 더 쫀쫀한 덩어리감을 주기 때문이죠. 앞에서 말씀드린 '맑은 고딕' 폰트는 미적으로 어딘가 부족해 보입니다. 그 이유는 그 폰트가 유독 덩어리감이 부족하기 때문입니다. 지금 보고 계시는 'HG꼬딕씨'는 애초

'HG꼬딕씨'라는 폰트를 적용

자간 조정 전, 후

에 덩어리감이 있는 폰트이기 때문에 '맑은 고딕'과 비교했을 때 괜찮아 보였던 거죠. 하지만 여기에서 '매우 좁게'라는 간격 설정을 통해 폰트를 더욱 쫀쫀하게 만들어 주는 겁니다. 그러면 이제 완성되었다고 볼 수 있는 것이죠.

본문에서의 간격 설정은 어떨까요? 이때도 '매우 좁게'로 설정을 해 주시는 것을 기본으로 하겠습니다. 하지만 아래 왼쪽 이미지와 같이 18pt를 기준으로 글자 크기가 그 이하로 내려가게 되면 '매우 좁게'로 설정했을 때 글자가 겹치기 시작합니다. 우리가 덩어리감을 주는 것도 어디까지나 가독성이 살아 있는 한도 내에서 설정하는 것이지 글자가 겹쳐 가독성이 떨어지는데도 불구하고 '매우 좁게'를 고집하는 일은 당연히 없어야겠죠. 다음 이미지를 보시면 글자가 12pt까지 작아지니, '매우 좁게'를 설정했을 때 겹치는 현상이 더 심해집니다.

그러니 이때는 다음 페이지의 왼쪽 이미지와 같이 줄 간격을 '좁게'로 설정해 주시면 됩니다. 글자가 겹치는 현상은 폰트마다 다 제각각이기 때문에, 정확한 기준을 제시해 드릴 수는 없습니다. 당신의 글을 일단 '매우 좁게'로 설정한 뒤, 글자가 겹치는지 확인하고 겹친다면 '좁게'로 다시 변경해 주면 되겠습니다.

글자가 겹친다면 '매우 좁게'보다 '좁게'

작은 크기의 글자에 '매우 좁게'를 설정하면 겹치는 현상이 심해진다.

아래 최종 정리된 이미지(왼쪽)를 보시면, 타이틀 부분은 '매우 좁게'로, 본문 부분은 '좁게'로 설정되어 있는 것을 확인하실 수 있습니다. 다시 한번 말씀드리면 기본적으로는 '매우 좁게'로 설정하시되, 만약 덩어리감을 넘어 글자가 겹치는 구간이 있다면 그 부분은 '좁게'로 다시 변경하시면 되고요. 그럼에도 불구하고 여전히 글자끼리 겹쳐 있다면 '표준'으로 다시 바꿔 주시면 됩니다.

● 디자이너가 제작한 두께 중에 선택해서 써라

다음은 두께입니다. 아마 당신은 대부분의 상황에서 특정 단어를 강조하고 싶을 때 'Ctrl+B' 그러니까 해당 단어를 볼드(Bold)로 처리하고 계셨을 겁니다. 하지만 이것은 좋은 방법이 아닙니다. 왜 그런지 설명해 드릴게요. 쉽게 말해 Ctrl+B로 글자에 볼드 처리를 하게 되면 그 글자는 두꺼워지기 위해 덧칠이 됩니다. 폰트 디자이너의 의도와는 아무 상관없이 마이크로소프트 오피스에서 덧칠로 처리하는 것이죠. 그럼 원래 폰트 디자이너가 의도했던 방향과는 사실 맞지 않는다는 겁니다. 그 말은 결국, 완성도 있는 타이포가 아니라는 것이죠.

좋은 폰트들은 대부분 다양한 두께를 지원하고 있습니다. 타이틀

가독성을 위해 '매우 좁게'에서 '좁게'로 변경

두꺼운 글자는 두꺼운 글자체로 구현

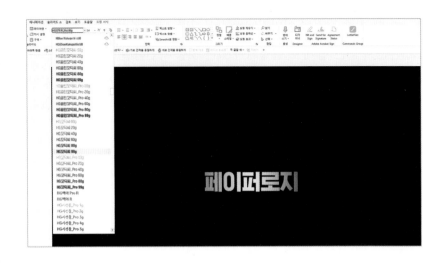

에 주로 활용되는 폰트인 'HG꼬딕씨'만 보더라도 00g부터 99g까지 6개의 두께를 지원해 주고 있죠. 예를 들어 당신이 20g 두께의 HG꼬딕씨를 선택해서 쓰고 있습니다. 그런데 일부 단어를 좀 더 두껍게 하고 싶어요. 그럴 때 Ctrl+B로 두껍게 만드는 게 아니라 디자이너가 제작한 40g~99g까지의 두께 중 선택해서 쓰시라는 말입니다. 얼핏 보기엔 별 차이 없어 보일 수 있지만, 이런 디테일한 것들이 보고서를 심미적으로 아름답게 만들어 줍니다.

이 말은, 애초에 여러분이 주력으로 사용할 폰트를 선택할 때 기준으로 삼아도 된다는 말입니다. 다양한 두께를 지원하고 있는가를 말이죠. 다양한 두께를 지원하고 있지 않은 폰트라고 한다면 굳이 사용하실 필요가 없습니다. 본고딕, 본명조, HG꼬딕씨 등 최소 5단계의 두께를 지원하고 있는가 아닌가를 폰트 사용의 기준으로 삼으셔도 무방합니다.

● 비즈니스에 적합한 폰트는 고딕 계열

어떤 폰트를 사용하고 어떤 폰트를 사용하지 말아야 할까요? 조금만 관심을 가지고 폰트를 찾다 보면 정말 수천 가지의 폰트 때문에 정신이 없을 지경이죠. 무엇보다도 당신이 몸담은 조직에서 고유의 폰트를 가지고 있다면, 그 폰트를 사용하셔야 합니다.

당신이 현대자동차에서 일한다고 가정해 보죠. 현대자동차는 공식 폰트가 존재합니다. 그리고 그 폰트를 광고물 전반에도 사용함은 물론 내부 보고서에도 활용하고 있죠. 이럴 때 조금 더 예쁜 폰트를 쓰고 싶다고 해서 다른 폰트에 눈을 자꾸 돌리는 것은 바람직하지 않습니다. 그것은 암묵적으로 정해져 있는 룰이기 때문에, 정해져 있는 그 폰트를 쓰시되 정리와 정렬에 더 큰 힘을 써 주시면 됩니다.

단, 이때 차별화하고 싶다면 방금 설명드린 '자간 조정'을 통해 차별화해 주시면 되겠습니다. 자간을 좁게 설정하는 것만으로도 덩어리감을 주기 때문에 미적으로 굉장히 완성도 있어 보입니다.

그럼 회사에 고유 폰트가 없는 경우에는 어떤 글자체를 골라서 써야 할까요? 폰트는 크게 고딕 계열, 명조 계열, 디자인 계열 이렇게 3개로 나눌 수가 있습니다. 이 중 특별한 이유가 없다면 고딕 계열의 폰트를 사용하는 것이 비즈니스에서 적합합니다.

아래 두 장의 장표를 보시면, 여기에는 오직 고딕 계열의 폰트만을 사용했습니다. 보기에도 아주 깔끔하고 비즈니스에 적합해 보입니다.

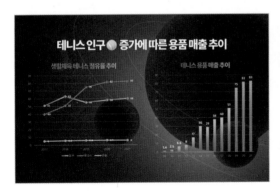

고딕 계열 폰트 사용 예시 A

고딕 계열 폰트 사용 예시 B

제가 사용한 폰트는 '본고딕'으로 가독성이 높아 제가 지속적으로 사용하고 있습니다. 본고딕 외에도 다양한 고딕 계열 폰트들이 있으니 이 중 취향에 맞는 것으로 골라 사용해 주시면 되겠습니다.

명조체는 특별한 콘셉트가 없는 한 사용할 일이 거의 없습니다. 예를 들어 내가 만드는 보고서의 클라이언트가 '한옥, 한복' 등 한국적인 사업을 하는 사업자라든지, 책의 일부를 인용하기 위해 문구를 그대로 뽑아 온다든지, 이때 책에서 뽑아 왔다는 느낌을 더 주고 싶거나 할 때를 제외하고는 거의 사용할 일이 없습니다.

당신이 주로 보는 책의 본문은 명조체로 되어 있습니다. 명조체는 긴 글을 오래 읽을 때 적합한 글꼴이기 때문에 주로 책에서 사용합니다. 하지만 여러분이 쓰는 것은 보고서 즉 간단명료한 글이 위주이기 때문에 고딕 계열이 어울립니다. 만약 여러분이 쓰시는 보고서가 워드 형태이며 글이 긴 경우라면 명조체를 추천드립니다. 글이 길어지면 고딕보다는 명조체가 읽기 편합니다. 책이 명조체로 되어 있는 것과 같은 원리로 말이죠.

● 가독성이 떨어지는 폰트 사용은 지양하라

마지막으로 디자인 폰트는 가급적 사용하지 않으면 좋겠습니다. 가장 큰 문제는 가독성입니다. 보고서에서 가장 중요한 것은 수없이 강조하지만 내가 전달하고 싶은 내용을 상대방에게 잘 전달하는 것입니다. 그런데 디자인 폰트는 그 기능이 떨어집니다. 또한 폰트가 너무 튀기 때문에 내용보다는 디자인에 시선이 쏠립니다. 간혹 '한 단어'를 강조하고 싶을 땐 디자인 폰트를 쓰셔도 됩니다만 일반적으로는 보고서에 어울리지 않습니다.

또한 취향을 탄다는 것도 문제입니다. 보고서는 이성적이어야 합니다. 그래서 내용에도 디자인에도 여러분의 취향이 너무 강하게 들어가는 것은 좋지 않습니다. 공감대를 불러일으키기 적절하지 않기 때문이죠. 여러분의 보고서는 인쇄광고물이 아니라는 것을 꼭 기억해 주시기 바랍니다.

덧붙여, 영문 표기 부분입니다. 일반적으로 우리가 즐겨 쓰는 폰트들은 대한민국의 회사에서 개발된 것들입니다. 한 나라의 언어는 그 언어를 모국어로 쓰는 집단이 가장 잘 이해하고 있으니까요. 해외에서 가끔 한글을 쓰는 이미지들을 접하면, 우리 언어를 이해하고 있지 못하기 때문에 TPO에 어울리지 않는 폰트를 써서 웃음을 자아내는 경우도 있잖아요.

TPO
Time(시간), Place(장소), Occasion(상황)

그런데 한번 잘 생각해 보세요. 영문을 표기할 때 당신은 지금 어떻게 하고 계신가요? 한-영 버튼만 눌러서 영어를 쓰신 뒤, 그걸로 끝내고 있지는 않으신가요? 물론 한국 회사에서 만든 폰트가 해외에서 웃음을 자아낼 정도라고 말씀드리는 것은 절대 아닙니다. 제가 드리고 싶은 말은 아무래도 영어에 대한 이해도는 영어를 모국어로 쓰는 회사가 더 높지 않겠느냐는 것입니다. 폰트도 우리나라 회사보다는 영어를 모국어로 쓰는 회사에서 만든 것이 보다 완성도가 있을 수밖에 없습니다.

영문 폰트는 영어권 디자이너가 만든 영문 폰트(좌)를 사용
· Montressrat(좌)
· HG꼬딕씨(우)

앞 이미지의 왼쪽 라인이 영어권 회사에서 제작한 폰트이며 오른쪽은 한국의 회사에서 제작한 폰트입니다. 굉장히 큰 차이가 있죠. 무슨 말인지 이제 이해가 가셨죠? 그러니 영어 표기를 하실 땐, 영어 폰트를 사용하자는 것! 반드시 기억해 주세요. "그걸 영어가 있을 때마다 어떻게 일일이 지정하냐! 번거롭다!" 이렇게 말씀하실 수 있습니다. 하지만 그런 당신을 위해 서식 복사 단축키가 있습니다.

Ctrl+C, Ctrl+V는 일반 복사, 붙여넣기 단축키죠. 여기 가운데 Shift를 추가합니다. 그러니까 Ctrl+Shift+C, Ctrl+Shift+V를 하시면 서식이 복사가 됩니다. 여러분이 쓰신 영어 폰트는 물론 폰트의 크기, 컬러, 자간까지 모두 복사가 되어 붙여넣기가 가능하게 되는 것입니다. 영어단어가 등장할 때마다 하나하나 바꾸지 마시고 보고서가 다 완성된 후, 검토 과정에서 서식 붙여넣기를 통해 영어 폰트를 통일해 주시면 되겠습니다.

SUMMARIZE

1 PPT 디자인 요소 중 가장 중요한 것은 폰트다.
2 좋은 폰트 설정 후, 덩어리감을 위해 간격 조정은 필수다.
3 영어는 영어권 국가에서 제작한 폰트를 쓰자.

보고서 '디자인' 완전격파 원칙

PPT에 있는 기능을 쓰면 쓸수록 당신의 PPT는 망가진다

29

PPT를 잘 만들지 못하는 사람들의 공통적인 특징이 하나 있습니다. '파워포인트'라는 프로그램을 벗어나지 못하고 계속 그 안에서 뭔가를 만들어 내려고 한다는 점입니다. 특히 디자인이 그렇습니다. 모든 디자인을 파워포인트 안에서 해결하려고 하는 경향이 있습니다. 배경 날리기도 파워포인트 안에서 해결하려고 하고 심지어 목업(Mock-Up)까지도 파워포인트 안에 있는 기능을 활용해 만들려고 노력합니다.

● **목업**
실제품을 만들어 보기 전, 디자인의 검토를 위해 실물과 비슷하게 시제품을 제작하는 작업의 프로세스나 결과물의 통칭

● 파워포인트는 디자인 프로그램이 아니다

물론 기능적으로만 보면 가능하긴 합니다. 목업을 예로 들면, X, Y, Z축을 돌려 가면서 각도를 맞추고 그 각도에 맞는 껍데기(휴대폰, 노트북 등)를 끼워 맞추면 가능하긴 하죠. 저도 과거에 파워포인트 안에 갇혀서 모든 것을 해결하려고 했을 때, 이런 방법을 활용했습니다. 문제는 효율과 결과물의 퀄리티입니다. 내가 아무리 미세 조정을 통해 목업 및 배경 날리기를 해 봐야 완벽하게 되지도 않을뿐더러, 시간이 어마어마하게 오래 걸립니다.

이미지에 따라 다르겠지만 배경 날리기는 5~10분, 목업은 이미지

검색부터 제작까지 최소 30분, 길게는 1시간 이상이 걸리는 경우도 허다합니다. 반복적으로 말씀드립니다만 PPT에서 가장 중요한 것은 내용입니다. 저런 디자인 작업을 하기 위해 몇 시간을 고민하면 안 된다는 겁니다. 그 시간에 내용을 더 탄탄히 보강할 생각을 해야 합니다.

PPT 디자인은 중요합니다. 하지만 절대적으로 내용이 더 중요합니다. 내용을 고민할 시간이 부족하다면 PPT를 만들지 않아도 될 만큼 절대적입니다. 즉 디자인은 당신의 내용을 뒷받침해 주기 위한 도구에 불과합니다. 그런데 자꾸 생각하기가 싫다는 이유로 디자인에 시간을 보내고 있으면 이도저도 아닌 이상한 보고서가 탄생하게 됩니다.

자, 다시 이번 원칙의 이야기로 돌아가면 PPT에서 필요한 대표적인 고급 디자인은 두 개, '배경 날리기'와 '목업'이 있습니다. 결론적으로 이 두 가지는 '절대로' 파워포인트 안에서 하지 마시길 바랍니다.

● '배경 날리기'는 remove.bg에서
PPT에서 이미지를 더블클릭 하면 왼쪽 상단에 '배경 제거'가 나옵니다. 하지만 아래 이미지처럼 정말 최악의 결과물을 뽑아 냅니다. 머리카락은 물론 의상도 잘 구분해 내지 못합니다.

파워포인트에도 '배경 제거' 기능이 있지만 성능이 떨어진다.

이처럼 인물과 배경을 정확히 구분하지 못 한다.

보완 기능이 있으나, 역시 만족
스럽지 못하다.

'보관할 영역 표시, 제거할 영역 표시'라는 기능이 있기는 하나 단 한
번도 만족스러운 결과물이 나온 적이 없습니다. 그래서 바깥세상을 보
자는 겁니다. 파워포인트에서 아무리 해 봐야 시간만 잡아먹고 결과물
이 잘 뽑히지 않으면 여기서 더 이상 하지 말아야 합니다. 그럼 포토샵으
로 가나? 그것도 아니죠. 포토샵은 일단 프로그램을 설치하신 분들이 많
지도 않을뿐더러, 배우지 않으면 할 수 없는 영역이기 때문입니다.

이런 우리를 위해 외부에 좋은 서비스들이 많이 있습니다. 그중 대
표적인 것이 바로 '리무브'입니다. remove.bg로 접속하여 같은 이미지를

remove.bg 접속 화면

remove.bg에서 배경을 제거하면, 고퀄리티의 결과물을 빠르게 뽑아
낼 수 있다.

배경 날리기 해 보겠습니다.

이 사이트에 접속해, 여러분이 원하는 이미지를 '드래그 앤 드롭' 하면 끝입니다. 더 이상 아무것도 하지 않아도 됩니다. 결과물의 차이를 한번 비교해 보시죠. 위의 그림 왼쪽은 PPT에서 한 '배경 날리기'이고, 오른쪽은 Remove에서 단 2초만에 만든 결과물입니다. 더 이상의 설명이 필요 없을 정도입니다.

PPT에서 '배경 날린 이미지'는 적재적소에 잘 쓰시길 강력하게 추천 드립니다. 이미지와 텍스트의 조합은 굉장히 좋은 힘을 내는데, 그러려면 배경이 날아간 이미지들을 잘 활용하셔야 합니다. 인쇄광고들 보시면 대부분의 비주얼이 인물의 배경을 날린 걸 메인으로 쓰고 있다는 걸 아실 수 있으실 겁니다. 그만큼 배경 날린 이미지와 텍스트의 결합이 강력하기 때문입니다. 이제 리무브라는 사이트에서 당신은 2초만에 이런 이미지들을 끊임없이 얻을 수 있게 되었으니, PPT 디자인의 큰 고민의 축이 해결되신 겁니다. 다음은 목업 부분입니다.

● '목업'은 Placeit.net에서

아래의 왼쪽 이미지가 목업의 대표적인 예시입니다. 유튜브 채널을 소개하거나 앱(App) 서비스 등을 소개할 때, 휴대폰 혹은 노트북에 화면이 띄워져 있는 듯한 연출을 함으로써 생동감을 살려 줍니다. 말씀드렸던 대로 구글에서 휴대폰 이미지를 찾고, 그 위에 이미지를 올려 휴대폰이 기울어진 각도에 맞춰 X, Y, Z축을 조절하는 방법으로 목업을 연출할 수는 있습니다. 그렇지만 문제는 낮은 퀄리티와 시간입니다. 짧으면 몇십 분, 길면 몇 시간 동안 저 이미지 하나를 위해 작업할 하등의 이유가 없습니다. 역시나 파워포인트에서 벗어나야 합니다. 파워포인트에서 벗어나야만 시간을 줄일 수 있고, 퀄리티를 높일 수 있습니다.

아래의 오른쪽 이미지는 플레이스잇(Place it)이라는 사이트의 접속 화면입니다. 주로 여러분의 목업을 단 몇 초만에 해결해 주는 아주 도움되는 훌륭한 사이트입니다. 당신이 목업을 하고 싶은 이미지를 하나 골라 들어가면, Upload Your Image라는 버튼이 있습니다. 그 버튼을 눌러 이미지를 올리기만 하면, 단 몇 초만에 목업이 해결됩니다. 퀄리티는 말할 것도 없습니다. 최상의 퀄리티를 제공해 줍니다. 배경도 컬러를 넣거나 무배경을 선택하는 등 자유도가 굉장히 높습니다.

목업(Mock up)은 PPT의 퀄리티를 높여 주는 가장 좋은 기술 중 하나   Placeit.net 접속 화면

이미지만 업로드하면, 곧바로 목업이 완료된다.

휴대폰 외 티셔츠, 머그컵, 후드티 등 다양한 목업이 가능

휴대폰 목업만 제공하는 것이 아닙니다. 티셔츠, 마스크, 액자, 컵, 노트북, 후드티 등 당신이 상상하는 거의 모든 사물에 목업을 할 수 있습니다. 티셔츠에 목업을 한번 해 보면, 그 퀄리티가 경이로울 정도입니다. 기본적으로는 유료 사이트이지만, 무료로도 굉장히 많은 목업들을 사용할 수 있습니다.

이토록 간단하게, 단 몇 초만에 배경 날리기와 목업을 활용할 수 있는데 아직도 PPT 안에서 이것들을 만드시겠습니까? 지금 이 순간부터 그런 습관을 버리고 외부의 힘을 빌리시면 좋겠습니다. 그러면 그럴수록 당신이 내용에 대해서 고민할 시간을 벌어 줄 겁니다. 그리고 그것이야말로 결국 당신과 다른 사람들의 격차를 벌려 놓게 될 겁니다.

파워포인트는 디자인 프로그램이 아닙니다. 이 안에서 모든 디자인의 힘을 빌리려 하지 마시고, 외부의 힘을 빌려 시간을 아끼시길 바랍니다.

SUMMARIZE
3

1 파워포인트는 디자인 프로그램이 아니다. 디자인 작업을 최소화하자.
2 배경 날리기는 '리무브'라는 사이트를 적극 활용하자.
3 목업은 '플레이스잇'이라는 사이트를 적극 활용하자.

30 PPT 컬러 고민, 이걸로 끝!

이번 원칙은 PPT상 당신의 컬러 고민을 끝내드리기 위해 준비했습니다. 자, '컬러'는 PPT에서 가장 조심해야 할 부분 중 하나입니다. 배색은 제작하는 사람의 기분이나 감각에 의존되는 경우가 많이 있습니다. 하지만 우리 대부분은 디자인 전공자가 아니기 때문에 자칫 잘못하면 올바르지 못한 컬러 선택으로 인해 PPT 전체의 느낌을 훼손할 수가 있습니다.

● 컬러는 눈치다

안 좋은 예시를 하나 가지고 왔습니다. 바로 뒤 페이지에 두 개의 장표가 있습니다. 먼저 왼쪽의 장표를 봐 주세요. 이 장표는 어떤 것이 잘못되었을까요? 이런 것이 바로 눈치입니다. 제목을 보시면 '기아 전기자동차 콘셉트 제안'이라고 되어 있습니다. 즉 이 제안서는 기아자동차에 무언가를 제안하는 내용으로 구성된 것입니다. 그런데 자동차의 색깔을 보세요. 어떤 브랜드를 떠올리는 컬러인가요? 현대자동차입니다. 현대차와 기아차는 같은 계열사이긴 하지만 경쟁 관계에 있는 회사입니다. 그런데 표지부터 경쟁사의 컬러를 가져다 쓴 것이죠. 현장에서 저걸 직접 지

컬러 선정의 잘못된 예시

적하지 않을 수 있습니다만, 참여한 기아차 직원 모두는 황당해하거나 기분 상해할 가능성이 높습니다. 그러면 이런 표지를 만들어 간 사람만 손해입니다. 뒤의 내용이 좋아도 선입견을 깔고 갈 수밖에 없으니까요.

안 좋은 예를 하나 더 가지고 왔습니다. 이번에는 위의 오른쪽 장표를 봐 주세요. 토마토라는 신선식품을 보여 주는 것은 그럴 수 있습니다. 하지만 군이 저랬어야 할까요? 이마트의 대표 컬러는 노란색입니다. 오렌지, 귤, 바나나 등 노란색 과일을 쓸 수도 있었는데 군이 저렇게 빨간색 과일을 쓴 것은 잘못된 것입니다. 모험을 걸 필요가 없는데 모험을 건 것이죠.

유통점에서 레드 컬러 하면 바로 연상되는 곳은 '홈플러스, 롯데마트' 등입니다. 이마트의 경쟁사이죠. 마찬가지로 삼성전자에 제안을 들어가는데 레드 컬러를 사용하거나(LG 연상) 하면 안 된다는 겁니다. 당신이 어딘가에 제안을 하는 입장이라면 반드시 상대 회사의 코퍼레이트 컬러(corporate color)가 무엇인지 먼저 정확하게 파악하고 그 컬러를 메인으로 사용하는 것이 가장 좋은 방법입니다.

● 코퍼레이트 컬러
회사나 단체 따위를 대표하는 색깔

● 컬러는 많이 쓸수록 손해다

아래 두 장의 이미지를 보시면, 굉장히 안정감이 있다는 것이 느껴지실 겁니다. 그 이유는 무엇일까요? 나중에 설명드릴 원칙인 '시메트리(symmetry)'를 잘 지킨 것도 중요한 이유가 되겠지만 바로 '컬러의 선택'이 한몫했습니다. 하나의 장표에 최소한의 컬러만을 사용(계열 컬러에서 벗어나지 않았다)했기 때문이죠. 기준을 말씀드리자면 전반적으로 PPT에서 메인컬러는 3개 이하로 선정해 주는 것을 추천드립니다. 3가지를 벗어나

● 시메트리
대칭성, 균형미

**컬러를 제한적으로 써,
안정적인 PPT 디자인**

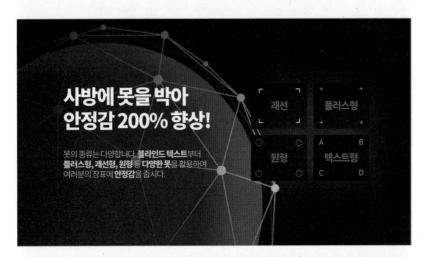

게 되면 메인이 되는 컬러가 무엇인지 받아들이기 힘들어집니다. 컬러를 혼용해서 썼을 경우에는 위와 같이 됩니다. 배경이 초록 계열인 장표입니다. 이때 '괘선, 플러스형, 원형, 텍스트형'이라는 글자들을 강조하기 위해서는 배경 계열색인 초록색을 사용해 주면 충분히 강조가 되는데, '더' 강조하고 싶은 마음에 난데없는 핑크 컬러를 가지고 왔습니다. 그 순간 안정감이 무너지고 산만해집니다. 강조를 하고 싶어서 강조했는데 오히려 집중이 안 되는 역효과가 나는 것입니다. 컬러는 제한해서 써야 한다는 것을 반드시 명심해 주시길 바랍니다.

● 그래서 기준표

조금 전 컬러의 과도한 사용 같은 문제가 왜 발생하는 걸까요? PPT 제작자의 원칙이나 기준이 없기 때문입니다. 그래서 PPT 첫 페이지는 기준표부터 만들어야 한다고 말씀드렸습니다. 기준표 안에는 내가 이번 PPT에 사용할 컬러 팔레트까지 제시되어 있어야 합니다. 기준표가 없다면 장표마다 내 기분에 따라서 컬러를 사용하게 될 가능성이 높아집니다. 그 한 장 한 장은 어찌어찌 괜찮아질지 몰라도 그런 장표가 100장

이 쌓이다 보면 나도 모르게 컬러를 수십 가지를 쓰고 있는 것을 발견할
수 있으실 겁니다. 기준표는 당신의 컬러 사용을 제한하기 위한 목적도
있으므로 꼭 미리 작성하시길 바랍니다.

● 강조 컬러의 오해

아래의 장표는 PPT 컬러 사용에서 가장 많이 하는 실수 중 하나입니다.
바로 '강조를 위한 레드 컬러의 사용'입니다. 흔히 강조하고 싶을 때 고민
없이 "빨간색으로 강조하면 잘 보이겠지, 더 눈에 띄겠지."라는 생각으로

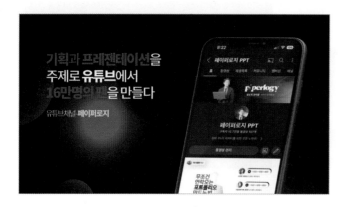

레드 컬러로 텍스트를
강조하면 '경고' 등의
부정적 인식을 심어 준다.

그 부분의 컬러를 레드로 변경합니다.

레드 컬러는 당연히 눈에는 확 띄겠죠. 하지만 눈에 띤다고 해서 '강조'가 잘된다고 생각하시면 안 됩니다. 레드는 경고의 느낌이 강합니다. 부정적인 느낌을 주는 강조라고 말씀드릴 수 있겠습니다. '위험, 경고' 같은 느낌을 줄 때 레드 컬러를 사용하는 것입니다. 그러니 당신이 강조하고 싶은 키워드(대부분은 긍정적인 느낌을 줘야 할 겁니다)에 레드 컬러를 사용하게 되면 의도가 퇴색되고 위험, 경고의 느낌을 심어 주는 겁니다.

꼭 컬러 변경으로 강조를 하고 싶다면 레드보다는 블루 컬러 계열로 강조를 해 주시기 바랍니다. 향후 '강조'와 관련된 원칙에서 자세히 다루겠습니다만, 여러분이 강조하고 싶으신 게 있으실 경우 컬러를 사용한 강조보다는 '글자 두께'를 통한 강조가 훨씬 세련된 강조 방법입니다.

내가 강조하고 싶은 부분만 두꺼운 폰트로 유지하고 나머지를 얇은 글씨체로 빼는 것이죠. 또한 강조하고 싶은 부분을 다른 컬러로 강조하는 것이 아닌, 강조를 하지 않아도 되는 부분을 무채색(예: 그레이 컬러)으로 빼는 것이 훨씬 더 세련된 방법입니다. 강조와 관련된 내용은 강조 원칙 쪽을 참고해 주시기 바랍니다.

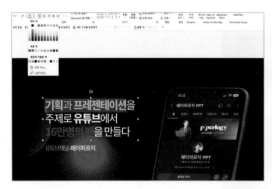

컬러로 강조하고 싶다면 레드 계열보다는 블루 계열 사용

컬러보다는 글꼴의 두께로 강조하는 것이 더 세련된 방법

● 기업의 대표 컬러가 없으면 어떻게?

앞서 말씀드린 대로, 상대방 기업의 컬러를(혹은 우리 회사 보고서라면 우리 회사 컬러를) 메인으로 사용하는 것이 가장 안전한데요. 메인 코퍼레이트 컬러를 가지고 있지 않은 회사도 상당수 있습니다. 그럴 땐 어떤 컬러를 메인으로 삼으면 좋은지에 대해 알려 드리고자 합니다.

먼저 블루 계열은 '지성, 냉철함'을 대표하는 컬러입니다. 따라서 IT나 테크놀로지 기업이라면 블루 계열 컬러를 사용해 주시는 것을 추천드립니다. 레드 계열은 '식욕 증진, 활발함'을 대표하는 컬러입니다. 즉 여러분이 식품 기업을 대상으로 보고서를 만들 때, 그 기업의 대표 컬러가 없는 경우라면 레드 계열 컬러를 사용해 주시면 좋습니다. 그린 계열은 '자연과 편안함'을 상징하기 때문에 건강 관련 사업이나 친환경 사업에 적합하며 옐로우 계열은 '신중함, 안전'을 뜻하기 때문에 '유통회사나 소매 체인점'을 대상으로 하는 보고서, 제안서를 작성할 때 메인컬러로 삼기 적합합니다.

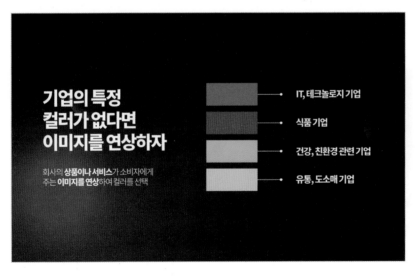

기업의 대표 컬러가 없는 경우,
컬러 사용 기준표

● 컬러는 꼭 훔쳐서 쓰자

아래 두개의 이미지는 제 유튜브 채널 영상 중 일부의 썸네일입니다. 메인 카피인 '사진에 아이폰을 씌우는 고급 기술', '파워포인트 폰트 잘 쓰는 법'을 보시면 각각 골드 컬러와 레드 컬러를 차용하였습니다. 그리고 보시기에 컬러가 어울릴 뿐만 아니라 가독성도 높고 또 디자인적 안정감이 들죠. 그럼 저는 어떻게 이 컬러를 사용하게 되었을까요? 제가 디자인 수준이 높아서, 알아서 척척 좋은 컬러를 쓰는 능력이 있어서 그랬을까요? 아닙니다. 힌트는 저 이미지 안에 있습니다.

'사진에 아이폰…' 카피 컬러는 아이폰 테두리인 골드 컬러에서 그대로 따온 것입니다. '파워포인트 폰트…'의 카피 컬러 역시 백 이미지의 손톱에 있는 레드 컬러에서 그대로 따온 것이죠. 제가 말씀드리고 싶은 건, 컬러는 직접 고민하지 마시고 제발 '훔쳐 달라'라는 것입니다. 저를 비롯, 이 책을 읽는 당신은 디자이너 출신이 아닐 확률이 높습니다. 그런데 컬러라는 것은요, 디자인 훈련을 받지 않은 사람들이 환상적인 배색을 척척 해낼 수 있는 그런 쉬운 분야가 아닙니다. 우리의 '감'으로 매력적인 컬러를 골라서 쓰는 것은 절대로 쉬운 일이 아니라는 겁니다.

먼저, 파워포인트에서는 '테마 색'이라고 해서 기본 컬러들을 제공해

텍스트의 컬러를 '이미지'에서 참고

텍스트의 컬러를 이미지의 포인트 컬러에서 차용

테마 색에 있는 기본 컬러를
사용하지 않는 것이, 아름다운
컬러 사용의 지름길

애초에 포인트 컬러가 잘
적용된 이미지를 선택하자.

줍니다. 이 컬러들을 쓰지 않는 것부터가 좋은 컬러를 쓰는 첫 단계입니다. 블랙 앤 화이트를 제외하고는 쓰지 말아 주세요. 저 역시 십수년간 저 컬러들을 하나하나 다 써 봤지만 단 한 번도 만족스러운 결과를 낸 적이 없습니다. 좋은 배색은 훔쳐서 쓰면 됩니다. 그럼 저 아이폰에 있는 골드 컬러는 어떻게 훔치는 걸까요? 바로 '스포이트'입니다.

컬러 쪽으로 들어가면 '스포이트' 기능을 쉽게 찾을 수 있습니다. 스

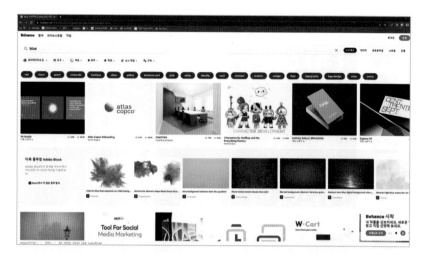

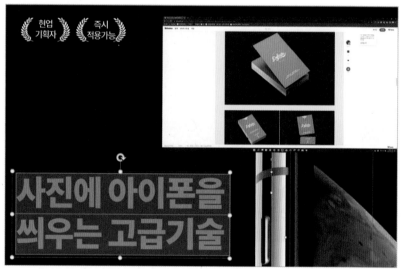

포이트를 누르면 PPT 화면상 당신이 원하는 어떤 컬러든 찍어서 훔쳐올 수가 있게 됩니다. 그대로 마우스 커서를 가지고 가 아이폰의 골드 부분을 찍어 주는 것만으로도 폰트 컬러를 얼마든지 바꿀 수 있습니다(도형 등 모든 곳에 적용 가능).

또 한 가지 '스포이트' 기능을 사용하기에 좋은 방법을 알려 드리겠습니다. 비핸스(Behance)라는 웹사이트가 있습니다. 일러스트, 포토샵, 프리미어 같은 프로그램을 창조한 '어도비'라는 회사에서 운영하는 '디자이너들의 포트폴리오' 공간입니다. 전 세계에서 날고 기는 디자이너들이 본인의 작품을 올리는 곳이죠.

　예를 들어 당신이 블루 컬러를 쓰고 싶다고 가정합시다. 이때 파워포인트 팔레트에서 기본으로 제공하는 블루 컬러는 쓰지 말자고 말씀드렸습니다. 그럼 어떻게 해야 하냐. 비핸스에 들어가서서 검색창에 'Blue'라고 검색을 해 보세요. 그러면 세상 예쁜 블루들이 차고 넘치게 나옵니다. 그중 하나를 캡처해서 PPT 안에 가지고 옵니다. 그다음 스포이트 기능을 활용해 그 이미지에 컬러를 찍어 주면 끝납니다. 어떠신가요. 당신은 아무런 고민 없이 최고의 블루 컬러를 방금 PPT에 적용하셨습니다. 보고서에 쓰는 컬러에는 저작권 문제가 발생하지 않습니다. 마음껏 당신이 원하는 컬러를 찍어서 누구보다 예쁜 컬러를 쓸 줄 아는 일잘러가 되시길 바랍니다.

　이런 컬러는 꼭 비핸스에서만 가지고 와야 하는 것이 아닙니다. 평소의 시간을 잘 활용하시는 것이 중요한데요. 평소에 이것 저것 보시다가, 예쁜 것이 있다면 꼭 사진을 찍어 놓으시고 라이브러리에 따로 폴더화(예: 폴더명을 '컬러'로) 해서 저장해 두세요. 확신하건대 이런 것들이 쌓이면 쌓일수록 여러분의 시간은 기하급수적으로 단축됩니다. 어느 순간부터는 아예 컬러에 대한 고민을 하지 않는 그런 순간이 찾아올 겁니다.

1　컬러만큼은 결정권을 가지고 있는 상대방에게 맞추자.
2　파워포인트에 있는 기본 팔레트상 컬러는 사용하지 말자.
3　컬러에는 저작권이 없다. 마음껏 훔쳐 쓰자.

31

PPT의 빈틈을 메워 주는 그러데이션

보고서를 작성하는 대표적인 툴 '파워포인트'를 사용하여 보고서를 작성하다 보면 늘 이상과 현실 사이에 괴리감이 발생합니다. "내가 생각했던 결과물이 이게 아닌데…" 하는 생각이 정말 자주 들죠. 예를 들면, 정말 예쁘다고 생각했던 배경 이미지를 가져다 썼는데, 배경이 너무 밝은 나머지 텍스트가 묻혀 가독성이 떨어진다든지, 블랙 앤 화이트를 쓰면 강력한 심플함을 전달할 수 있을 줄 알았는데 그냥 성의만 없어 보인다든지 정말 다양한 경우가 있을 겁니다. 그러다가 결국 내가 선택한 이미지

밝기나 대비가 어중간하여
텍스트의 가독성이 떨어지는
PPT

를 쓰지 않게 되는 경우까지 생겨 버리죠.

이럴 때 필요한 것이 바로 '그러데이션'입니다. 그러데이션은 크게 '텍스트, 도형, 선'에 사용할 수 있는데요. 그러데이션만 잘 써도 보고서 가 '허전해 보이는 문제', '이미지 같은 디자인 요소를 쓰면서도 타이틀 가 독성을 잃지 않는 문제' 등 정말 다양한 것들을 해결할 수가 있어요. 그 야말로 그러데이션은 파워포인트에 있어서 마법 같은 녀석이라고 볼 수 있겠습니다.

● 너무 쓰고 싶은 이미지… 하지만 글자가 묻힌다?

앞 페이지의 장표를 보시면, 이미지 밝기나 대비가 어중간하여 타이틀 이 잘 안 보이는 걸 보실 수 있을 겁니다. 텍스트를 블랙컬러로 쓴다 한 들 마찬가지로 가독성이 떨어집니다. 이때 텍스트 뒤에 박스를 대는 경 우도 종종 볼 수 있습니다만, 그럴 바에는 이미지를 안 쓰는 게 나을 정 도로 요소 과다라고 할 수 있겠습니다. 요소가 과하면 바로 그 순간 당신 의 PPT는 복잡해지게 되며, 제작 시간이 오래 걸리는 첫걸음이 될 수 있 으니 주의해 주시기 바랍니다. 이럴 때는 박스 그러데이션 하나만 넣어 도 아주 간단히 해결할 수가 있습니다.

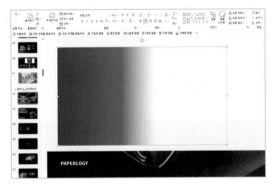

그러데이션 사각 도형 제작

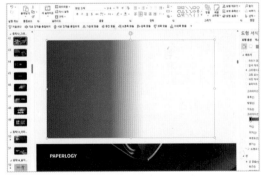

오른쪽으로 갈수록 도형의 투명도를 100%로 설정

전혀 대단한 것이 아닙니다. 단지 사각 도형 하나일 뿐입니다. 다만 여기에 그러데이션을 넣은 것이죠. 테두리선 없음에 그러데이션 채우기를 선택하고 중지점은 4개로 배치합니다. 그리고 왼쪽에서 오른쪽으로 갈수록 투명도를 100%로 설정해 주면, 자연스럽게 그러데이션이 설정됩니다.

앞의 박스에는 왼쪽부터 투명도 24%, 38%, 58%, 100%로 설정되어 있습니다만 이 숫자가 정답은 아닙니다. 당신이 직접 투명도를 설정해 가면서 장표에 맞게 설정해 주시면 됩니다. 다만 중요한 것은 왼쪽에서 오른쪽으로 흐를수록 투명도가 높아져야 한다는 것과 최소한 맨 오른쪽에 있는 것은 투명도 100%를 설정해 줘야 한다는 것입니다.

그럼 이 그러데이션 박스를 텍스트와 이미지 사이에 삽입했을 때 어떤 변화가 있는지 아래 그림을 통해 확인해 보겠습니다.

어떠신가요? 확연하게 차이점이 보이실 거예요. 텍스트와 이미지 사이에 그러데이션 박스가 없었을 때에는 텍스트 가독성이 떨어져 글자조차 잘 읽히지 않아 불편했습니다. 하지만 지금은 텍스트도 선명히 보여 가독성에 아무런 문제가 없고, 이미지 또한 아무런 불편함 없이 잘 보입니다.

이미지와 텍스트 모두의 가독성 확보 가능

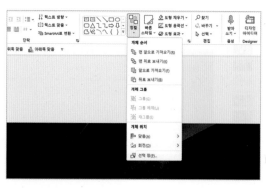

정렬을 통해 레이어 순서 지정

그러데이션 박스를 이미지와 텍스트 사이에 삽입하는 방법은 간단합니다. 앞 페이지의 오른쪽 이미지와 같이 정렬을 활용하면 됩니다. 텍스트는 '맨 앞으로', 이미지는 '맨 뒤로'를 선택해 주면 자연스럽게 그 사이에 그러데이션 박스가 위치하게 되죠. 이게 전부입니다. 이 박스는 한 번만 만들어 두면 계속 '복사, 붙여넣기'를 해서 쓰실 수 있으니 절대로 시간이 걸리는 디자인 작업도 아닙니다.

● 꼭 그러데이션이 아니어도 된다

사각 도형은 반드시 그러데이션만 써야 하는 것이 아닙니다. 투명도가 있는 '블랙 컬러 박스'는 정말이지 많은 역할을 해 줍니다. 아래 왼쪽의 장표를 예로 보시면 배경 이미지가 과도하게 밝아 텍스트 가독성을 해치고 있습니다. 이런 경우 정말 많으실 거예요. 그럴 때 배경 이미지와 텍스트 사이에 투명도가 있는 블랙 컬러 사각 도형을 깔아 주세요. 투명도는 40~50% 사이로(배경의 밝기에 따라 달라집니다) 설정해 주시면 딱 좋습니다. 그렇게 하면 아래 오른쪽 장표처럼 내가 쓰고 싶은 이미지의 밝기와 상관없이 얼마든지 쓰실 수가 있습니다.

투명도가 있는 검정 사각 도형도 유용하게 사용하자.

투명도가 있는 사각 도형 사용으로 텍스트 가독성 확보

● 사물에 있는 그러데이션을 텍스트 그러데이션으로

위 장표는 제가 PPT로 만든 유튜브 썸네일입니다. 특이한 점은 '로지텍 마우스~파워포인트 리뷰' 부분에 들어간 그러데이션입니다. 그러데이션의 역할 중 또 하나는 사물과 텍스트 간의 괴리감을 줄여 준다는 것에 있습니다.

만약 저 타이틀이 단지 흰색으로 들어가 있다고 하면 어떨까요? 텍스트와 마우스 이미지 간의 괴리감으로 인해 시선이 불편해졌을 것입니다. 그래서 텍스트에 그러데이션을 넣은 것입니다.

지금 말씀드리는 것 중 가장 중요한 부분은 바로 그러데이션 컬러를 어디서 참고해 넣었냐는 것입니다. 늘 강조드리지만 정답은 가장 가까운 곳에 있습니다. 저 마우스를 자세히 봐 주세요. 골드컬러의 그러데이션이 보이시죠? 그걸 그대로 가져와 중지점을 4개로 만들고 스포이트로 하나하나 찍어 줬을 뿐입니다. 그림에 있는 컬러를 이용해 그러데이션을 만드니 텍스트와 이미지 사이의 괴리감이 줄어듭니다. 텍스트와 이미지가 서로 녹아들어 간다고 말씀드릴 수 있겠네요.

그러데이션 텍스트는 많은
디자인 고민을 해결해 준다.

● 원 슬라이드 원 메시지

블랙 앤 화이트는 PPT를 만드는 많은 분들의 로망 중 하나일 겁니다. 그런데 이상하게도 내가 하면 '애플' 느낌이 나기는커녕, 허전함만 느껴지죠. 마치 만들다가 만 것 같은 그런 느낌이요. 이 경우에도 그러데이션을 사용해 주면 문제가 해결됩니다. 중지점을 3~4개로 만든 뒤, 그레이에서 화이트로, 화이트에서 그레이로 물 흐르듯이 이어 주는 겁니다. 왜 이렇게 하면 허전함이 사라지는지 말씀드리겠습니다.

결국 극단적인 이질감이 문제입니다. 블랙 배경에 화이트 글자는 서로 완전히 대비되는 컬러이기 때문에 폰트의 선정이나 텍스트의 크기 및 위치 등을 '더욱' 신경 써야 합니다. 디자이너들마저 블랙 앤 화이트를 과감하게 쓰지 못하는 이유는 그만큼 어렵고 예민하기 때문입니다. 우리는 디자인 작품을 만드는 것도 아니고 또 디자이너도 아니므로 그 간극을 줄이는 것이 포인트가 됩니다. 즉 텍스트 덩어리의 각 양쪽을 그레이 즉 블랙에 가까운 톤으로 뺌으로써 텍스트와 배경 컬러의 간극이 줄어들어 어색해 보이지 않게 되는 것입니다.

제가 강조 드리는 것 중에 '평소의 시간'이 있습니다. 평소에 이런저런 것을 보다가 '나중에 써먹어야겠다', '아름답다'라는 생각이 드는 것들은 반드시 사진을 찍어 놓으시거나 캡처를 해서 라이브러리에 따로 보관해 달라고 말씀드렸습니다. 앞의 그러데이션 텍스트도 마찬가지입니다. 과거 맥북 M1이 출시됐을 때 해당 홈페이지를 구경하다가 너무 아름답다고 생각해 따로 저장을 해 두었습니다. 그걸 가지고 있다가 제가 블랙 앤 화이트 장표를 만들어야 할 때, 특별히 따로 컬러에 대한 고민을 하지 않고 그냥 스포이트로 찍어서 쓴 것뿐입니다. 평소의 시간은 이토록 중요합니다.

이 정도면 그러데이션의 개념 전달 및 사용법에 대해서 충분히 설명 드린 것 같습니다. 이처럼 그러데이션은 잘 활용하느냐 그렇지 못하느냐에 따라 결과물에 엄청난 차이를 가져옵니다. 최소한 앞의 예시들은 필수라고 생각하시고 당신의 장표 곳곳에 활용해 주시길 바랍니다. 그렇게 하면 당신의 PPT의 빈 공간은 완벽하게 채워질 것입니다. 그게 바로 완성도 있는 디자인의 핵심입니다.

SUMMARIZE

1 텍스트와 이미지 사이에 그러데이션 박스를 넣는 습관을 들이자.
2 그러데이션은 디자인 요소와 텍스트의 간극을 줄여 주는 연결고리 역할을 한다.
3 텍스트 자체에 그러데이션을 적용하면 심플함에서 오는 허전함까지 해결해 준다.

보고서 '디자인' 완전격파 원칙

32

홈페이지의 배경 이미지를 쓸 수 있다고?

가끔 국내외 홈페이지를 둘러보다 보면, 정말 아름다운 배경들을 많이 발견하실 수 있을 겁니다. 그러면서 한참 보고서를 쓰고 있던 와중이라면 "와 이 배경 정말 PPT 배경으로 쓰고 싶다…"까지 생각하셨던 경험 누구나 있으실 거예요.

▶ YouTube

PPT에 꼭 쓰고 싶은 이미지인데 저장이 막혔다!? '이 기술'로 절대 포기하지 마세요!

● **국내외 홈페이지에서 원하는 이미지를 얻는 방법**

아래의 이미지는 애플워치의 홈페이지에 있는 한 화면입니다. 당신은

애플워치 홈페이지 화면
(출처: 애플 홈페이지)

"운동에 있어서 애플워치의 활용 방법"에 대해 PT를 할 일이 있습니다. 그럴 때, 저 사진을 자연스럽게 쓰고 싶은 마음이 들죠. 하지만 문제는 좌측에 있는 텍스트입니다. 최근 만들어진 홈페이지는 배경화면을 JPG로 따로 저장할 수 없는 경우가 대부분입니다. 그래서 '캡처'를 한 뒤 쓰는 경우가 일반적인데요. 저렇게 텍스트가 가득 이미지 위에 있으면 캡처할 수가 없죠. 텍스트가 함께 캡처되니까요.

이런 경우 정말 많으실 거예요. "와, 이 사진을 정말 내 PPT 배경으로 쓰고 싶다."라고 생각하시다가도, 이미지 저장이 따로 안 되게 되어 있어서 쓰지 못하는 경우, 또 캡처를 하려고 해도 텍스트가 이미지 근처에 있어서 캡처를 하더라도 못 쓰는 경우요. 지금부터 당신의 그런 고민을 말끔하게 해결해 드리도록 하겠습니다.

먼저 크롬브라우저에서 F12를 눌러 주세요. 그러면 다음 페이지의 첫 번째 그림처럼 오른쪽에 소스코드가 나오게 됩니다. 오! 지금 말씀드리는 건 프로그램 이야기도 아니고 전혀 어려운 이야기가 아니므로 긴장하지 마시기 바랍니다!

그리고 지우고 싶은 텍스트 영역에 우클릭을 한 뒤, '검사'를 선택합니다. 그러면 자동으로 해당 영역의 소스코드를 찾아 줍니다. 이후, 해당 부분을 한 번 클릭해 준 뒤 Delete로 지우면 끝입니다. 지우면 즉시 화면에서 그 텍스트 부분이 사라집니다.

176페이지의 첫 번째 그림을 보시죠, 분명 "이제껏 가장 견고한 Apple Watch인 것으로 밝혀져"라는 텍스트가 있었는데 감쪽같이 사라졌습니다. 남은 텍스트들도 똑같은 프로세스로 하나하나 지워 주시면 됩니다.

텍스트를 모두 지웠다면 그걸 캡처해 파워포인트에 붙여 넣으신 뒤, 타이틀 박스를 적절한 위치에 배치하면 끝입니다. 너무나도 간단하죠?

크롬에서 **F12**를 누르면
소스 코드가 뜬다.

지우고 싶은 텍스트에서
우클릭 → '검사'를 선택

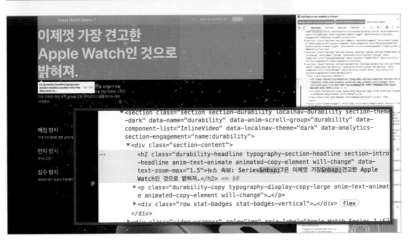

해당 영역을 선택 후,
Delete를 누르면
텍스트가 지워진다.

지우고 싶은 부분을
쉽게 찾을 수 있다.

텍스트가 사라졌다.

원하는 부분을 캡처하여, PPT의 배경으로 사용한다.

원래 텍스트가 가득 있어 캡처할 수 없던 화면(출처: 애플 홈페이지)

같은 방법으로 텍스트를 지워, 배경으로 활용하고 있다.

여기서 잠깐!

저작권?

저작권(著作權, copyright)은 창작물을 만든 이(저작자)가 자기 저작물에 대해 가지는 배타적인 법적 권리로, 거의 대부분의 국가에서 인정되는 권리입니다. 저작권은 만든 이의 권리를 보호하여 문화를 발전시키는 것을 목적으로 하는데요. 저작권자는 법에 정하는 바에 따라 다른 사람이 복제·공연·전시·방송·전송하는 등의 이용을 허가하거나 엄금할 수 있습니다. 저작권은 지식재산권의 하나로, 인격권과 재산권으로 나뉩니다. 저작권의 내용은 나라마다 다르며, 국제법은 베른협약에 바탕을 두고 있습니다. 저작권을 표시하기 위해 ©, (C) 또는 (c) 심볼을 이용하기도 합니다.(출처: 위키백과)

바로 앞 두 개의 장표도 마찬가지입니다. 애플 아이폰 홈페이지에 있었던 화면에서 같은 방법으로 텍스트를 모두 지운 뒤, 캡처! 그리고 그걸 파워포인트에 붙여넣기 한 뒤 내가 원하는 타이틀을 새로 배치하였습니다.

정말 쉬운 방법이고, 누구나 단 몇 초만에 원하는 이미지를 얻을 수 있으니 잘 참고하시면 좋겠습니다. 당연한 말이지만 상업적 이용은 안 됩니다! 상업적 이용을 원하시면 반드시 저작권자에게 허락을 구해야 합니다. 이 방법을 익힌 사람과 그렇지 않은 사람 사이에는 굉장히 큰 실력 차이가 생기므로 꼭 몇 번의 연습을 통해 당신의 손에 하나의 기술로서 익히길 바랍니다.

1 홈페이지에 있는 글자를 지워, 이미지만 얻을 수 있다.
2 꼭 쓰고 싶은 이미지가 있을 때, 포기하지 말고 이 방법을 이용해 써 보자.
3 홈페이지에서 얻은 이미지는 별도의 허락 없이 상업적으로 이용하면 안 된다.

보고서 '디자인' 완전격파 원칙

33 그레이를 잘 쓰는 자, PPT를 지배한다

당신의 PPT가 멋진 PPT와 그렇지 않은 PPT로 나뉘어지는 데에는 몇 가지 핵심적인 이유가 있겠지만, 그중 큰 것 중에 하나가 '그레이를 얼마나 잘 활용하는가'에 따른 것입니다. 아름다운 보고서에는 '그레이'가 핵심이라고 해도 절대 과언이 아닙니다.

그만큼 그레이 컬러는 중요한 역할을 하는데요, 가장 핵심이 되는 그레이의 역할은 무엇일까요? 단지 우리가 쓰는 많은 컬러 중 하나일까요? 아닙니다. 그레이는 내가 강조하고 싶은 'A'라는 요소가 있다고 가정했

강조하고 싶은 부분을 제외하고 그레이로 처리

강조하고 싶은 부분을 제외하고 그레이로 처리하면서 글꼴 두께도 얇게 처리했다.

을 때, 그 A를 한없이 돋보이게 만들어 주는 조력자의 역할을 해 줍니다.

● 그레이로 세련되게 강조하자

아래 두 장의 장표에서 제가 강조하고 싶었던 워딩은 '부정적인 의견들'과 '기획과 프레젠테이션' 그리고 '16만 명의 팬' 이 부분입니다. 보통 PPT에 익숙하지 않은 분들은 이런 워딩을 강조하고 싶을 때 그 부분을 레드 컬러(Red Color)로 강조합니다. 생각만 해도 아주 강렬할 것 같죠.

직접 보시니 어떠신가요? 눈이 굉장히 불편한 것은 물론이거니와 강조가 되어 눈에 띄긴 하지만, 그게 가독성이 높아지는 긍정적인 방향은 분명히 아닙니다. 하지만 이런 식으로 강조하는 분들이 실제로 굉장히 많습니다.

자 이게 아니라, 원래 자료인 앞 페이지의 두 장표를 보시면 강조해야 하는 키워드들은 놔 두고 그 외의 영역을 Grey로 처리하였습니다. 그게 무슨 말이냐, 강조하고 싶다고 그 부분을 '강조'하는 것이 아닌 다른 부분이 눈에 덜 띄게 만든 것입니다. 아주 세련된 강조의 비법입니다. 그레이는 바로 그 '세련된 강조'의 역할을 매우 충실히 해 줍니다.

레드 컬러로 텍스트를 강조하면, 부정적인 느낌을 줄 뿐 아니라 가독성도 저해된다.

레드 컬러로 텍스트를 강조하면, 부정적인 느낌을 줄 뿐 아니라 가독성도 저해된다.

● 그레이를 포함한 그러데이션

그레이는 단일 컬러뿐만 아니라, 녹아들어 갈 수도 있습니다. 바로 그러데이션입니다. 블랙 앤 화이트 장표는 효율적이기 때문에 많은 분들이 시도하는 보고서의 스타일인데요. 이런 스타일의 보고서에는 리스크가 있습니다. 자칫하면 성의 없다는 느낌을 주기 쉽습니다.

그레이 컬러를 사용한 텍스트 그러데이션   그레이 그러데이션이 없으면 디자인이 성의 없어 보일 수 있다.

위와 같은 장표가 있다면 어떠신가요? 분명 같은 블랙 앤 화이트인데 먼저 보셨던 장표와는 상당히 다른 느낌입니다. 물론 폰트의 문제가 꽤나 크겠죠. 왼쪽의 장표는 HG꼬딕씨를 사용한 반면, 오른쪽 장표는 맑은 고딕에 자간 조절도 하지 않았으니까요. 하지만 그보다 더 큰 문제는 컬러입니다. 우리는 전문적으로 컬러 훈련을 받은 디자이너가 아니기 때문에 블랙 앤 화이트를 썼을 때 자칫하면 이렇게 성의 없어 보일 수가 있습니다. 이럴 땐 고민하지 마시고, '그레이를 포함한 그러데이션'으로 해결해 주시면 되겠습니다.

다음 페이지 첫 번째 그림의 설정처럼 텍스트 그러데이션에서 중지점을 4개를 준 뒤, 각 끝을 어두운 그레이로 처리해 주세요. 그러면 텍스트와 배경의 고대비가 현저히 줄어들어 눈의 부담을 덜어 주고 성의 없어 보이는 단점을 완벽하게 보완해 줄 수 있습니다.

그러데이션 중지점을 4개로 설정   그레이는 '이미지'에도 적용할 수 있다.

● 이미지와 동영상에도 그레이를 적용하자

그뿐만이 아닙니다. 그레이는 텍스트뿐만 아니라 사진에도 적용할 수 있습니다. 저는 위의 오른쪽 장표에서 '미사여구'를 빼야 한다는 것을 키 메시지(key message)로 표현하고 싶었습니다. 그래야만 글이 간결해지고, 글이 간결해야 아름답다는 것을 말하고 싶었죠. 그래서 이미지도 간결한 아름다움을 나타내는 것을 골랐습니다. 포인트는 바로 컬러입니다. 제가 사진의 컬러를 그레이 톤으로 선정했다는 거예요.

보시다시피 배경이 되는 이미지를 그레이 컬러로 사용하게 되면, 텍스트가 단순한 화이트 컬러일지라도 엄청나게 잘 강조가 됩니다. 아주 잘 보이죠. 배경 이미지를 컬러로 사용했다면 시선을 이미지에 빼앗겨, 텍스트의 강조성이 그만큼 줄어들었을 거예요. 기억해 주세요. 글을 강조하고 싶다면 배경 이미지의 컬러를 '그레이 톤'으로 쓰면 말끔하게 해결된다는 걸요!

그레이는 디자인뿐만 아니라, PT의 흐름에까지 도움을 주는 대단한 녀석입니다. 뒤에 세 장의 장표가 있습니다. 파워포인트 스킬이 향상되지 않는 이유에 대해 총 3가지를 설명해 주는 흐름의 장표입니다.

FIFTY에 대해 발표할 때
나머지 2개를 그레이 컬러로
처리한다.

NINETY에 대해 발표할 때
나머지 2개를 그레이 컬러로
처리한다.

ZERO에 대해 발표할 때
나머지 2개를 그레이 컬러로
처리한다.

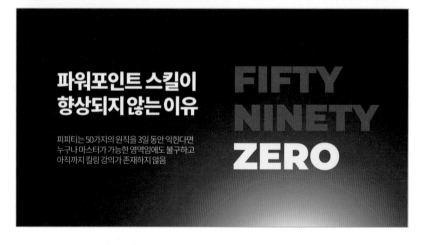

위와 같이 이야기하는 부분을 빼고 나머지는 그레이 컬러로 처리했습니다. 그래서 FIFTY를 이야기할 땐 NINETY와 ZERO가 잘 보이지 않고, NINETY 부분을 이야기할 땐 FIFTY와 ZERO가 잘 보이지 않죠. 그리고 장표를 넘기면서 보게 되면 각 요소의 위치는 변하지 않으므로 컬러만 변화하는 모션그래픽 같은 효과를 줄 수가 있습니다. 청중들은 당연히 그레이 쪽이 아닌 화이트 텍스트 부분만 쳐다보면서 저의 이야기를 들어 줄 겁니다. 바로 이런 것들이 그레이의 역할입니다.

당신이 강조하고 싶은 게 있을 땐 어떻게 하면 된다고요? 그렇습니다. 강조하고 싶은 부분을 화려한 컬러로 도배하지 마세요. 그런 방식의 디자인은 굉장히 하수입니다. 센스 없어 보이고 또 실제로 자료 자체가 촌스러워집니다. 그러지 말고 강조하고 싶은 게 있다면 나머지의 톤을 죽여 주면 되는 일입니다. 그레이를 쓸 줄 알면 PPT는 너무나도 쉬워집니다.

---

1 강조하고 싶은 부분이 있다면, 나머지를 그레이 톤으로 바꿔 보자. 더 잘 강조된다.
2 블랙 앤 화이트 장표에서 그레이 그러데이션은 성의 없어 보이는 단점을 보완해 준다.
3 그레이 컬러의 장점은 텍스트뿐만 아니라 이미지나 동영상에도 적용할 수 있다.

보고서 '디자인' 완전격파 원칙

34 남들과 다른 PPT의 비결은 '원근감'에 있다

만약 당신이 단 10초만 더 투자해서 남들과 차원이 다른 보고서를 만들 수 있다면 어떻게 하시겠어요? 저는 투자하는 게 맞다고 생각합니다. 한 두 시간을 투자해서 남다른 보고서를 만들 수 있다면? 이건 애매합니다. 한두 시간은 디자인에 투입하기에 너무 긴 시간이니까요. 하지만 10초 정도면 얼마든지 투자해도 괜찮은 시간이죠. 이번 원칙에서는 그 짧은 시간을 투자해 남들과 완전히 차별화되는 PPT를 만들 수 있는 방법을 소개해 드리려고 합니다.

아래와 같이 세 가지 테니스 라켓에 대해 소개해 주는 장표가 있다

PPT를 상하좌우로만 사용한 예

PPT 디자인을 앞뒤로까지 활용하는 예(원근감 확보)

고 가정해 보겠습니다. 먼저 왼쪽의 장표인데요. 장표 자체로만 놓고 보면, 구도도 안정적이고 요소들이 크게 불안정한 위치에 있는 것도 아니며 이미지도 적절하고 폰트도 좋아 큰 문제는 없어 보입니다. 맞습니다. 사실 이 정도만 만들 줄 안다고 하더라도 PPT로 더 이상 고민하실 일이 없으실 거예요. 하지만 우리 함께 10초만 더 투자해 보면 어떨까요?

● 입체감으로 PPT를 차별화하자

사람의 눈은 '약간의 생경함'만 주면, 그것을 굉장히 신선하게 받아들이는 경향이 있습니다. PPT에서는 그 생경함을 '원근법'으로 줄 수가 있죠. 앞의 오른쪽 장표를 보시면, 왼쪽의 장표와 조금 다른 것을 느낄 수 있으실 거예요.

그렇죠. 같은 배경, 같은 사진, 같은 텍스트이지만 '라코스테'라는 키워드가 테니스 선수보다 상위 레이어에 위치하고 있어요. 반면 요넥스와 바볼랏은 사진의 뒤로 숨어 들어가 있죠. 이로써 이 PPT 장표에는 총 4개의 레이어가 생긴 것입니다. 맨 뒤부터 '배경 - 키워드1(요넥스, 바볼랏) - 사진 - 키워드2(라코스테)' 이렇게요. 이것만으로도 굉장히 다른 원근감을 표현할 수 있습니다.

텍스트 박스를 쪼개 놓으면 쉽게 원근감 있는 디자인을 할 수 있다.

라코스테 텍스트 박스를 '맨 앞으로' 배치한다.

비결은 단 하나입니다. 텍스트 박스를 쪼갠 것뿐이죠. 보통은 '요넥스, 라코스테, 바볼랏' 이 부분을 하나의 텍스트 덩어리로 만듭니다. (Enter 키를 통한 줄 내림) 그런데 이제 당신은 그 방법을 쓰지 말고, 3줄 이하라면 그것들의 텍스트 박스를 쪼개어 주시기 바랍니다. 3줄이라면 텍스트 박스가 3개가 되는 겁니다. 그것만으로도 당신의 자유도는 말도 안 되는 수준으로 상승할 겁니다.

텍스트 박스를 3개로 쪼갰다면, '라코스테' 박스를 선택하여 '정렬 - 맨 앞으로 가져오기'만 하면 끝입니다. 그럼 레이어상 맨 위에 위치하게 되기에 사진보다 위에 위치할 수 있죠. 앞 페이지의 그림에 보이는 '맨 앞으로 가져오기, 맨 뒤로 보내기, 앞으로 가져오기, 뒤로 보내기' 기능을 활용해 당신의 PPT를 더 이상 평면적이지 않게, 입체적으로 만들어 주세요. 굉장히 많이 쓰이는 기능이니 툴바에 저장해 두시면 더 빠르게 작업할 수 있으실 거예요.

많이 쓰는 기능이라면 아래 그림처럼 해당 기능에 마우스를 가져다 대고 우클릭 후 '빠른 실행 도구 모음'에 '추가'를 누르면 끝입니다. 필요에 따라 추가해서 빠르게 사용하시길 바랍니다.

자주 쓰는 기능은 툴바에 추가한다.

186

● '분리' 개념을 탑재하라

한 가지 실습을 더 해 보겠습니다. 위 장표를 보시면, 역시나 원근감으로 뉴욕을 잘 표현해 내고 있습니다. 배경이 되는 하늘과 요소들(자유의 여신 상과 건물들) 사이에 'NEW YORK'이라는 글자가 자리잡고 있죠.

분명히 말씀드리지만, 이번 장표의 경우 이걸 PPT 내의 기능을 활용해 하려 한다면, 굉장히 시간이 오래 걸릴 것입니다. 그렇게 하려면 그냥 하지 않는 게 더 좋다고 단호하게 말씀드립니다. 중요한 건 디자인이 아닙니다. 내용입니다. 먼저 뉴욕을 표현하고 싶은 사진을 고르는 것이 1번 스텝이 되겠죠.

저 같은 경우, 이 사진을 선택했고요. 사진은 Envato라는 스탁사이트에서 골랐습니다. Envato는 유료 사이트입니다. 유료 스탁사이트를 쓰는 것의 장점은 그만큼 당신이 상상하는 것과 실제 소스의 간극이 크지 않다는 겁니다. 아무래도 유료다 보니 수량 자체나 퀄리티가 높

스탁사이트에서 찾은 뉴욕 이미지

❶ 우선 이미지 사이즈부터 확정한다.

❷ 우클릭 해, '그림으로 저장'한다.

❸ Remove에서 배경을 제거한다.

❹ 배경을 제거한 이미지를 그대로 한 장 더 올려 준다.

❺ 두 개의 이미지 사이에
원하는 텍스트를 배치한다.

을 수밖에 없죠. 하지만 스탁에 비용을 쓰고 싶지 않은 분들이 계시다면 Pexels, Unsplash, Pixabay 등의 무료 스탁사이트를 이용하시면 됩니다. 굉장히 좋은 소스들을 제공하고 있으니 한번 들어가 보시길 바랍니다.

사진을 골랐다면 이제 그걸 PPT에 올려 주세요. 이 작업을 먼저 해야 하는 이유는 바로 '배경 날리기' 때문입니다. 예시와 같이 장표의 사이즈에 꼭 맞게 올려 주셔야 합니다.❶ 여러분 임의대로 늘리는 등의 사이즈를 조정하는 것은 관계없으나 반드시 사각의 끝을 장표의 크기와 맞게 조절해 주셔야 합니다.

자 이제, 사이즈를 조정하는 작업이 끝났다면 해당 그림에 우클릭을 해서 '그림으로 저장'을 해 주세요.❷ 당신이 저장하기 편한 바탕화면 등에 저장해 주시면 됩니다. 그럼 당신이 조절한 사이즈와 크기 그대로 그림이 한 장 더 저장되게 되는 것입니다.

그런 다음 리무브(Remove.bg)에 들어가 배경을 날려 주세요.❸ Remove라는 사이트는 배경을 날려 주는 곳으로 매우 유용하니 당신의 크롬 브라우저에 즐겨찾기를 해 놓으시면 좋습니다.

당신이 저장한 그 이미지를 리무브에 드래그 앤 드롭 하면 단 몇 초만에 배경을 제거한 이미지를 제공해 줍니다. 인물뿐만 아니라 사물도 굉장히 정교하게 작업해 줍니다. 그리고 이를 다시 저장해 주세요. 앞서 그림을 PPT 페이지 사이즈에 정확히 맞춘 뒤 그것을 다시 저장했던 작업 기억 나시나요? 그렇게 하는 이유가 있습니다.

그 작업을 먼저 하지 않으면 나중에 두 이미지 간의 사이즈와 위치를 다시 맞춰 줘야 하는 번거로움이 있습니다. 하지만 사이즈와 위치를 먼저 확정해 놓으면, 리무브에서 배경을 날린 이미지를 PPT 위에 올려 놓는 것만으로도(동일한 사이즈의 이미지이기 때문에) 맞추는 작업 없이 모든 것이 끝나게 되죠.❹

자 이제 두 장의 똑같은 이미지가 겹쳐져 있습니다. 한 장은 하늘 배경까지 있는 원본 이미지, 다른 하나는 배경이 날아간 즉, '자유의 여신상+건물'만 남아 있는 사진이죠. 이로써 완벽한 레이어가 하나 생기게 된 것입니다. 이제 당신이 넣고 싶은 텍스트를 그 중간에 위치해 주면 됩니다. ❺

저는 뉴욕이라는 글자를 중간에 배치했습니다. 뉴욕이라는 글자를 원하는 곳에 배치한 뒤, 배경을 날린 이미지를 '정렬 - 맨 앞으로 가져오기'만 하면 끝입니다. 이 모든 작업이 실제로 해 보시면 아시겠지만 1분도 채 걸리지 않을 겁니다.

PPT는 대부분 평면이기 때문에 이런 식으로 레이어를 분리하는 것만으로도 굉장한 입체감을 줄 수가 있습니다. 어려운 게 아니죠. 단지 '분리'라는 개념만 여러분의 손에 탑재하시면 끝나는 부분이거든요. 이 간단한 방법을 할 줄 아는 사람은 그리 많지 않습니다. 막상 하려 해도 굉장히 어려운 작업인 줄 알고 포기해 버리는 경우가 많거든요. 이는 PPT 디자인에서 대단히 강력한 무기가 되니 꼭 익혀 두시면 좋겠습니다.

틀에서 벗어나는 사고방식이 PPT 디자인에서는 가장 중요합니다.

1 한 단어, 한 문장이라도 쪼갤 줄 아는 습관을 들이자.
2 틀에 박힌 것을 경계하자.
3 '분리'라는 개념만 익히면 PPT 디자인 능력은 수직상승한다.

35 정말 쓰고 싶은 이미지인데 각이 안 나올 때

PPT를 제작하다 보면, 정말 쓰고 싶은 이미지인데 도저히 각이 안 나오는 경우를 심심치 않게 맞닥트릴 겁니다. 예시를 함께 보겠습니다.

▶ YouTube
PPT에 사진을 깔끔하게
넣는 가장 좋은 방법

● 문제는 배경색 맞추기

아래와 같은 장표에서 보통은 이미지를 정사이즈로 늘려서 여백을 메우는 경우가 대부분입니다. 옳은 방법입니다. 하지만 아래 사진을 그렇게 늘리면 컵 사이즈가 너무 커져 버립니다. 컵 사이즈가 과도하게 커져 전체적인 레이아웃을 해칩니다.

애매하게 남아 있는 여백

스포이트로 배경을 맞춰도 톤이 일치 되지 않는 경우

이럴 때 또 시도해야 할 방법은 배경 컬러 맞추기입니다. 배경 컬러가 사진의 배경과 같은 색이라면 이질감 없이, 또 컵의 사이즈 변경 없이 자연스럽게 하나인 것처럼 보이며 문제를 해결할 수 있죠. 이걸로 가능한 상황이라면 배경에서 우클릭 후 배경 서식에서 '채우기 - 색'에 들어가 스포이트 기능을 활용해, 배경색을 찍어 주기만 하면 끝납니다.

문제는 위에 제시해 드린 두 가지 방법이 모두 소용이 없는 경우입니다. 앞 페이지의 오른쪽 그림을 보시면, 배경 컬러를 사진에 스포이트를 찍어 맞춰 놓았습니다만 가운데 부분의 컬러가 맞지 않아 이질감이 강하게 듭니다. 이유가 무엇일까요? 사진 배경에 '그러데이션'이 적용되어 있기 때문입니다. 이미지가 그래픽이 아닌 사진일 경우 이런 현상이 자주 발생합니다. 그리고 PPT를 어느 정도 만져 본 분들이라면 이런 상황을 한 번쯤은 맞닥트렸을 것이며, 이럴 때마다 처치가 곤란해 쓰고 싶은 이미지를 포기하셨을 겁니다. 하지만 이제 더 이상 포기하지 않고 이 이미지를 쓸 수 있는 방법에 대해 알려 드리도록 하겠습니다.

● 잡아 늘리기로 문제 해결
먼저 같은 사진 한 장을 복사해, 같은 위치에 놓아 주세요. 정확히 같은 위치에 놓으셔야 합니다. 사진 복사해 넣기는 'Ctrl+C, Ctrl+V'로 하시면 됩니다.❶

같은 위치에 놓으셨다면, 두 번째 이미지를 더블클릭하여 '자르기'를 선택합니다. 그리고 이미지를 잘라 주시면 되는데요. 이때 '남은 여백만큼만 남기고' 잘라 주시면 됩니다. 꼭 정확하지 않아도 되니, 대략 그 정도라는 것만 알아 주시면 됩니다.❷

이제 이 부분이 중요한데요. 잘라 낸 그 이미지의 오른쪽 끝을 잡고 왼쪽으로 클릭 앤 드래그 하다 보면, 사이즈가 줄어들게 됩니다.❸ 사이

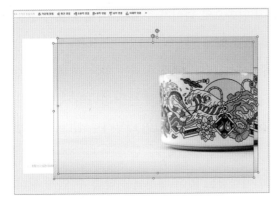

❶ 같은 사진을 한 장 더 복사해, 같은 위치에 맞춰 준다.

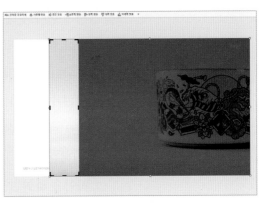

❷ 한 장의 사진을 남은 여백만큼 잘라 준다.

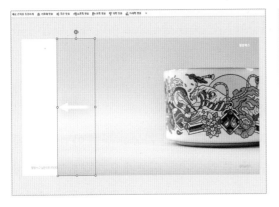

❸ 자른 사진을 점점 줄인다.

❹ 선을 넘어가면 사진이 뒤집힌다.

❺ 이로써 배경색과 완전히
일치하게 되었다.

즈를 점점 줄이다 못해 아예 왼쪽으로 넘어가 주세요. 이게 중요합니다. 그럼 그림이 왼쪽의 선을 축으로 해서 뒤집히게 되는 것입니다. ❹

어떤 원리인지 이해하셨을 거예요. 배경이 되는 옅은 회색의 왼쪽 끝부분 컬러가 일정하지 않기 때문에, 왼쪽 끝부분을 하나의 축으로 만들어 그대로 확장해 주는 겁니다. 한번 해 보시면 너무나도 쉽다는 걸 알게 되실 거예요.

그 작업을 하면 조금의 이질감도 없이 배경색을 맞출 수 있게 됩니다. ❺ 접근 방식이 완전히 다른 거죠. 어떻게든 PPT 배경색을 맞추려고 그러데이션을 통해 애쓰는 것이 아닌, 지금 있는 이미지를 한 장 더 복사해 활용해 준 것뿐이죠. 기준이 되는 축을 중심으로 이미지를 뒤집어 주는 겁니다. 간단하죠?

● 잡아 늘리기는 좌우 양쪽 다 가능

지금 소개해 드린 이 방법은 어느 한 쪽에만 가능한 것이 아닙니다. 아래 그림과 같은 상황에서도 쓸 수 있습니다. 왼쪽과 오른쪽을 모두 커버할 수 있어요. 다만 이런 경우 복사된 사진이 2장 더 필요하겠죠? 그래야 그것을 왼쪽으로 한 번 오른쪽으로 한 번 뒤집어 줄 수 있으니까요. 같은

좌우 모든 방향에
적용 가능

이질감 없이 배경색이
채워진다.

방법을 적용하면 위와 같이 완벽하게 이질감 없는 배경이 탄생합니다.

우리가 쓰고자 하는 아름다운 이미지는 배경이 '그러데이션' 적용된 경우가 많이 있습니다. 그러데이션이 사람들의 눈에 '아름답다'고 인식시켜 주기 때문에, 사진작가나 그래픽 디자이너들이 이 방식을 많이 사용합니다. 이제 아름다운 사진을 배경색 맞추기가 힘들어 포기하지 마시고 위 방법을 이용해 당신의 PPT에 제한을 두지 마시기 바랍니다!

1 꼭 쓰고 싶은 이미지인데, 배경색이 안 맞아 사용을 포기하는
   경우가 많다.
2 이제 포기하지 말고, '잡아 늘리기' 기술을 활용해 배경색을 맞추자.
3 PPT에 있는 기능을 활용해 배경색을 맞추려고 하지 말자. 시간 낭비다.

보고서 '디자인' 완전격파 원칙

36 고급스러움의 비밀 '섀도'

이번 원칙에서 말씀드릴 내용은 '섀도 활용법'입니다. 섀도는 이미지 활용과 관련이 있는 내용인데요. 앞에서도 언급한 바 있지만 이미지를 쓰면서 남들과 다르고 싶을 때는 배경 날린 이미지를 활용하시면 매우 효과적입니다. 배경을 날린 이미지를 자주 활용하는 것만으로 굉장히 차별화된 PPT 디자인을 해내실 수 있어요. 배경을 날리는 방법은 본 도서에서 여러 번 소개해 드렸는데, 가장 좋은 방법은 리무브(remove.bg)라는 사이트를 활용하는 것입니다. 가장 빠르고 작업의 결과물이 가장 만족스럽습니다.

섀도가 없는 장표

섀도를 적용한 장표

배경을 날린 것에 더해, 한층 더 차별화된 이미지를 사용하고 싶다면 두말 할 것 없이 '섀도'를 주는 것입니다. 섀도는 배경을 날린 이미지를 고급스럽게 만들어 주는 특단의 조치라고 볼 수 있습니다. 앞 페이지의 두 장표를 비교해서 봐 주세요.

같은 사진, 같은 내용이 배치되어 있는 두 장의 장표입니다. 어떠신가요? 오른쪽이 훨씬 더 고급스러워 보이며, 내용 전달도 더 잘되고 있습니다. 지금부터 섀도를 줄 수 있는 두 가지 방법에 대해 말씀 드리도록 하겠습니다.

● 섀도가 들어간 배경 이미지를 추가

아래의 왼쪽 그림을 보시면, 섀도가 적용된 외부 이미지를 사용한 것이 보이실 겁니다. 저 사진은 구글에서 'Shadow' 등의 검색어를 통해 가져온 겁니다. 이미지 하나만 구해서, '맨 뒤로 보내기'를 적용하면 끝나는 부분이기 때문에 굉장히 간단히 해결할 수 있습니다.

● 이미지 자체에 섀도를 적용

섀도가 들어간 이미지를 배경에 추가하는 것 외에, 이미지 자체에 섀도

섀도는 이미지를 사용해서 적용하는 것도 가능하다.

그림자 설정으로 섀도 설정이 가능하다.

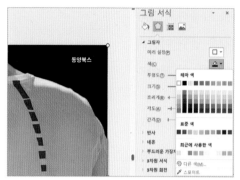

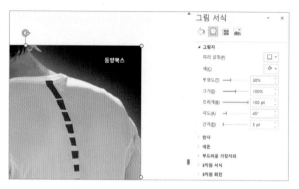

어두운 배경에는 그림자를 '흰색'으로 적용한다.   '흐리게'와 '투명도'를 조절하면 은은한 번짐 효과가 가능하다.

를 적용하게 되면, 훨씬 더 효과적입니다.

    방법은 간단합니다. 사진에 '그림자'를 설정해 주세요. 그림자는 기본적으로 '바깥쪽 - 오프셋 아래'를 선택해 주면 됩니다.

    그림자는 기본적으로 검정색으로 설정되어 있습니다. 즉, 그림자를 설정하면 검정색 그림자가 먼저 깔리게 됩니다. 이것을 흰색으로 바꿔 주는 것이 포인트입니다. 그것이 생각의 전환입니다(물론 배경이 밝은 톤이라면 검정색 그림자를 그대로 사용해도 됩니다).

    그림자 색을 '흰색' 및 다른 색으로 얼마든지 바꿀 수 있다는 것을 꼭 염두에 두시기 바랍니다. 위의 예시에서는 흰색으로 설정했습니다.

    이후, '투명도'와 '흐리게'를 설정하면 더 이상의 설정은 없습니다. 다른 것은 건드리지 않으셔도 됩니다. 위 예시의 경우 '흐리게'는 100pt로, '투명도'는 30%로 설정했습니다. 그러면 그림자가 은은하게 퍼지는 효과를 보실 수 있을 겁니다. 이 수치 또한 당신이 설정한 배경의 톤에 따라 가장 적당한 것이 있을 수 있으니 자유롭게 바(Bar)를 이동해 가면서 직접 눈으로 확인해 가며 최종 수치를 설정하시기 바랍니다.

    그림자 색, '흐리게'와 '투명도'를 설정해 주는 것만으로도 섀도 효과

를 줄 수 있습니다. 후광 효과라고도 볼 수 있습니다. 인물의 뒤에 라이
트를 비춰 주는 것과 같은 효과입니다.

　예시를 하나 더 보겠습니다. 아래 두 사진을 비교해서 봐 주시기 바
랍니다.

　같은 사진, 같은 내용의 장표입니다. 하지만 오른쪽 사진이 훨씬 더
텍스트는 물론 자동차 자체를 부각시키고 있다는 것을 알 수 있으실 거
예요. 이처럼 장점만 있으니 섀도 효과를 쓰지 않을 이유가 없습니다. 방
법은 간단합니다. 외부에서 가져온 저 차량의 이미지는 배경이 날아가

섀도가 없는 장표

섀도가 있는 장표

❶ 섀도 효과를 위해 Remove.bg를 거쳐 온 이미지

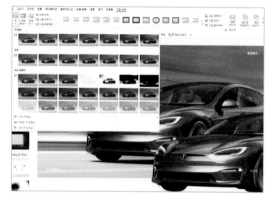

❷ '투명도'와 '흐리게'를 조절

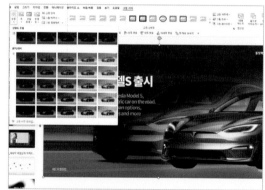

❸ 배경이 되는 이미지를 흑백으로 변경

❹ 밝기/대비에서 보다 어둡게 조절 가능

있는 것이 아닙니다. 그래서 저는 Remove에 들어가 배경을 날려 왔습니다. 즉 같은 위치에 사진 2장이 위치해 있는데 한 장은 배경이 날아간 것이고, 한 장은 원본 그대로의 이미지이죠. 섀도 효과를 주기 위해서는 배경이 날아간 사진이 있어야 하므로 본 작업을 한 번 거쳤습니다.❶

섀도 값 설정은 '흰색, 투명도 42%, 흐리게 100pt'입니다. 첫 번째 예시와 투명도가 다르죠(아까는 30%였습니다). 말씀드렸다시피, 투명도 부분은 여러분이 직접 눈으로 그 효과를 확인하시면서 Bar의 이동을 통해

조절해 주시면 됩니다. 정확히 정해져 있는 값이 있는 건 아닙니다. 섀도가 너무 크게 들어가게 되면 그것 또한 주객전도의 상황이 될 수 있으니 20~40% 사이를 유지하는 것이 경험상 좋다고 말씀드릴 수 있겠습니다.❷

첫 번째 예시와 한 가지 다른 점이 있는데요. 바로 원본 이미지의 색상입니다. 흰색 섀도는 배경색이 어두울수록 그 효과를 발휘한다고 말씀드렸습니다. 원본의 배경은 너무 밝아, 섀도 효과를 충분히 느끼기가 어려웠죠. 그래서 원본 사진의 컬러 자체를 바꿔 버렸습니다.❸

색에 들어가 사진 자체를 회색조로 바꾸고 '밝기/대비'에서 밝기를 -40% 수준으로 만들어 줬습니다. 이렇게 하면 원본보다 훨씬 어두워짐은 물론 컬러 자체가 블랙으로 바뀌게 되죠. 그렇게 함으로 인해 어두운 (블랙에 가까운) 배경을 만들어 낼 수 있는 것입니다.❹

이렇게 해도 괜찮은 이유는요. 현재 자동차와 배경의 레이어가 분리되어 있기 때문입니다. 배경을 아무리 회색조로 바꾸고 밝기를 어둡게 하더라도 두 번째 레이어에 있는 자동차의 원래 컬러에는 아무런 영향

레이어(layer)?

레이어는 '층'이라는 뜻으로 이미지를 편집하거나 그림을 그리는 용도의 프로그램에 주로 탑재되어 있는 핵심 기능 중 하나입니다. 레이어 기능은 한 장의 페이지에 그림을 그리는 아날로그 방식이 아니라, 마음대로 늘릴 수 있는 여러 장의 페이지를 갖고 나중에 결과적으로 한 장으로 보여 주게 하는 기능인데요. 각 레이어를 분할하여 여러 그림이나 이미지들을 간단히 배경에 덧씌우게 만들거나, 분리된 상태의 레이어라면 언제든 배경과 메인의 이미지를 따로따로 손쉽게 수정할 수 있습니다.

을 미치지 않습니다. 오히려 두 번째 레이어에 있는 자동차에 적용된 흰색 섀도가 더 돋보일 뿐이죠.

이번 원칙에서는 그림 효과 중 '그림자'에 대해 설명드렸습니다만, 한 가지 '반사 효과', '네온' 같은 효과는 최대한 사용을 피해 주시기 바랍니다. 그림 효과에서는 '그림자', '부드러운 가장자리' 이 두 개를 제외하고는 현장의 프로들이 거의 사용하는 경우를 보지 못했습니다. 저 자신도 그렇고요. 쓰는 게 어려워서 그러는 것이 아니라 요즘 트렌드에 맞지 않기 때문입니다. 촌스러워집니다.

지금까지 후광 효과를 넣을 수 있는 섀도 적용법에 대해 알아봤습니다. 과정이 아주 간단하기 때문에 여러분도 바로 실전에 사용하실 수 있습니다.

1 이미지를 고급스럽게 만들고 싶다면 '배경 날리기'와 '섀도'를 적극 활용하자.
2 이미지 효과에서 '그림자 효과', '부드러운 가장자리'를 제외하고는 최대한 사용을 피하자.
3 메인 개체(자동차 등)는 그대로 놔 두고 배경만 어둡게 하기 위해서는 레이어를 분리하면 된다.

보고서 '디자인' 완전격파 원칙

37

상상력은 현실이 된다

이번 원칙에서는 상상력을 조금만 발휘하면 PPT가 얼마나 효과적인 설득의 툴이 될 수 있는지에 대해 설명드리도록 하겠습니다.

PPT 디자인을 하는 이유가 뭘까요? 그냥 보여 줘도 되는데 말이죠. PPT 디자인을 하는 이유는 같은 전달 내용이라 할지라도 조금 더 설득되도록, 조금 더 상대의 뇌리에 박히도록 장치를 심어 주는 것과 같습니다. 성공확률을 높이는 작업입니다. 그 차이는 당신의 상상력 그리고 창의력의 차이입니다. 같은 내용이라도 조금은 더 창의적인 전달 장치나 방식을 사용하면 설득력을 높일 수 있거든요.

● 듣는 사람의 상상력을 구현해 주는 장치가 필요하다

당신이 광고회사의 AE(Account Executive, 기획)라고 가정하겠습니다. 극장에 광고를 집행하려고 하는 광고주에게 시안을 보여 줘야 하는 PT 자리입니다. 이때 당신 같으면 그 영상을 어떻게 보여 주시겠습니까?

뒤 페이지의 두 예시와 같이 그냥 영상을 전체 화면으로 플레이해, 보여줄 겁니다. 이것이 잘못된 방식이라고 말씀드리는 것이 절대 아닙니다. 가장 정석이죠. 가장 리스크가 없는 방식입니다. 하지만 생각해 보

영상을 보여 줄 때, 전체 화면을 사용하는 일반적인 경우
(출처: 레모나)

영상을 보여 줄 때, 전체 화면을 사용하는 일반적인 경우
(출처: 레모나)

자고요. 이번 광고의 매체는 어디인가요? 바로 '극장'입니다. 극장에서 사람들이 보는 광고라는 겁니다. 이걸 위 장표처럼 전체 화면으로 띄워 놓고 사람들로 하여금 극장에서 플레이되는 것을 상상해 주길 기대한다면 조금은 과도한 희망일지도 모릅니다. PT 자리라는 것은요. 여러분에게는 극도로 능동적인 자리일지 몰라도, 듣는 사람 입장에서는 극도로 수동적인 자리입니다. 즉 사람들은 상상력을 스스로 발휘하지 않습니다. 극장이라면 극장에서 플레이되는 것처럼 장치를 심어 줘야 합니다. 아래 장표를 함께 보겠습니다.

일종의 목업(Mock Up)입니다. 이렇게 보여 주는 것이 전체 화면으로 영상을 보여 주는 것보다 훨씬 '극장이라는 것'을 상상하기 쉽습니다. 이

극장 광고라는 것을 보다 잘 보여 주기 위한 장치

극장 광고라는 것을 보다 잘 보여 주기 위한 장치

단지 극장 이미지 하나를
올려 놓는 것만으로도 효과는
극대화된다.

렇게 하면 영상이 너무 작아지는 것 아니냐고 걱정하는 분들이 계실 수
있습니다. 하지만 당신이 PT를 하는 자리는 보통 매우 큰 화면을 통해
PT가 이루어지기 때문에, 내용을 전달하는 데 있어서 아무런 문제가 없
습니다. 또한 광고 시안이라는 것은 한 번만 보여 주고 끝내는 경우는 거
의 없고 3~5회 정도 반복해서 보여 주는 것이 일반적입니다. 그러니 처
음은 이렇게 보여 주고 나중에 가서는 전체 화면으로 보여 주는 등 장치
를 혼용해도 되겠죠.

저 극장 이미지는 구글(Google)에서 검색어 'Movie Theater png,

그림자 효과를 적용, 더 현실감 있게

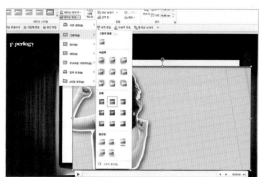

안쪽 그림자를 적용하면 옴폭 파인 것 같은 효과 적용 가능

Movie Theater Mock up' 등으로 매우 쉽게 구할 수 있습니다. 그리고 그 위에 흰색 부분에 영상을 배치하면 끝나는 일입니다. 너무나도 간단한 방법입니다.

자세히 보시면 영상의 윗부분에 그림자가 들어가 있는 게 보이실 겁니다. 조금 더 현실감을 살리기 위해, 진짜 극장에서 플레이되는 것처럼 보여 주기 위해서 그림자 효과를 사용하는 것은 좋은 방법입니다. 비디오도 사진처럼 동일한 효과를 주는 것이 가능합니다.

비디오를 더블클릭하면 나타나는 '비디오 효과'에 들어가 '그림자 - 안쪽 위쪽 그림자'를 클릭해 주시면 됩니다. 그러면 마치 영상이 화면 안에 박혀 있는 듯한 효과를 나타낼 수 있습니다.

'앱'의 구동 방식을 소개할 때도 마찬가지입니다. 예를 들어 스타벅스의 사이렌오더가 진행되는 방식에 대해 소개하는 자리가 있다고 칩시다. 이때 스틸 컷을 보여 주는 것도 방법이 되지만, 실제 앱이 구동되는 것을 영상으로 보여 주는 것이 훨씬 효과적이겠죠? 여러분의 스마트폰은 화면녹화 기능이 다 있으므로 그 기능도 잘 활용하시면 좋습니다.

그리고 그 영상을 PPT상에 올릴 때, 아래와 같이 그냥 영상만 올려 놓는 것이 좋을지, 휴대폰 프레임 안에서 영상이 돌아가게 보여 주는 방

앱 구동 방식 소개 페이지

그냥 동영상만 올려 놓는 경우

식이 더 좋을지는 지금 이 두 장의 장표만 비교해 보셔도 바로 아실 겁니다. 게다가 이렇게 만드는 데 있어서 굉장한 시간이 더 소모되거나 고급 스킬이 필요하거나 하는 것이 아니죠. 구글에서 'iphone png, iphone mock up' 등으로 검색하면 금방 찾을 수 있거든요.

기억해 주세요. PPT 발표 자리에서 설명을 듣는 사람들은 능동적인 입장이 되기 힘듭니다. 상상력을 발휘한다는 것은 엄청난 칼로리가 소모되는 힘든 뇌의 활동입니다. 그걸 여러분이 최대한 현실과 가깝게, 극장 광고면 극장에서 플레이되는 것처럼, 앱 구동 소개라면 실제로 휴대폰에서 돌아가는 것처럼 시각적으로 보여 주시기 바랍니다. 이것은 PT의 필승 전략입니다.

---

1 듣는 사람의 상상력을 구현해 주자.
2 목업(Mock Up) 이미지들을 잘 활용하자.
3 PPT 디자인의 답은 우리 현실에 있다.

38

세상이 바뀌었는데
아직도 아이콘?

적절한 이모지 활용 예시

위 네 장의 PPT 장표에서 공통점을 찾으셨습니까? 특별한 요소는 없는 것 같아 보이는데, 장표가 안정적일 뿐만 아니라 트렌디해 보이는 이유는 뭘까요? 바로 '이모지' 때문입니다. 당신이 어느 회사 어느 조직에 있

든지 간에 PPT라는 것을 만든다고 하면 일단 기획자라고 볼 수가 있는
데요. 그런 사람들이 구시대적 PPT 제작 방식에 머물러 있다는 것은
좋지 않다고 생각합니다.

대표적으로 이런 것들이 있습니다. 쓰지 말아야 할 예시이죠. 아래
와 같은 그림을 '아이콘'이라고 하는데요. 특히 세련되지 않은 디자인의
아이콘은 최대한 쓰지 말아야 한다고 생각합니다. 이런 류의 퀄리티 낮
은 아이콘이 들어가는 순간, PPT의 전체적인 미적 감각을 망쳐 버리기

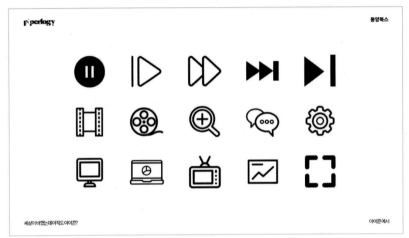

부적합한 아이콘 예시

적합한 아이콘 예시

십상입니다. 물론 아이콘 자체를 100% 배제하자는 이야기를 드리는 것은 아닙니다.

개중에는 잘 만들어진 아이콘도 분명히 존재합니다. 혹은 애플처럼 본인들이 전달하고자 하는 메시지와 꼭 맞는 아이콘을 직접 제작해서 쓰는 방법도 존재하죠.

PPT에서 우리도 아이콘을 만들어 낼 수 있습니다. 다만 시간이 너무 오래 걸립니다. 그래서 추천드리는 방향은 아닙니다. 시간만 오래 걸리고 위 애플 예시처럼 좋은 퀄리티가 나오기 힘들거든요.

우리가 구글에서 검색해 얻는 아이콘들은 우리 상황에 정확하게 꼭 맞춰 제작된 것들이 아닙니다. 최대한 많은 사람이 쓰도록 범용으로 만들어져 있기 때문에 에지가 없습니다.

좋은 아이콘이 있다면 적재적소에 사용하는 것은 좋은 방법입니다. 하지만 우리 이제는 일정 지분을 이모지 쪽에 넘겨 주자고요. 이모지는 아이콘보다 미적으로 뛰어난 제작물들이며, 사용하는 것 자체로도 트렌디합니다.

● 이모지는 어디서 구할 수 있을까?

다행스럽게도 세상의 모든 이미지를 무료로 제공하는 웹사이트가 있습니다. 바로 '이모지피디아'라는 곳입니다. 구글에서 'emojipedia'를 검색하시거나, emojipedia.org로 접속하시면 됩니다.

아래의 오른쪽 화면은 이모지피디아에서 'watermelon(수박)'으로 검색한 결과입니다. 이 사이트의 최대 장점으로는 두 가지가 있는데요. 하나는 애플, 구글, 삼성, 마이크로소프트, 와츠앱, 트위터, 페이스북, 스카이프 등 현존하는 거의 모든 서비스에서 제작한 이모지들을 빠짐없이 제공해 준다는 점입니다. 디자인 선택의 요소가 넓어지죠. 당신의 취향에 맞는 것을 골라 써 주시면 되는 것입니다.

다른 하나는 배경이 날아가 있는 이미지를 제공해 준다는 것입니다. 원하는 이미지에서 마우스 우클릭 후 저장을 하면, 배경이 날아가 있는 이미지로 저장이 됩니다. 즉 PPT에 올려 사용할 때 사용의 자유도가 매우 높아집니다. 이 두 가지 장점만 보더라도 이 사이트를 이용하지 않을 이유가 없습니다.

뒤 페이지의 왼쪽 장표를 봐 주세요. 여기에서 이모지를 하나 추가하는 것만으로도 얼마나 장표가 트렌디해지고 생동감이 생기게 되는지

이모지피디아 접속 화면

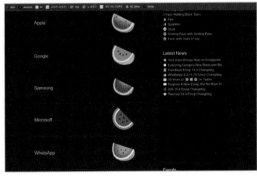

이모지피디아에서 '수박'을 검색한 결과

이모지가 없는 장표 예시

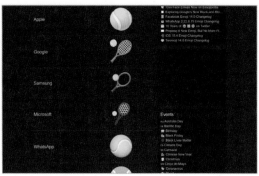

이모지피디아에서 '테니스'를 검색한 결과

보여 드리도록 하겠습니다. 먼저 이 내용은 테니스와 관련된 내용이므로 '이모지피디아'에 들어가 'Tennis'로 검색을 합니다.

개인적으로 애플에서 제작한 이모지를 가장 선호하는 편이기 때문에 그것을 이미지로 저장해 PPT 위에 올려 보겠습니다. 그런데 꼭 이미지를 폴더에 저장한 후 올려 놓을 필요 없이 '이미지 복사❶ 후 PPT 위에 붙여넣기'를 해도 됩니다. 이 편이 훨씬 간편하죠.

붙여넣기를 완료했습니다.❷ 이제 적당한 위치에 배치하도록 하겠습니다.

배치가 끝났습니다.❸ 이모지가 없던 장표와 비교하면 훨씬 생동감이 있고 트렌드가 살아 있음을 느끼실 수 있으실 겁니다. 이모지 배치에 있어서 주의할 점은 텍스트보다 과도하게 크거나 작으면 안 된다는 겁니다. 우리 일상에 힌트가 있다고 말씀드렸습니다. 일상에서 익숙한 것을 PPT에 적용했을 때 '와우 포인트(Wow Point)'가 생기는 것입니다. 우리 일상에서 쓰는 이모지의 크기가 어떠한가요? 텍스트의 크기와 그 높이가 비슷합니다. 그래서 PPT에서도 이모지를 쓸 때는 텍스트의 크기와 위아래를 맞춰 주는 것이 가장 자연스럽고 보기에도 편합니다.

● 와우 포인트
고객이 감탄해할 만한 제품 혹은 서비스

❶ 적절한 이모지를 복사

❷ 복사한 이모지를 PPT에
붙여넣기

❸ 이모지를 적절한 크기로
배치

이모지 활용의 좋은 예

이 장표도 마찬가지였죠. 'PPT는 디자인보다 내용이 더 중요하다' 라는 메시지를 전달하고 싶은 장표인데요. 그래서 뽑은 키센텐스(key sentence) '피피티의 꽃은 내용'이라는 부분에서 '꽃'을 이모지로 대체했습니다. 마치 우리가 평소에 문자를 쓰는 것과 같은 방식으로요! 저 '꽃' 이모지는 주변의 텍스트보다 크거나 작지 않습니다. 같은 크기죠. 이렇듯 이모지는 텍스트 안에 묻어 들어가야 가장 큰 존재 가치를 발휘합니다.

우리가 검색을 통해 찾을 수 있는 비주얼 요소의 퀄리티 측면에서 이모지와 아이콘만 놓고 비교해 보면요. 이모지 쪽이 압도적으로 고급스럽습니다. 말씀드렸다시피 트렌드에 맞기도 하고요. 이제부터 PPT를 만드실 때, '아, 이 부분에 아이콘 넣어야지!'보다 '이모지 넣어야지!' 쪽으로 생각을 확장해 주시면 좋겠습니다.

SUMMARIZE
3

1 아이콘만 찾는 것은 구세대의 관습에 불과하다.
2 이모지를 쓰는 것만으로 트렌디함과 퀄리티,
   두 마리 토끼를 잡을 수 있다.
3 이모지의 크기는 주변의 텍스트 크기와 높이를 맞춰 주자.

39 강조의 모든 것

우리 모두 강조병에 걸려 있다고 해도 과언은 아닐 것입니다. 저도 마찬가지죠. 현대 사회를 살아가는 우리들은 하루에도 몇백 개가 넘는 메시지들에 시달리며 살고 있습니다. 옥외 광고물, 온라인 광고, TV 광고, 상사의 잔소리, 지인의 조언, 이런 저런 책들까지 각자 자신의 목소리를 기억해 줬으면 하는 마음에 첨단의 강조 기법들을 사용하고 있습니다. 우리는 당하는 입장일 뿐만 아니라 하는 입장이기도 하죠. 우리의 목소리, 우리의 메시지를 상대방에게 전달해야 하니까요.

문제는 강조의 방법입니다. 강조의 방법이 잘못되면, 설득이 되는 건 고사하고 상대방에게 불쾌감을 줄 수도 있습니다. 스팸문자들, 스팸메일들을 보고 불쾌감이 드는 이유는 '강조의 방법'이 잘못됐기 때문입니다.

자, 우리 PPT에서만큼은 그러지 말자고요! 우리 조금은 더 세련된 방법으로 강조를 하자고요!

그래서 이번 원칙 '강조의 모든 것'에서는 당신이 해야 할 강조 방법, 하지 말아야 할 강조 방법에 대해 정리해 드리는 시간을 가져 보도록 하겠습니다.

● 하지 말아야 할 강조

'강조는 빨간색으로 해야 한다!' 이런 강박관념에 사로잡힌 사람이 굉장히 많습니다. 하지만 지금 분명히 말씀드리건대, 이건 좋은 방법이 아닙니다. 앞에서도 말씀드렸던 것처럼 레드 컬러(Red Color)는 눈에 띄긴 하지만, 긍정적 의미보다는 부정적 의미를 많이 내포하고 있습니다. '경고, 위험' 등의 부정적 의미를 내포하기에 우리가 PPT에서 강조의 컬러로 사용하기에 적합하지는 않죠. 보통 우리가 강조하고 싶은 메시지는 긍정의 의미를 담는 경우가 압도적으로 많기 때문입니다. "XX를 절대 하지 마라."라는 메시지가 있다면 그때는 레드 컬러를 사용해도 될지 모르겠습니다만 보편적으로는 아닙니다.

● 해야 할 강조 - 두께

아래 장표에서 제가 강조하고 싶은 키워드 두 개는 '슬랭'과 '생존 능력'입니다. 이 경우 두께감의 차이만으로도 충분히 강조의 효과를 볼 수 있습니다. 상대적으로 그 두 개의 키워드는 두껍게, 나머지 부분은 얇게 처리하는 것입니다. 다만 이때, 'Ctrl+B'로 두께감을 주는 것이 아닙니다. 그것은 폰트 디자이너가 제작한 폰트에 임의적으로 스트로크를 주는 것이기 때문에 디자인의 의도가 사라질 뿐만 아니라 아름답지도 않고 또 두

부적절한 강조 예시

두께를 통한 강조

께감의 차이를 극적으로 표현할 수도 없습니다.

위의 장표에서 '슬랭은 곧 생존 능력이다'라는 타이틀 부분은 'HG
꼬딕씨'라는 폰트를 사용해 제작되었습니다. 이 폰트는 총 6개의 두께를
제공합니다. 00, 20, 40, 60, 80, 99 이렇게요. 두꺼운 부분은 99로 처리
하였고, 얇은 부분은 40으로 처리하였습니다. 중요한 건 당신이 애초에
이런 폰트, 이렇게 다양한 두께를 제공하는 폰트를 메인으로 선정해야
한다는 것입니다. 저 자신도 Ctrl+B로 글자를 두껍게 만드는 기능은 언
제 사용했는지 기억이 나지 않을 정도로 안 쓰고 있습니다. 이런 디테일
의 차이가 결과물에 있어서 큰 차별화를 만들어 줍니다.

● 해야 할 강조 - 마침표

뒤 페이지의 왼쪽 장표를 보시면, 마침표 부분이 다른 컬러로 되어 있는
게 보이실 거예요. 이것 또한 아주 좋은 강조의 방법이 됩니다. 마침표에
포인트 컬러를 찍어 주면, 그 문장 전체가 강조되어 보이는 효과가 있죠.
최소한의 포인트 변화로 강조를 할 수 있으니까요. '날 좀 봐 주세요!'라
고 하는 바겐세일형 강조보다는 알아서 찾아올 수 있게 하는 '명품숍' 강
조법이 더 좋습니다. 이게 바로 그 적절한 예시라고 생각합니다.

마침표 컬러를 다르게 하는 강조 기법   마침표 컬러 사용 및 Z자형 레이아웃 활용

마침표를 다른 컬러로 사용할 때, 어떤 컬러를 사용하는 것이 좋냐면, 일단 그 장표에 있는 포인트 컬러를 가져다 쓰는 것이 좋습니다. 지금은 '싸가지 없는 영어책'이라는 타이틀 컬러를 그대로 썼죠. 스포이트 기능을 활용해 찍은 것뿐입니다. 하지만 포인트 컬러를 참고할 수 없는 경우도 있습니다. 이미지 없이 텍스트만 들어가 있는 경우가 대표적이죠. 이럴 땐 마침표 부분 정도는 레드 컬러를 사용하시는 게 좋습니다. 마침표 부분에 쓰는 레드 컬러는 괜찮습니다.

위의 오른쪽 장표는 실제 PT에 들어갔던 기획서 중 '간지'에 해당하는 부분인데요. 일단 텍스트가 Z형 시선 흐름에 따라 배치되어 있습니다. 그리고 가장 강조하고 싶은 부분인 '습관이 된 노력을 실력이라 부른다'에 붉은색으로 마침표를 찍었습니다. 그러면 자연스럽게 저 부분이 가장 강조되면서 사람들의 주목을 끌 수 있습니다. 저 문장 전체가 빨간색으로 되어 있다고 생각해 보세요. 너무나도 불편합니다.

● 해야 할 강조 - 형광펜

또 하나 좋은 강조 수단은 '형광펜'입니다. 이것 또한 우리 일상생활에서 가져온 아이디어죠. 책을 읽을 때나 공부를 할 때 우리는 강조하고 싶은

❶ 형광펜을 활용한 강조 기법

❷ 형광펜 효과는 이미지 파일로도 가능

❸ 파워포인트 안에 있는 형광펜 칠하기를 통해서도 가능

❹ 파워포인트 내 형광펜 기능 활용 예시

부분, 기억하고 싶은 부분을 형광펜으로 칠해 놓습니다. 파워포인트에서도 똑같이 할 수가 있습니다. 형광펜을 칠하는 방법에는 두 가지가 있습니다. 하나는 이미지를 사용하는 것입니다. 구글에서 'Liner png' 등으로 검색하게 되면, 배경이 없는 형광펜 이미지를 다양한 컬러로 얻으실 수가 있습니다. 혹시 배경이 있다고 하더라도 리무브에 들어가 배경을 날리면 되기 때문에 구애받지는 마시기 바랍니다.

그 형광펜 이미지를 글자 뒤에 배치(맨 뒤로 보내기)한 뒤 텍스트의 높낮이에 맞게 사이즈 조절을 해 주세요. 그러면 끝입니다. 또한, 파워포인트 자체에도 형광펜을 칠할 수 있는 기능이 있습니다.

그리기 탭에 들어가면 지우개부터 펜, 형광펜 등까지 도구를 선택할 수가 있습니다. 여기에서 형광펜을 선택해 당신이 원하는 컬러와 두께를 선택해 주시면 됩니다.

앞 페이지의 ❸번 장표가 파워포인트 안에 있는 형광펜 기능을 사용해 칠해 놓은 것입니다. 상당히 쓸 만한 기능이므로 형광펜으로 텍스트를 강조하고 싶으실 때 사용하시길 추천드립니다.

● 해야 할 강조 - 조명

조명 효과를 통한 강조 역시 일상생활에서 가져올 수 있는 좋은 아이디어이며 매우 효과적입니다. 우리는 무언가를 강조하고 싶을 때, 그 부분에 스포트라이트를 주기 위한 목적으로 조명을 활용합니다. 파워포인트에서도 유사한 효과를 줄 수 있습니다. 아래 두 장의 장표를 비교해 보면, 오른쪽이 왼쪽에 비해 센터 영역에 스포트라이트가 비춰져 있는 것을 볼 수가 있습니다. 따로 조명 효과가 있는 것은 아니지만 도형 두 개를 활용해 표현할 수 있습니다.

먼저 사각 도형 두 개를 준비합니다. 그리고 위 아래로 하나씩 배치해 놓습니다. 그런 다음 조명 효과를 볼 수 있도록 그러데이션을 넣습니다. 중지점은 3~4개로 만든 뒤 각 중지점의 투명도를 조절해 줍니다. 센터에 가장 가까운 중지점에는 투명도를 100%로 설정해 주셔야 합니다.

조명이 적용되지 않은 장표

조명이 적용된 장표

그러데이션 사각 도형을
통해 조명효과를 줄 수 있다.

위의 예시에서는 투명도가 중지점 순서대로 '0-90-73%'로 설정되어 있습니다. 센터에 가까운 중지점만 투명도 100%로 하는 것 외에 다른 부분은 여러분이 자유롭게 하시면 됩니다. 단, 하단(위 도형의 경우에는 반대)에 가까울수록 점점 어두워져야 하겠죠. 그래야 그러데이션이 의미가 있으니까요.

이 도형을 상하에 하나씩 총 2개를 배치하면 끝입니다. 상 혹은 하에 도형을 만들어 놓고 반대쪽은 도형을 뒤집어 사용하면 됩니다. 굳이 2개를 따로따로 작업하는 것보다 훨씬 더 시간을 절약할 수 있습니다.

● 해야 할 강조 - 이모지

이모지 또한 좋은 강조의 역할을 해 줍니다.

뒤 페이지의 예시 장표를 보시면 '슬랭은 곧 생존 능력이다'에서 생존 능력을 나타내 주는 이모지를 하나 배치했습니다. '불'은 곧 '생존 능력'을 의미하는 이모지입니다. 이는 '이모지피디아'라는 사이트에서 쉽게 구할 수 있습니다.

이모지를 쓸 때는 텍스트와 나란히 배치하는 것이 좋고, 텍스트보다 크기가 작거나 큰 것보다는 텍스트와 동일한 높이를 가지는 것이 자연

스럽습니다. 이렇게 이모지를 하나 배치해 놓는 것만으로도 강조의 효과가 매우 커집니다.

이처럼 강조할 수 있는 방법은 많습니다. 지금 소개해 드린 방법 외에도 얼마든지 당신의 상상력을 발휘할 수 있는 부분입니다. 그렇게 할 수 있는 상황인데 더 이상 레드 컬러! 크게! 강하게! 이렇게 강조할 필요가 없다는 점 이제 아시겠죠? 오히려 그런 방식의 강조는 반감을 불러일으키기 쉽습니다. 강조는 억지로 하는 것이 아니라 눈길을 끄는 것이라는 걸 기억해 주세요.

1 글자를 빨간색으로 하거나, 크게 하는 것은 좋은 강조의 방법이 아니다.
2 강조는 억지로 한다고 되지 않는다.
   자연스럽게 눈길을 끄는 것이 좋은 강조다.
3 글자 두께, 마침표 컬러, 형광펜, 조명, 이모지 등을 활용해
   세련된 강조를 하자.

보고서 '디자인' 완전격파 원칙

40 PPT 안에 보조발표자를 넣을 수 있다고?

흔한 표현으로 '백지장도 맞들면 낫다'라는 말이 있습니다. 이 말은 진리죠. PT 역시 보조 발표자가 있으면 훨씬 낫습니다. 실제 인간 보조자가 있으면 가장 좋겠지만, 그런 사람을 구하는 것은 쉬운 일이 아니죠. 그래서 이번 원칙에서는 가상의 보조 발표자를 PPT 안에 넣을 수 있는 방법에 대해 알려 드리도록 하겠습니다.

당신의 휴대폰에는 기종에 상관없이 '나만의 이모지'를 만들 수 있는 기능이 있습니다. 얼굴형, 머리, 눈썹, 안경 등의 액세서리는 물론 옷까지 굉장히 디테일하게 설정할 수가 있죠. 그 기능을 활용해 이번 발표와

나만의 이모지 만들기에서 캐릭터 제작

어울리는 인물을 창조하시면 됩니다. 예를 들어 이번 발표가 '록페스티벌'에 관련된 내용이라고 합시다. 그렇다면 나만의 이모지를 통해 로커 한 명을 창조할 수가 있는 것입니다. 당신이 상상하는 대로 창조해 내시면 됩니다.

'나만의 이모지'를 통해 제작하자고 말씀드리는 이유는 이모지가 다양한 표정을 지을 수 있기 때문입니다. 이모지는 내 표정을 그대로 따라 해 주기 때문에, 이번 발표에 어울리는 표정을 몇십 장, 몇백 장이고 얼마든지 찍어 낼 수가 있습니다.

● 이번 내 PT에 꼭 맞는 표정 지어 보기

이모지를 다 만드셨다면 이제 표정을 지어 볼 차례입니다. 아래에 보편적인 예시를 몇 개 가져와 봤습니다. '걱정입니다.'라는 말을 받쳐 주기 위한 걱정되는 표정, '시작합니다!'라는 말을 받쳐 주기 위한 기대감 있는 표정 등 당신의 PT에 쓸 만한 표정들을 10개 정도 지어, 화면을 캡처해 사용하시면 됩니다. 마찬가지로 배경을 날려서 쓰는 것이 자유도가 훨씬 높아지기 때문에 캡처한 사진들은 리무브(Remove) 같은 사이트에서 배경을 날려 주시기 바랍니다.

다양한 표정의 캐릭터 창출

캐릭터가 활용되지 않은 경우　　　　　　캐릭터를 활용한 경우

● 직접 내 PPT에 적용해 보기

십여 개의 다양한 표정의 이모지를 확보하셨다면 이제 PPT의 적재적소
에 적용해 볼 시간입니다. 위의 오른쪽 장표를 보시면, 사방에 못을 박
으면 안정감이 200% 향상된다는 말 아래 자신감 넘치는, 확신에 가득찬
이모지를 사용함으로써 장표 전체에 활력을 불어넣어 주고 있습니다.
같은 내용의 장표임에도 불구하고, 저 보조 발표자가 있는 경우와 없는
경우는 생동감 측면에서 매우 큰 차이가 납니다.

아래의 왼쪽 장표도 마찬가지죠. 툴바 세팅이 빠른 자료 작성을 위
한 첫걸음이라는 말을 해 주고 있는데, 텍스트만 있으니 약간은 차가운
느낌이 듭니다. 물론 당신이 하는 PT의 주제가 조금은 무겁고 진중한

캐릭터를 활용하지 않은 경우　　　　　　캐릭터를 활용한 경우

주제라면, 보조 발표자를 넣지 않아도 됩니다. 하지만 친근감이 필요한 경우라면 있는 편이 훨씬 낫습니다. 모든 페이지에 적용하라는 것은 아니고 적재적소에 사용해 주시면 됩니다.

1 보조 발표자 삽입은 내 PT의 분위기를 한층 밝게 해 준다.

2 휴대폰에 있는 '나만의 이모지'를 활용하면,
다양한 표정의 인물을 넣을 수 있다.

3 단, 너무 무거운 주제의 PT보다는 일반적인 경우에 적극 활용하자.

41 선만 잘 써도
PPT 디자인은 끝이다

제품의 특장점을 설명하는 PPT에 이런 문장이 있습니다. '섞어서 흔들면 3초 만에 완성!' 이걸 표현할 때 당신은 어떻게 하시겠습니까? '섞어서 흔들면 → 완성'이 되므로 저 두 키워드를 각각 사각 도형으로 감싼 뒤, 화살표로 연결해 화살표 위에 3초 만에 완성! 이런 식으로 하는 경우가 일반적이죠. 이걸 우리는 도식화라고 부릅니다. 자 그런데, 우리 한번 생각해 보자고요. 엄밀히 말해 우리가 사각 도형을 쓰고 원 도형을 쓰고 그것을 화살표로 연결하는 등의 도식화는 어찌 보면 불필요한 행동이 아닐까요. 분명히 이런 도식화가 필요한 내용이 있습니다. 그것까지 부정하지는 않겠습니다. 하지만 우리는 지금 도식화를 해야 한다는 강박 때문에 과도하게 도형들을 사용하고 있습니다.

제가 말씀드리고자 하는 내용은요, 사실 거의 모든 PPT에서 '선' 하나만 잘 써도 대부분의 상황은 해결된다는 것입니다. 심지어 그 편이 훨씬 심플하고 예쁘죠. 온갖 도형들이 덕지덕지 들어가 있는 장표는 생각만 해도 머리가 아파집니다.

이번 원칙에서는 어떤 선을 어떻게 써야 효과적이고 장표가 아름답게 보일 수 있을지에 대해 살펴보도록 하겠습니다.

● 선은 시간의 흐름이다

선을 통해 시간의 흐름을 나타냄

'섞어서 흔들면, 3초 만에 100% 완성'이라는 문장을 예시로 들고 있습니다. 사건의 순서대로 분리해 보자면 첫 번째 이벤트가 '섞어서 흔드는 것'이고, 두 번째 이벤트는 '3초 만에 완성된다는 것'입니다. 이럴 때 굳이 사각 도형과 화살표로 도식화를 할 필요가 없습니다. 위와 같이 선 하나만 있으면 해결됩니다. 인간의 시선은 자연스럽게 좌에서 우로 흐르게 되기 때문에 첫 번째 이벤트를 좌측에 배치하는 것만으로도 그 의미가 전달됩니다. 굳이 화살표를 쓰지 않아도 왼쪽에 있는 개체가 첫 번째 이벤트라는 것을 사람들은 인지할 수 있죠. 위 장표는 32:9로 넓게 와이드 화면을 쓰면서 좌우로 장표를 이동시키는 이동 기법을 사용하고 있는데, 이것에 대해서는 원칙 64를 참고 바랍니다.

선을 통해 다음 페이지로 연결

선을 통해 다음 페이지로부터 연결

물론 '선'은 기본 선을 쓰면 안 됩니다. 그럼 성의 없어 보일 뿐, 심플하다는 인상을 주기는 힘들거든요. 위 장표에 사용된 선은 어떤 설정으로 되어 있는지 한번 보시겠습니다.

그러데이션 선입니다. 중지점은 4개가 있습니다. 가운데 두 중지점은 흰색이고 가장자리는 배경색과 같은 색(검은색)입니다. 이게 무엇을 의미하냐면요. 양 끝 가장자리가 배경에 녹아들도록 중지점을 설계함으로써 딱딱하게 끊어진 느낌보다는 연결된 느낌을 줄 수 있습니다. 배경색이 초록색이었다면, 양 끝을 배경 컬러와 똑같은 초록색으로 처리해 주면 위와 같은 느낌을 줄 수 있습니다. 선 너비에 대해서는 상황마다 다르지만, 저는 1pt~1.25pt를 가장 선호합니다. 이것보다 얇으면 선이 잘 인지되지 않고, 이것보다 두꺼우면 선이 너무 튀어 제 역할을 오버하게 됩니다.

선은 좌우로만 쓸 수 있는 게 아니죠. 상하로도 쓸 수 있습니다. 장표가 두 장이라면, '전환 기능'을 '위에서 아래로'로 설정해 주시면 물 흘러가듯 부드럽게 연결(선이 하나로 보이게)할 수 있습니다. 그리고 사건의 흐름을 표현할 수 있는 것은 좌우형도 있지만 상하형도 있습니다. 위에서 아래로 흐르는 것에 대해 사람들은 당연히 그것을 사건의 순서라고 인

위로부터 아래로 선을 적용

위로부터 연결되는 선

한 페이지로 나타내면 극적이지 않다.

연혁의 경우도 선 하나로 표현 가능

식합니다. 굳이 여기에 화살표를 써서 표시해 줄 필요가 없는 것이죠. 화살표는 그와 반대되는 상황인, 우에서 좌로 혹은 아래에서 위로 흘러가는 경우에 필요합니다. 그럴 땐 우리 의식의 흐름과 역행하기 때문에 화살표로 인지시켜 줄 필요성이 있습니다.

한 페이지로 표현해 낼 수도 있겠지만, '선'이라는 장치가 없기 때문에 극적이지 않습니다. 일반적인 장표라면 선조차 없어도 됩니다만, 만약 그 내용이 제품의 가장 중요한 특장점이었다면 좀 더 극적으로 보여줄 장치가 필요합니다.

연혁을 나타내는 장표를 만든다고 가정해 보겠습니다. 이런 경우 도형을 써 버리면, 무려 최소 10개가 넘는 박스를 써야 합니다. 저는 절대

도형을 절제하면 아름다워지는 PPT 디자인 **원을 활용한 간단한 구분**

적으로 반대합니다. 선 하나만으로 끝낼 수가 있는데, 왜 도형을 써야 하는지 우리 스스로 돌이켜 보면 좋겠습니다.

　위의 장표에 사용한 선도 중지점 4개에 각 끝을 배경색과 통일함으로써 그러데이션 효과를 줬습니다. 그리고 연혁인 만큼 각 연도를 구분해 줄 필요가 있어, 각 연도에 작은 원을 사용하여 구분해 줬습니다.

　이 원은 일반 원 도형으로 원을 선 색과 같은 흰색으로 채우고, 테두리선을 없애 줬습니다. 심플을 지향한 것이죠. PPT에서는 요소들이 심플해야 합니다. 왜일까요? PPT에서 주인공은 도형입니까? 절대 아니죠. 텍스트입니다. 나머지들은 조연에 불과합니다. 원, 선, 사각 및 기타 장식들 모두 마찬가지입니다. 절대 이 조연들이 선을 넘지 않도록 해 주세요. 그 조율을 해 줄 수 있는 건 오직 당신뿐입니다.

1 선만 잘 써도 원, 사각 도형을 쓰지 않을 수 있다.
2 PPT는 심플해야 한다.
3 PPT에서 가장 중요한 것은 텍스트 즉, 내용이다.
　 도형들이 주역이 되지 않도록 조율하자.

42 여백은 둘수록 아름답다

많은 분들이 '더하는 것'은 잘하는데, '빼는 것'은 잘 못하는 경우가 있습니다. 이게 나쁘다고 생각하지는 않습니다. 욕심 때문에 그러는 것이죠. 일 욕심은 좋은 것이니까요. 하지만 진짜 프로라면 조절할 줄 알아야 합니다.

특히 보고서를 쓸 때, 우리는 모든 장표를 다 소중히 생각하고, 생략했을 때의 리스크를 늘 고려하기 때문에 메시지를 크게 그리고 많이 넣고 싶어 합니다. 하지만 이런 방향으로 가면 갈수록 메시지적으로 손해예요. 많은 메시지를 한꺼번에 던져 봐야 귀에 담기지 않으니까요. 상대방에게 한 번에 10개의 공을 던지면 그 사람이 과연 몇 개나 받을 수 있을지 생각해 보세요. 한 번에 하나의 공만 던져 주는 것이 가장 안정적이지 않을까요?

● 여백이 많을수록 요소가 산다

다음 페이지에 두 장의 장표가 있습니다. 어떤 게 더 보기에 편하시고, 또 메시지가 잘 들어오시나요? 아이러니하게도 아래쪽입니다. 여백이 많으면 많을수록 비여백 부분에 시선이 집중된다는 것을 아서야 합니

여백이 없는 경우

충분한 여백이 있는 경우

다. 첫 번째 장표의 경우 요소들이 너무 꽉꽉 차 있어서, 어디에 시선을 줘야 할지 모르겠고 불편한 상황이 됩니다. 하지만 아래쪽이라면, '뿔타는 악마양초'와 양초 이미지에 자연스럽게 시선이 머물게 되죠.

● 발표하는 환경을 고려하라

발표라는 건요, 굉장히 큰 화면 앞에서 하게 됩니다. 우리가 쓰는 모니터 크기를 생각하시면 절대로 안 됩니다. 모니터에서 볼 땐, 글자가 작아 보일 수 있습니다. 하지만 실제 발표하는 곳에서는요, 글자 크기가 25pt만 넘어도 아주 잘 보이거든요. 앞의 장표에 있는 텍스트의 크기는 28pt입니다. 충분히 큰 크기입니다. 누구나 잘 볼 수 있습니다.

글자를 자꾸 크게 집어넣는 이유는 우리가 발표하는 환경을 고민하지 않기 때문이에요. 내가 PC 모니터로 봤을 때 잘 보이는 크기를 설정하려고 하기 때문에 자꾸 50pt를 훨씬 넘는 크기의 글자를 사용하게 되는 것입니다. 이 자리를 빌어 기준을 하나 정해 드리자면, 타이틀 폰트를 기준으로 특별한 경우를 제외하고는 '42pt'를 넘지 말아 주시기 바랍니다.

그리고 여백이 있어도 괜찮습니다. 오히려 여백이 있어야 당신이 배치한 그 소중한 요소들에 더 눈길이 잘 갑니다. PPT에서도 다이어트가 필요합니다. 자꾸 빼고 줄이는 습관을 들여 주시길 바랍니다.

1 여백을 둘수록, 요소에 눈이 더 집중되기 마련이다.
2 글자 크기는 25pt만 넘어도 PT에서 누구나 잘 읽을 수 있다.
3 글자의 최대 크기는 42pt를 넘지 않도록 노력하자.

제목 글자 크기
딱 정해 드립니다

PPT를 만들 때 제목 크기는 어떻게 해야 하는지, 또 본문 크기는 어떻게 해야 하는지 매번 헷갈리실 거예요. 결론부터 말씀드리자면 100% 정해진 정답은 없습니다. 그렇기 때문에 할 때마다 여러분이 헷갈리시는 거거든요. 자! 정답은 없지만요, 역할은 있습니다. 타이틀 폰트 크기가 클 때와 작을 때 각자의 역할이 있습니다. 이번 원칙에서는 그 역할의 비밀에 대해 알려 드리도록 하겠습니다.

● 큰 타이틀

큰 타이틀의 기준은 크기 '38pt~42pt' 사이를 의미합니다. 이것보다 크면 위험합니다. 앞에서도 말씀드렸듯이 최대 크기가 42pt라고 생각해 주세요. 자, 이 크기로 30글자 이하면 큰 타이틀의 조건을 충족한다고 볼 수 있습니다. 이렇게 큰 타이틀은요,

큰 타이틀 예시

역동적이고 활동적인 느낌을 주고 싶을 때 전략적으로 사용하는 방식입니다. 예를 들어 여러분의 PT가 아이디어 상품이거나 재미있는 서비스,

젊은 서비스와 관련된 내용일 경우 적합한 크기의 기준입니다.

작은 타이틀 예시

● 작은 타이틀

작은 타이틀의 기준은 최대 25pt를 의미합니다. 글자 수는 30글자 이하입니다. 이보다 작게 쓰고 싶다고 하더라도 최소 20pt 이하로는 내려가지 않는 것이 좋습니다. 이 기준으로 타이틀을 작성하면, 작은 타이틀의 조건을 충족했다고 볼 수 있습니다. 타이틀 글자 크기가 큰 경우는 역동적 느낌을 주는 데 반해, 이렇게 작게 쓰게 되면 차분하고 고급스러운 느낌을 주게 됩니다. 그러니 당신의 PT가 럭셔리 상품이나 금융과 관련된 내용이라면, 작은 타이틀이 어울리는 것이죠.

타이틀 크기는 이처럼 내가 PT에서 다루는 주제가 대중적인지 아닌지, 풍기고 싶은 분위기가 고급스럽고 차분한 쪽인지 재미있고 발랄한 쪽인지에 따라 달라집니다. 그리고 위에 제시해 드린 기준이면 '타이틀 크기는 대체 어느 정도로 해야 하는지'에 대한 고민은 해결되셨을 거라 생각합니다. 이것을 기준 삼아 당신의 PT 주제가 무엇인지 생각해 보고, 즐겁게 적용하셨으면 좋겠습니다.

1 타이틀이 크면, 역동적인 느낌을 주며 아이디어 상품 등에 적합하다.
2 타이틀이 작으면, 고급스럽고 차분한 느낌을 주며 금융 상품이나 명품 등에 적합하다.
3 타이틀 크기는 작은 것과 큰 것 모두 맞다. 각자의 역할이 다른 것이다.

44

그래픽 지겨워!
이제 내가 그릴래!

PPT를 만들다 보면, 당신의 취향인 폰트도 생기고 디자인 타입도 생기기 마련입니다. 당신 고유의 방향이 생기게 되는데 이것은 좋은 현상입니다. 그만큼 많이 만들었다는 것이 증명되기도 하고요. 또 스타일이 생기다 보면 작업 속도에 가속이 붙어 굉장히 빨리 만들어 낼 수가 있습니다. 그런데 가끔 지겨움이 생기는 매너리즘 현상이 분명히 찾아오기 마련이에요. '아 좀 색다르게 할 수 없나'라는 니즈가 생기죠. 이때 필요한 것이 바로 '손글씨'입니다.

▶ YouTube

안 보면 손해!
'드로잉 과정'이 그대로
그려지는 PPT 애니메이션!
(feat. 쉬움주의)

● 아날로그 방식을 떠올리자

다음 페이지 왼쪽의 장표를 보시면, 뿔타는 악마양초의 가격을 $3.7로 기재해 놓았는데요. 온통 그래픽 천지인 상황에서 가격 표시까지 그래픽으로 해 놓으니 말 그대로 지겨운 감이 있습니다. 요소들도 예쁘지 않게 분산되어 있고요. 이렇게 애매한 경우는 장표를 만들다 보면 꼭 한 장씩 찾아옵니다. 이때 '어떻게 해야 하지?' 고민하지 마시고, 바로 '손글씨'를 떠올려 주시면 좋겠습니다. 저 부분을 손글씨로 바꿔 보겠습니다.

그래픽으로 가득한 장표(사진출처: Behance)

손글씨를 통해 그래픽이 중화됨(사진출처: Behance)

위의 오른쪽 장표와 같이 손글씨로 바꾸니, 그래픽 천지인 요소들 사이에 자연스럽게 녹아들 뿐만 아니라, 생동감을 줍니다. 굉장히 잘 어울리죠. 이 부분은 여러분 스스로가 손재주가 있을 때 더 빛을 발휘합니다. 여러분이 그림을 잘 그리는 스타일이거나 글씨를 잘 쓰는 스타일이라면 이것을 적극적으로 활용해 보세요.

● 파워포인트의 손글씨 기능도 유용하다

파워포인트의 '그리기' 기능은 꽤나 괜찮은 기능입니다. 그리기 도구에서

파워포인트의 그리기 기능을 통해 손글씨 표현 가능

손글씨의 적절한 활용 예시

손글씨의 적절한 활용 예시

'펜'을 선택한 뒤, 아래 작은 화살표를 누르면 두께와 색감을 커스터마이즈(customize)로 선택할 수가 있어요. 이후 마우스나 펜툴을 활용해 자유롭게 그려 주시면 됩니다. 과거 이 기능을 파워포인트 자체적으로 제공해 주지 않았을 땐 아이패드에서 그림을 그린 뒤 가져오는 방식을 사용했었는데, 이제는 파워포인트에 있는 기능을 써 주시면 되겠습니다.

저는 유튜브 썸네일도 파워포인트에서 제작하고 있는데요. 위의 첫 번째 썸네일에서 박스 주변에 별표와 화살표 그리고 '이 박스'라는 타이획을 여러 번 겹치면 악필도 극복할 수 있다.

틀이 보이시죠? 이것들도 본 기능을 활용해 제작한 것입니다. 그래픽 천지인 한 장표에서 더 그래픽 요소를 추가하기 부담스러웠기에 바로 이 '손글씨' 전략을 선택한 것입니다. 아래 썸네일도 마찬가지입니다.

그리고 경험상, 선 하나를 활용해 그리는 것보다는 여러 겹을 붙여 그리는 방식이 더 안정감 있고, 손글씨라는 느낌을 명확하게 줍니다.

위의 장표에서 '왔다'라는 글씨를 잘 보시면, 여러 겹이 겹쳐 있는 방식이죠. 선을 계속해서 그으며 완성해 나가는 방식입니다. 저처럼 손글씨에 재주가 없는 분들도 이 방식을 활용하면 꽤나 그럴듯한 손글씨와 화살표를 표현해 낼 수가 있습니다.

SUMMARIZE

3

1 그래픽이 난무할 때, 아날로그 방식을 떠올리는 것은 도움이 된다.
2 파워포인트 안에 있는 손글씨 기능은 굉장히 유용한 기능이니 적극 활용하자.
3 선 한 번에 끝내는 것보다 여러 겹을 겹치며 천천히 그려 나가는 방식이 더 안정감 있다.

45 극강의 고급스러움에 숨겨진 비밀

브랜드에 따라 혹은 콘셉트에 따라 우리는 PPT에서 '고급스러움'을 추구해야 하는 경우가 있습니다. 명품 브랜드나 고가의 서비스 등을 주제로 다룰 때 특히 그렇죠. 하지만 '고급스러움'이라는 건 어디까지나 느낌이기 때문에 '정답은 이것이다.'라고 말하기는 쉽지 않습니다. 그렇지만 방법은 있죠. 같은 폰트를 쓰더라도, 또는 같은 사진을 쓰더라도 무엇을 어떻게 바꾸면 고급스러운 느낌을 줄 수 있을지 그 모든 비밀을 공개해 드리도록 하겠습니다.

● 장표를 고급스럽게 하는 네 가지 방법

뒤 페이지의 왼쪽 장표를 봐 주세요. '바볼랏'이라는 회사에서 럭셔리 스포츠웨어를 론칭한다는 내용의 장표입니다. 럭셔리 스포츠웨어이기에 이 장표만큼은 그 느낌을 충분히 살려 럭셔리한 느낌을 주는 장표로 만드는 것이 바람직합니다. 현재 장표가 잘못되어 있다는 말은 아닙니다. 현재 장표도 레이아웃상 완성도가 굉장히 높죠. 하지만 디자인 자체가 전반적으로 역동성을 강조하고 있습니다. 장표를 고급스럽게 만들기 위해서는 다음의 네 가지를 꼭 기억해 주시면 되겠습니다.

역동성 버전

럭셔리 버전

첫 번째, 폰트는 최대한 각이 살아 있는 것을 선택해 주세요. 고딕 계열 중 고르시면 되는데, 고딕 계열 중에서도 모서리가 둥근 편인 고딕이 있고 지금 보시는 것처럼 모서리가 각진 것이 있습니다. 역동성 버전은 '본고딕 Heavy'라는 폰트를 사용했고요, 럭셔리 버전에서는 'HG꼬딕씨'라는 폰트를 사용했습니다. 같은 고딕 계열이지만 각 처리가 다릅니다.

두 번째, 글자의 두께는 얇게 해 주세요. 글자가 두꺼우면 역동성이 생기게 되고 반면 글자가 얇으면 그만큼 차분한 느낌을 주게 됩니다. 역동성 버전의 타이틀 폰트 두께는 'Heavy - 99g'로 설정되어 있으며, 럭셔리 버전의 타이틀 폰트 두께는 'Light - 40g'로 설정되어 있습니다. 확실히 글자가 얇으니 차분함은 물론 안정감이 느껴지실 겁니다. 럭셔리는 역동성보다는 차분함과 더 맞닿아 있습니다.

세 번째, 작은 정보성 글씨 쪽을 봐 주세요(2022 SEOUL 부분). 두 번째로 말씀드린 글자가 얇아진 것 외에 한 가지 더 달라진 점이 있습니다. 바로 '자간'입니다. 타이틀을 꾸며 주는 말로 들어간 정보성 글자는, 작게 그리고 자간을 넓게 해 주시면 고급스러운 느낌을 줍니다.

네 번째는 사진의 톤입니다. 역동성 버전은 풀컬러로 되어 있는 반면, 럭셔리 버전은 모노톤으로 되어 있습니다. 말 그대로 컬러는 역동성을 주는 반면 모노톤은 차분함, 럭셔리함을 표현할 수 있으므로 사진의 톤을 모노톤(esp. 흑백)으로 바꿔 주시길 바랍니다.

이렇듯 매우 간단한 조작으로도 고급스러움을 몇 배나 살릴 수 있습니다. 이런 방식은 해외 유명 럭셔리 명품 브랜드의 인쇄 광고물에서도 많이 사용하는 방식입니다. 그래서 여러분이 평소의 시간을 어떻게 보내는가가 굉장히 중요합니다. 평소에 그런 광고물들을 눈여겨 보시고, 사진을 찍어 두신다면 그 투자한 시간만큼 그대로 비례하여 PPT 디자인 능력을 향상시킬 수 있습니다. 하나를 더 보시죠.

아래의 두 예시 중 왼쪽은 역동성을 강조한 장표입니다. 같은 방법을 사용해 이 장표에 럭셔리한 감성을 넣어 보도록 하겠습니다. 타이틀 부분의 폰트는 각진 것으로 하며 얇은 두께를 사용해야 합니다. 또한 글자가 작으면 작을수록 차분한 느낌을 주기 때문에, 타이틀 부분의 폰트도 그 크기를 줄였습니다. 작은 정보성 글씨도 각진 폰트를 사용했으며, 두께를 얇게 했습니다. 이 서브 타이틀 부분은 짧다면 자간을 넓게 해 주는 것이 맞지만 아래와 같이 정보가 많을 경우에는 그렇게 할 필요는 없습니다. 그리고 마지막으로 사진을 모노톤으로 변경하였습니다. 사진

역동성을 강조한 장표

럭셔리한 감성을 추가한 장표

을 모노톤으로 바꾸기 위해서는 PPT에서 사진을 더블클릭 한 뒤 '색' 탭에 들어가 주세요. 그러면 아래 '다시 칠하기' 부분이 있는데요. 그곳에서 '청회색'을 선택해 주시면 색감이 변하게 됩니다. 아주 유용한 기능입니다.

　　자 이제 당신은 이토록 간단한 조작으로도 고급스러움을 얼마든지 표현해 낼 수 있게 되었습니다. 느끼시겠지만 이번 책에서 다루는 스킬들은 다 조작이 간단한 스킬들입니다. 단지 사람들이 언제 어떻게 적용해야 하는지를 모를 뿐이죠. 여러분들도 얼마든지 이렇게 쉬운 방법으로 PPT 디자인을 200%, 300% 더 보기 좋게 만드실 수 있습니다.

1 두껍고 각이 둥근 폰트는 활동성을 표현하며,
　 얇고 각진 폰트는 럭셔리함을 나타내 준다.
2 럭셔리한 느낌을 주려면 글씨는 얇게, 작게, 각지게 그리고
　 사진은 모노톤으로 바꾸면 된다.
3 PPT의 기능을 아는 것보다, 언제 어떻게 쓰느냐가
　 결과물의 성패를 가른다.

보고서 '디자인' 완전격파 원칙

정답은 그 안에 있어

앞서 컬러에 대한 원칙을 다루면서 컬러 팔레트를 미리 만들어 놓고 그 틀을 벗어나지 않는 것이 좋다는 말씀을 드린 적이 있습니다. 그래야만 컬러를 중구난방으로 기분대로 쓰지 않게 되며, 전반적으로 톤이 통일되기 때문입니다.

메인 컬러는 최대 3가지를 넘지 않는 것이 좋습니다. 원칙적으로 여러분이 꼭 마음속에 새겨야 할 내용입니다. 하지만 예외를 두어야 하는 경우가 두 가지 있습니다.

첫 번째, 특정 브랜드에 대해 이야기를 할 때입니다. 이때는 해당 장

기준표

에서 브랜드 컬러를 쓰는 것이 좋습니다. 두 번째, 임팩트 페이지입니다. 임팩트라는 건 신선함을 준다는 말이며, 임팩트가 필요한 순간에는 변화를 주는 것이 좋습니다. 이 두 가지 사항에 대해 말씀드려 보도록 하겠습니다.

● 특정 브랜드에 대해 이야기할 때

특정 브랜드에 대해 이야기를 할 때는 그 장표에서만큼은 해당 브랜드 컬러를 차용해서 쓰는 것이 좋다고 말씀드렸습니다. 아래의 장표는 스타벅스의 선불 충전금에 대한 내용입니다. 완전히 스타벅스에 관련된 내용이기 때문에 그래프 부분에 녹색을 사용한 것입니다. 이때 저 그래프의 컬러가 노랑이나 빨간색이라고 상상해 보세요. 어울리지 않습니다. 녹색도 아무 녹색이나 쓰는 것이 아닙니다.

　　첫 번째, PPT에서 그래프를 만드는 방법으로는 기본적으로 '삽입 - 차트'에서 유형을 고른 뒤 디자인하는 방법이 있습니다. 가장 기본적인 방법입니다. 하지만 현재 장표와 같이 간단한 차트를 만드는 경우라면 (차트도 심플한 것이 좋습니다. 애써 어렵고 복잡하게 만들지 마세요.) 굳이 저 차트까지

스타벅스의 그린 컬러를 차용

일반 사각 도형으로 차트 표현　　　　　　　　　그레이를 통한 상대적 강조 기법

들어가지 마시고, 선과 사각 도형으로 만들어 주세요. 지금 보시는 그래 프도 선 하나와 사각 도형 두 개로 만들어진 그래프입니다.

　두 번째, 저 차트에서 가장 중요한 부분은 선불 충전금이 5배 성장 한 결과 즉 '1조 2천억'을 나타내는 그린 컬러 차트입니다. 저 부분을 브 랜드 컬러와 통일해야 합니다. 그리고 그래프는 단색보다 그러데이션으 로 만드는 것이 아름답습니다. 그러데이션은 습관화해 주시면 좋습니 다. 중지점을 4개 만들어 놓고 하나하나 스포이트 기능을 활용해 컬러를 선정했습니다. 제 안에 내재된 감각으로 컬러를 선정한 것이 아니라는 것입니다. 어디에다가 스포이트를 찍어 컬러를 가져왔을까요? 그렇죠. 저 스타벅스 로고죠. 정답을 멀리서 찾지 마세요. 정답은 늘 여러분의 장 표 안에 있습니다.

　세 번째, 1조 2천억을 받쳐 주는 내용, 바로 '2,400억' 부분입니다. 성장하기 전 비교되는 대상으로 중요한 부분이 아닙니다. 중요한 부분 이 아니라면 그 롤(role)을 억제해야 한다고 말씀드렸습니다. 롤을 억제하 기 위한 컬러 선정은 그레이(Grey)입니다. 그레이 컬러를 사용해 의도적 으로 눈에 띄지 않게 만들어 줌으로써 자연히 시선이 녹색 Bar로 향하게 만들었죠. 도형 두 개를 받쳐 주는 선 부분은 그레이와 그린 모두를 품어야 하므로 역시 그러데이션을 사용해 이질감이 들지 않게 했습니다.

● 임팩트를 주고 싶을 때

아래의 첫 번째 이미지는 임팩트를 주고 싶었던 장표입니다. 메인 컬러는 저 골드 컬러가 아니었지만, 임팩트를 주고 싶었기 때문에 해당 장표의 그래프만큼은 다른 컬러를 차용한 것입니다. 그럼 저 골드 컬러는 어디서 가져온 것일까요? 강조드리지만 제 감각에 의존하지 않았습니다.

이미지의 포인트컬러를 활용한
차트 디자인(사진 출처: Behance)

마침표 강조 기법에서도 컬러를
양초 컬러와 맞춤

저는 디자인 훈련을 전문적으로 받은 사람이 아니기 때문에 제 감각보다는 잘된 작품의 감각에 의존하고 그것을 믿는 편입니다. 백그라운드 이미지를 잘 보세요. VR을 표현하는 저 이미지의 책 타이틀 '셜록홈즈'가 바로 해당 골드 컬러로 되어 있습니다. 저는 그래프의 Bar 컬러를 설정할 때 단지 중지점을 몇 개 둔 뒤 스포이트를 활용해 저 부분의 컬러를 가져온 것뿐입니다.

두 번째 장표에서 '뿔타는 악마양초' 다음에 마침표가 들어가 있고, 그 마침표만 레드 컬러로 되어 있습니다. 마침표 부분의 컬러를 다르게 쓰는 것은 그 부분에 사람의 시선이 머물게 하는 아주 중요한 기술이니 익혀 두시면 좋다는 말씀 앞에서도 드렸는데요. 그럼 이 컬러는 어디서 가져왔을까요? 그렇습니다. 양초의 레드 컬러에서 가져온 것입니다. 역시 힌트들은 그 안에 있다는 것을 아실 수 있을 겁니다.

아래의 사진들은 과거 제 유튜브 채널에 올라간 콘텐츠의 썸네일입니다. 이것들도 마찬가지입니다. 왼쪽 사진의 텍스트 컬러는 아이폰 프레임에서 가져온 것이고요, 오른쪽 사진의 텍스트 컬러는 책을 쥐고 있는 여성의 손톱에서 가져온 것입니다. 스포이트를 찍은 것뿐이죠.

포인트 컬러에 대해 고민하시는 분들이 굉장히 많습니다. 하지만 의

폰트 컬러를 아이폰 프레임에서 차용

폰트 컬러를 손톱에서 차용

외로 힌트는 모두 등잔 밑에 있습니다. 여러분은 PPT에 다양한 이미지들을 쓰실 텐데요. 일단 첫 번째로는 좋은 이미지를 쓰는 것이 전제가 되어야 합니다. 좋지 않은 이미지를 쓰면 그 컬러도 좋지 않을 확률이 높아 차용한다고 해도 미적으로 아름다워 보이지 않을 수 있죠. 좋은 이미지를 쓴다는 전제하에 드리는 말씀입니다. 하지만 좋은 이미지라면 보통 포인트 컬러가 있습니다. 저 자신은 일단 포인트 컬러가 없는 다채색 이미지를 잘 쓰지 않는 편입니다. PPT니까요. 여러분도 포인트 컬러가 있는 이미지를 우선적으로 고르시면 좋습니다. 그다음 텍스트 컬러는 그대로 스포이트를 통해 따오면 간단히 해결되니까요.

1 포인트 컬러가 있는 이미지가 좋은 이미지다.

2 정답은 이미지 안에 있다. 그 포인트 컬러를 텍스트 컬러로 활용하자.

3 PPT 전반적으로 메인 컬러는 3가지를 넘지 않는 것이 좋지만 임팩트를 줘야 하는 페이지는 예외이다.

47 뉴모피즘으로 차별화된 도형 제작을 종결해 보자!

뉴모피즘 디자인이라는 개념에 대해 들어 보신 적이 있으신가요? 애플에서 많이 활용하는 디자인인데요. 도형을 구분선이 아닌 그림자와 빛으로 구분하여 부드러우면서도 강한 입체감을 주는 그런 디자인입니다. 특히 사각 도형에 굉장히 잘 어울리는 방식입니다.

　PPT에서 무언가를 만들 때, 시간이 오래 걸리고 효율이 떨어진다면 저는 무조건 하지 말라고 말씀드립니다. PPT는 디자인이 아니라 내용이 중요한 매체니까요. 하지만 이 뉴모피즘 도형은요, 아주 빠르게 만들

▶ YouTube

PPT 도형 고민 제발 그만! 앞으로 그냥 이거 쓰시면 됩니다!

뉴모피즘 도형 예시

수 있습니다. 무엇보다 사람들이 만들려는 시도 자체를 잘 못 하는 영역이므로 꼭 여러분의 스킬로 쌓아 두시길 추천드립니다.

● 만들어 보자

먼저, 만들고자 하는 모양의 도형을 똑같이 2개를 배치해 줍니다.❶ 가로로 길든 세로로 길든 상관없습니다만 두 개의 사이즈는 동일해야 합니다. 그러니 하나를 먼저 만든 뒤 복사 후 붙여넣기를 통해 하나를 더 만들어 나란히 놓아 주세요.

다음으로, 이 두 개의 도형은 배경과 컬러가 동일해야 합니다. 스포이트 기능을 활용해 배경색과 도형의 색을 똑같이 맞춰 주세요.❷

이제 거의 다 왔습니다. 왼쪽 도형과 오른쪽 도형의 그림자 설정만 마쳐 주면 됩니다. 쉽게 말해 왼쪽 도형은 흰색 그림자가 지도록 하고, 오른쪽 도형에는 검은색 그림자가 지도록 하면 됩니다. 이때 왼쪽 도형의 흰색 그림자는 오프셋을 '왼쪽 위'로 설정하고,❸ 오른쪽 도형의 검은색 그림자는 오프셋을 '오른쪽 아래'로 설정해 주세요.❹ 이후 각 그림자의 투명도, 크기, 흐리게 값을 설정해 주면 됩니다.❺❻

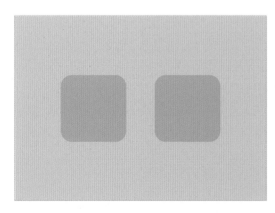

❶ 같은 크기의 도형 2개 배치

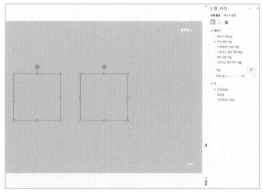

❷ 도형 컬러를 배경색과 동일하게

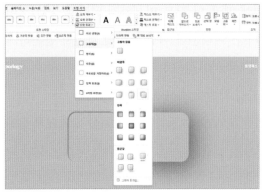

❸ 왼쪽 도형에는 왼쪽 위 흰색 그림자를 적용

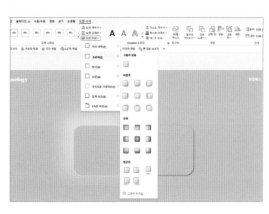

❹ 오른쪽 도형에는 오른쪽 아래 검정 그림자를 적용

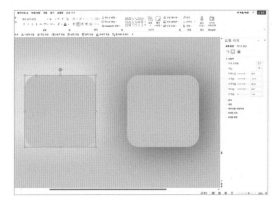

❺ 투명도와 흐리게 값 조절을 통해 그림자를 은은하게 퍼지도록 설정

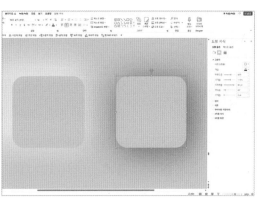

❻ 투명도와 흐리게 값 조절을 통해 그림자를 은은하게 퍼지도록 설정

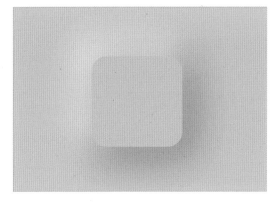

❼ 두 개의 도형을 겹쳐 줌

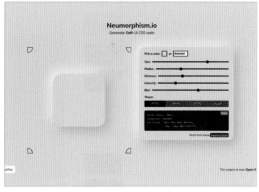

❽ neumorphism.io 사이트 화면

메인 컬러가 무엇이냐에 따라 이 값은 미세하게 달라질 수 있으며 예시의 값이 정답은 아닙니다. 여러분이 직접 조절해 가면서 '은은하게 번지는' 느낌을 줄 수 있으면 성공입니다. 하지만 아직 개념이 서지 않은 분들은 예시에 제시된 각 값을 확인해 주시기 바랍니다.

그림자 작업이 끝났다면 두 도형을 정확하게 포개어 주세요. ❼ 동일한 사이즈이기 때문에 두 개를 잡아 '가운데 맞춤', '중간 맞춤'을 하면 되겠죠. 그러면 정확하게 포개어집니다. 이제 끝입니다! 이것이 바로 뉴모피즘 도형입니다. 배경색이 노란색이라면 도형의 색도 동일한 노란색으로 해 주는 것 외에 나머지 과정은 똑같습니다. 혹시 이 과정이 번거롭다고 느끼시는 분들을 위해 한 가지 사이트를 소개해 드리겠습니다.

검색창에 neumorphism.io라고 입력하시면 이 사이트로 들어가게 되는데요. 이곳에서 도형의 사이즈는 물론 도형의 컬러, 라운드값, 그림자의 크기, 그림자의 선명함, 투명도 그리고 셰이프(오목인지 볼록인지 등)까지 선택할 수가 있습니다. ❽ 여러분의 취향대로 자유롭게 선택하시면 되며, 이후 해당 영역을 캡처해 PPT 위에 올린 뒤 반대

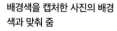

배경색을 캡처한 사진의 배경색과 맞춰 줌

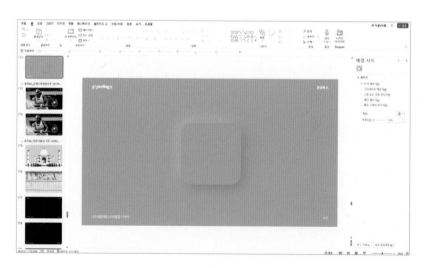

로 배경색을 선택한 도형의 컬러에 맞춰 주시면 되겠습니다.

앞 페이지의 장표는 말씀드린 대로 사이트에서 캡처하여 배경색을 맞춘 결과물입니다. 감쪽같죠? 다만 직접 하신다 하더라도 절대 어려운 기술이 아니며, 한 번 만들어 놓으시면 향후 컬러만 바꾸면서 계속 써먹으실 수 있으니 한번 직접 만들어 보시길 바랍니다. 직접 만드는 것이 사이즈 변경 같은 '자유도 측면'에서도 더 좋을 테니까요.

1 뉴모피즘 도형으로 맨날 똑같은 도형에서 탈피해 보자.
2 하나 만들어 놓으면 나중에 컬러만 바꾸며 쓸 수 있으니 꼭 해 보자.
3 시간이 없을 땐 사이트에서 캡처해서 사용해 보자.
   다만 자유도는 떨어진다.

보고서 완전격파 원칙

48 아름다움의 기본이 되는 원칙 '시메트리'

▶ YouTube

PPT 레이아웃 고민
제발 그만!
앞으로 그냥 이렇게
배치하시면 됩니다!

시메트리(symmetry)라는 말 들어 보셨나요? 어찌 보면 디자인 용어라고도 할 수 있는데, 간단히 말씀드리면 시메트리는 '균형감'입니다. 우리는 비록 디자이너는 아니지만, PPT 디자인은 어디까지나 디자인의 영역이기 때문에 디자인의 기본 소양은 우리가 알아야 합니다. 디자인의 기본이 되는 원칙을 이해하는 제작자와 그렇지 않은 제작자 사이에는 당연히 결과물에서 큰 차이가 날 수밖에 없거든요.

이번 원칙에서는 그중에서도 가장 기본이 되는 '시메트리'에 대해 설

시메트리가 적용된 건축물

명해 드리려고 합니다. 그리고 시메트리는 PPT에서 어찌 보면 가장 중요한 개념이라고 볼 수 있습니다. 시메트리는 '균형감'이라고 말씀드렸습니다. 즉 '좌우 또는 상하 대칭'이 잘 되어 있다고 이해하시면 쉬울 것입니다.

예를 들어 왼쪽으로 덩어리들이 많이 쏠려 균형이 어긋나거나, 오른쪽으로 쏠려 있다면 보는 사람들은 본능적으로 불안감을 느끼게 되어 있어요. 쏠려 있는 디자인을 의도적으로 하는 경우도 있습니다만, 자세히 살펴보면 그건 착시일 뿐 그 쏠림 자체도 의도적이며, 쏠리게 디자인하면 할수록 시메트리의 원칙을 잘 지키고 있는 것을 볼 수 있습니다.

왼쪽 페이지의 사진을 보시면 어떠신가요? 마음에 안정감이 들죠. 아주 편안합니다. 왜 그럴까요? 저 장표의 한가운데에 세로선을 그어 보시기 바랍니다. 좌우로 대칭이 거의 완벽하게 되어 있습니다. 좌우대칭은 기본적으로 안정감을 대표합니다. 따라서 예로부터 건축물이나 예술작품에 많이 적용되어 왔죠. 자주 드리는 말씀이지만 PPT의 모든 힌트, 기획서의 모든 힌트는 일상에 있습니다. 여러분의 일상을 잘 살펴보시기 바랍니다.

시메트리가 적용된 사진

그렇다면 바로 앞 페이지의 사진은 어떻게 느껴지시나요? 마찬가지로 큰 안정감이 느껴지실 거예요. 한가운데에 세로선을 그어 보시면, 거의 완벽한 대칭으로 이루어져 있다는 걸 아실 수 있을 겁니다. PPT도 마찬가지예요. 레이아웃이 고민되고 배치가 애매할 땐 언제나 이 '시메트리'라는 것을 떠올리시면 간단합니다. 시메트리에는 이렇게 한 가지 시메트리만 있는 것이 아닙니다. 우리가 PPT에서 참고할 수 있는, 심리적 안정감을 줄 수 있는 시메트리는 세 가지 종류가 있습니다.

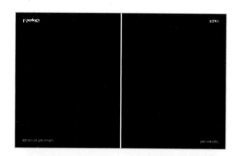

● 첫 번째 시메트리

첫 번째 시메트리는 사각 시메트리로 앞에서 보여 드렸던 두 가지 건축물의 예시와 같습니다.

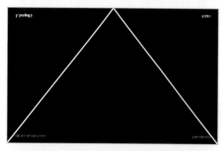

● 두 번째 시메트리

두 번째 시메트리는 삼각 시메트리입니다. 저 삼각형 안에 요소들을 배치하면 안정감을 느끼게 됩니다.

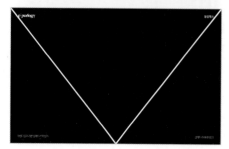

● 세 번째 시메트리

세 번째는 역삼각 시메트리입니다. 삼각 시메트리를 뒤집어 놓은 형태이죠. 삼각 시메트리와 역삼각 시메트리는 사실상 사각 시메트리의 확장형입니다. 각각이 삼각과 역삼각으로 되어 있지만, 좌우 대칭이 이루어져 있는 걸 보실 수 있을 겁니다. 그럼 PPT 예시를 보면서 다시 이야기 나눠 보도록 하겠습니다.

다음 페이지의 '패키지 시안 A'는 어떤 시메트리가 적용되어 있을까요? 그렇습니다. 삼각 시메트리

사각, 삼각, 역삼각 시메트리

삼각 시메트리 적용 예시

삼각 시메트리 적용 예시

역삼각 시메트리 적용 예시(사진 출처: Behance)

역삼각 시메트리 적용 예시

가 적용되어 있습니다.

좌우가 대칭이 되어 있음과 동시에 삼각형 안에 요소들이 배치되어 있음으로 인해 안정감을 주고 있습니다. 글자는 그대로 두고, 패키지 크기만 키워도 어느 정도 삼각 시메트리에 적용되기 때문에 안정감 측면에서 딱히 문제는 없었겠지만, 아래 '달'이라는 요소를 일부러 집어넣어 더 큰 안정감을 표현해 내고자 한 사진입니다.

그 아래 장표는 어떤가요? 그렇습니다. 역삼각 시메트리가 적용되어 있습니다.

예시에서 보시는 바와 같이 역삼각 시메트리가 적용됨과 동시에 좌우대칭을 이루므로 우리는 안정감을 느낄 수 있게 되는 것입니다.

사각 시메트리 적용 예시

사각 시메트리 적용 예시

위의 장표의 경우에는 일반 좌우대칭형 시메트리, 즉 사각 시메트리가 적용되어 있습니다. 이렇듯, 우리가 안정감을 느끼는 레이아웃의 비밀은 바로 시메트리입니다. 시메트리가 무너지면 우리는 '안정감이 없는 장표'라고 이야기합니다. 보기에 굉장히 불편하죠.

그런데 그 비밀이 이렇게나 간단한 것이었다니 놀랍지 않으세요? 사각, 삼각, 역삼각 이렇게 세 가지 구도만 마음속에 담아 두셨다가, 레이아웃이 조금 어색해 보이는 장표에, 또 어떻게 요소들을 배치해야 할지 도저히 헷갈리고 힘들 때 바로 적용하시면 모든 문제가 마법같이 해결됩니다.

1 시메트리는 모든 디자인의 기본이 되기 때문에 레이아웃을 만들 때 반드시 고려해야 한다.
2 사각, 삼각, 역삼각 시메트리를 늘 마음속에 담아 두자.
3 각 시메트리는 단독으로 혹은 동시에 활용할 수 있다.

보고서 '디자인' 완전격파 원칙

49 트리밍! 이 좋은 걸 왜 아무도 안 할까?

이번 원칙에서는 '트리밍'에 대한 개념을 함께 이야기 나눠 보고자 합니다. 눈치채셨을지 모르겠지만, 이 책에서 사용한 장표들에서도 트리밍 기법을 엄청나게 많이 사용하고 있었습니다. 자, 여러분 생각해 보시죠. PPT 내용을 작성할 때 어떠한 프로세스를 거치시나요? 먼저 '워드'에서 초고를 쓴 뒤에 그걸 몇 번에 걸쳐서 수정하고 줄이고 뺄 부분을 뺀 뒤, 핵심 내용만을 PPT에 올리시잖아요.

그 똑같은 작업을 사진에다가 하는 것, 이것이 바로 트리밍입니다. 사진의 퇴고죠. 사진도 글과 마찬가지로 여러분이 찾은 그 사진을 그대로 PPT 위에 배치하는 것은 초안을 그냥 그대로 쓰는 것과 별반 다르지 않아요. 사진도 요소를 줄이거나 핵심만을 남기는 방법, 즉 트리밍을 꼭 사용해야 합니다. 이것은 선택이 아니고 필수 과정이라고 생각해 주세요. 지금부터 PPT에서 할 수 있는 몇 가지 트리밍 방법에 대해 소개해 드리도록 하겠습니다.

▶ YouTube

당신의 PPT가 지금까지 먹히지 않았던 이유, 바로 '트리밍' 때문

● 트리밍 예시

다음과 같은 장표가 있습니다. 왼쪽의 장표는 트리밍이 된 것일까요? 안

트리밍이 되어 있지 않은 사진   트리밍이 적용된 사진

된 것일까요? 이 장표는 원 슬라이드 원 메시지 원칙에 따라 '블랙벨트의 의미'에 대해 설명하고자 하는 장표입니다. 결론부터 말씀드리면 트리밍이 되어 있지 않습니다. 그냥 원본 그대로 올린 것에 불과합니다.

트리밍을 한 장표는 위의 오른쪽 장표입니다. 블랙벨트의 의미에 대해서 설명하려 하는데, 저 광활한 도장 및 업어치기 하는 전신 장면이 나올 필요가 없습니다.

저 큰 사진 중에 블랙벨트가 부각되는 해당 부분만 사용하면 되는

트리밍 적용 중

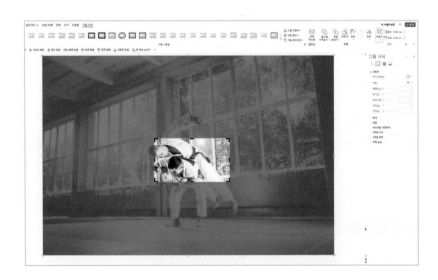

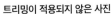
트리밍이 적용되지 않은 사진

트리밍이 적용된 사진

것입니다. 왼쪽 페이지 아래와 같이 사진을 트리밍 해야만 업어치기 하는 모습이 메인이 되는 것이 아닌 블랙벨트가 자연스럽게 강조되는 것입니다.

위의 왼쪽 장표는 어떠신가요? 레이아웃 면에서는 완성도가 높지만, 사진 부분이 트리밍 되어 있다고 말하기에는 아직 부족한 부분이 있습니다. 타이틀 그대로 '모델S의 새로운 블루'가 출시되었다고 하면 사진상 그 부분이 더 강조되어야 합니다. 그럼 어떤 방법이 있을까요? 저 블

트리밍 적용 과정을 위해 배경이
날아간 사진 한 장을 추가로 배치

배경(Layer 1)을 청회색으로 변경해 트리밍 극대화　　　　트리밍 완료

루를 부각하기 위해 블루를 More Blue로 바꿀 수는 없겠죠. 저 개체 자체가 팩트니까요. 대신에 배경색을 눌러 주면 되는 것입니다. 오른쪽(트리밍이 적용된 사진) 장표를 보시면 배경과 자동차를 분리한 뒤, 배경을 회색조로 눌러 주고, 블루 컬러의 자동차에는 흰색 그림자(후광 효과)를 주었습니다. 그 과정을 살펴보면, 먼저 PPT에 배치를 마친 테슬라 사진을 우클릭 하여 '그림으로 저장'을 합니다. 그러면 PPT에 올린 사이즈 그대로 저장이 됩니다. 그것을 Remove.bg에 가져가 배경을 날린 이미지를 한 장더 확보합니다. 그리고 그것을 동일한 위치에 배치한 뒤, '맨 위로 보내기'를 설정해 줍니다. 그러면 레이어가 총 3개가 형성이 되는데요. '원본 사진 - 텍스트 - 자동차 사진' 이렇게 3개의 레이어가 생겨요.

　　다음은 원본 사진을 더블클릭 한 뒤, '색' 탭에서 컬러를 '청회색'으로 눌러 줍니다. 그러면 자동차의 컬러는 그대로 남게 되며 배경 컬러만 어둡게 눌러집니다. 이후 자동차 사진에 흰색 그림자를 활용한 후광 효과를 주면 트리밍은 끝나게 됩니다. (후광 효과에 대한 내용은 원칙 36 참고)

　　하나 더 해 볼까요? 다음 장표는 에마 라두카누라는 테니스 선수가 US오픈에서 어떤 브랜드의 옷을 입었는지에 대해 설명해 주는 장표입니다. 이 장표 역시 얼핏 보면 트리밍이 되어 있다고 착각할 수 있지만

트리밍이 적용되지 않은 사진(출처: 구글)   트리밍이 적용된 사진

그렇지 않습니다. 아직 더 트리밍할 요소가 남아 있어요. 글도 퇴고를 많이 하면 할수록 좋아지듯이 사진도 트리밍을 많이 할수록 완성도가 높아집니다. 내가 만들어 발표하고자 하는 내용과 더 잘 맞아떨어지게 되죠.

우리가 이 장표에서 설명하고자 하는 것은 에마가 입은 나이키 옷에 대한 이야기입니다. 그렇다면 에마가 입은 저 나이키웨어를 제외하고는 역시 컬러를 눌러 주는 것이 좋습니다. 위에 말씀드린 테슬라와 같은 방법으로 작업해 주시면 됩니다.

배경을 날린 이미지를 한 장 더 배치 후, Layer 1을 청회색으로 처리

글래스모피즘 박스로 디자인
완성

그리고 위와 같이 텍스트 박스를 만들어 '에마가 무엇을 입었는가'에 대해 본격적으로 설명해 주면 되겠습니다.

트리밍은 단지 '잘라낸다'의 의미로만 해석하시면 안 됩니다. 잘라내기를 포함, 사진에서 '중요한 요소를 살리고 부각하는 작업이다' 이렇게 이해해 주시면 될 것 같습니다.

1 강조는 글에서만 하는 것이 아니라 사진에서도 필요하다.

2 트리밍 작업은 선택이 아닌 필수 작업이다.

3 사진에서 중요한 요소는 살리고, 아닌 요소는 눌러 줘야 사람들이 메시지에 집중할 수 있다.

보고서 '디자인' 완전격파 원칙

50 PPT는 '덩어리'가 핵심이야!

'덩어리'는 PPT에서 무척 중요한 개념입니다. 많은 분들께서 '덩어리감'이라는 중요한 개념을 간과한 채, 단순히 서로 간에 연결만 잘 되면 된다고 생각하여 장표들을 완성합니다. 그것이 바로 '내가 만들면 왜 이렇게 안 예쁘지?'라는 생각이 드는 이유일 것입니다. 덩어리감이 간과되어 있으니까요. 이번 원칙을 통해 덩어리감의 개념을 완벽하게 잡아 드리도록 하겠습니다.

● 덩어리감은 시메트리와 연결해 생각하자

덩어리감이 잘 살아 있는 두 장의 장표가 있습니다. 덩어리감은 시메트

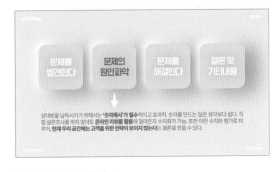

덩어리감을 잘 나타낸 장표

덩어리감을 잘 나타낸 장표

리와 연결해 생각하시면 편합니다. 어느 한 곳이 엉성하게 비어 있지 않은 것을 덩어리감이라고 하는데, 그것이 바로 시메트리가 될 수 있으니까요. 이 장표 둘은 연결되어 있습니다. '문제를 발견한다'는 구간에서 '문제의 원인 파악' 그리고 '문제를 해결한다' 구간을 넘어가면서 아래 텍스트로 함께 부가 설명을 해 주는 좋은 플로우차트(flowchart)입니다.

● **플로우차트**
프로세스나 작업 절차의 단계, 순서, 의사 결정을 나타내는 다이어그램

● 문제는 빈 공간(Empty Spot)

문제는 바로 다음과 같은 장표들이 되겠습니다. 우리가 가장 많이 하는 실수이자 편견 중에 하나입니다. '문제를 해결한다' 구간에 대한 설명을 기재할 때 저 '문제를 해결한다'를 둘러싸고 있는 박스를 부가 설명이 넘어가면 안 된다고 생각하는 것이 편견입니다. 물론 4개의 부가 설명이 모두 각 박스 아래 들어가야 하는 상황이라면 위와 같이 레이아웃을 잡는 것이 맞겠죠. 그럼 좌우 상하의 균형이 생기니까요. 하지만 하나하나 넘어가면서 설명하는 장표에서 아래 왼쪽과 같이 배치해 버리면 'EMPTY' 공간(박스로 표시된)이 생겨 버립니다. 이 순간 덩어리감은 무너지게 되고 동시에 시메트리까지 무너져 버립니다. 그럼 우리는 이 장표를 보고 '왜 내가 하면 이렇게 어색하지…'라고 느끼게 되겠죠.

오른쪽 장표도 바람직하지 않은 예시입니다. '문제를 해결한다' 부분

덩어리감이 무너진 장표

덩어리감이 무너진 장표

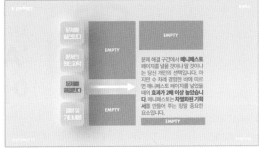

덩어리감이 무너진 장표   덩어리감이 무너진 장표

을 강조하고 싶었으면 저 텍스트를 다른 컬러로 강조했어도 충분했을 것입니다. 그런데 박스 크기와 텍스트 크기를 키워 버렸죠. 분명 강조는 되고 있지만 세련된 방식의 강조는 아닙니다. 덩어리감을 파괴하며 강조했기 때문에 자신의 욕망을 위해 이기심을 마음껏 발휘한 꼴이 됩니다.

위 두 장의 장표도 같은 이유로 바람직하지 않은 레이아웃입니다. 여러분이 텍스트를 배치할 때 굉장히 고민이 많으시다는 걸 잘 알고 있습니다. 특히 많은 양의 텍스트가 있을수록 더 그러하죠. 이번 원칙에서 느끼셨겠지만 '불안정하다', '아름답지 않다'라고 느껴지는 레이아웃의 원인은 덩어리감에 있습니다. 다른 요소들도 있겠지만 가장 큰 원인은 이것입니다. 지금 바로 여러분이 예쁘지 않다고 생각하시는 PPT를 열어 보세요. 높은 확률로 저 EMPTY 포인트가 많이 있어, 덩어리감이 망가져 있다는 것을 확인하실 수 있으실 겁니다. 덩어리감과 시메트리는 한 세트이므로 같이 생각해 주시면 편합니다.

1 하나의 덩어리처럼 보이는 것이 레이아웃의 핵심이다.
2 덩어리감은 시메트리와 연결해 생각하자.
3 Empty 스폿을 메워 주는 것이 안정적인 PPT 디자인의 포인트이다.

51 'A vs. B' 비교 장표는 어떻게 만들어야 하는가?

PPT를 만들다 보면 두 개 혹은 세 개를 비교하는 장표들 만드실 일이 참 많을 겁니다. 'A vs. B' 혹은 'A vs. B vs. C' 이렇게요. 이럴 때 비교하는 장표는 어떠한 원칙을 가지고 만들어야 하는지 설명드리도록 하겠습니다.

● 비교 장표에서도 중요한 시메트리 원칙

아래의 각 장표는 3개의 개체 그리고 2개의 개체를 비교하고 있습니다. 어떤 원칙이 숨어 있는 것 같으신가요? 이 부분도 바로 시메트리의 원칙입니다. 보셨죠? 시메트리는 이토록 디자인의 기본 중 기본 사항입니다.

3개의 개체 비교 장표에 적용된 시메트리

2개의 개체 비교 장표에 적용된 시메트리

시메트리의 원칙만 마음속에 품고 있어도 이렇게 해결되는 디자인들이 많이 있다는 걸 느낄 수 있으실 거예요.

● 비교하는 대상의 크기는 같게

또 한 가지 중요한 사항은 동급의 무언가를 비교할 때는 반드시 그 크기가 같아야 합니다. 예를 들어 앞의 첫 번째 장표에서 메르세데스 부분만 차량이 크게 표시된다면 그것은 동등한 대상을 비교하는 것이 아니게 됩니다. 메르세데스를 강조하기 위한 장표가 되어 버리죠. 두 개든 세 개든 네 개든 상관없습니다. 경쟁군을 비교하는 장표에서는 각 개체의 크기가 동일해야 합니다. 이 점을 반드시 명심해 주세요. 어느 하나를 크게 하면 의도적으로 바이어스(bias, 편견)를 주게 됩니다.

인물 비교에 있어서도 이 원칙은 동일하게 적용됩니다. 나달과 페더러는 동등한 위치에서 비교되는 인물입니다. 이럴 때도 두 가지를 꼭 지켜야 합니다. 하나는 전반적인 레이아웃을 균형감 있게 만들어 주는 시메트리(이번 장표에서는 사각 시메트리가 적용되었습니다), 그리고 또 하나는 대상의 크기를 동일하게 해야 한다는 것입니다. 아래 장표에서 저는 머리끝 부

비교 장표에 적용된 시메트리

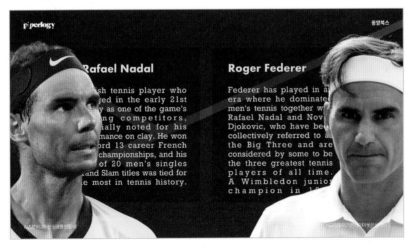

분의 선과 어깨선을 맞춰 놓았습니다. 그렇게 함으로써 두 인물의 크기가 동등해졌죠.

1 경쟁군을 비교하는 장표에서는 사물의 크기가 같아야 한다.
2 몇 개를 비교하든 사물의 크기가 같지 않으면
  의도적 바이어스가 생긴다.
3 비교 장표에서 또 중요한 키포인트는 시메트리다.

52 시간의 흐름은 이렇게 차별화하자!

이번 원칙에서는 시간의 흐름을 PPT에서 어떻게 표현해야 하는지, 기본형은 물론 남들과 차별화되는 크리에이티브한 방법까지 모두 소개해 드리도록 하겠습니다.

▶ YouTube

PPT로 '시간의 흐름'을
나타내는 3가지 핵꿀팁

● 기본형

첫 번째 기본형은 LR형입니다. 시선의 흐름과 관련된 원칙에서 잠깐 말씀드렸다시피, 시간의 흐름은 인간의 시선의 흐름에 따라 배치해야 합니

LR형 시간 흐름

TB형 시간 흐름

Z형 시간 흐름(사진 출처: 마블)

다. 사람은 시선이 가장 먼저 머무는 곳을 가장 먼저 인지하게 되므로 그 부분에는 가장 첫 번째 사건을 배치해야 합니다. 그리고 시선이 마지막으로 머무는 곳에는 가장 마지막 사건을 배치하는 것이죠. 인간의 시선은 자연스럽게 왼쪽에서 오른쪽으로 흐른다고 말씀드렸습니다. 그래서 4개의 사각 도형도 순서에 따라 배치한 것입니다. 화살표는 설명을 돕기 위해 넣어 두었습니다만 이 화살표가 없다 하더라도 '문제를 발견한다'는 가장 첫 번째 사건이며, '결론 및 기타 내용'은 가장 마지막 사건이 됩니다.

두 번째는 TB형(Top to Bottom)입니다. 가로로 배치하기에 애매한 레이아웃에서 시간의 순서를 나타내려면 위에서부터 아래로 흘러가는 것이 맞습니다. 별도로 화살표 등으로 표기해 두지 않아도 자연스러운 순서이기에 화살표라는 불필요한 요소를 집어넣을 필요가 없습니다. 위 왼쪽의 장표를 보면 누구나 P-R-E-P를 사건의 순서, 시간의 순서로 인지하게 됩니다.

세 번째는 Z형입니다. 이런 경우 많이 만나 보셨을 거예요. 4개의 사진이 있습니다. 하지만 보시다시피 가로로 배치하기에도 세로로 배치하기에도 애매한 크기죠. 빈 공간이 너무 많이 남을 것입니다. 이럴 때 고민하지 마시고, 위 오른쪽 장표와 같이 Z형으로 시간의 흐름을 나타내 주시면 됩니다. Z형 역시 인간의 자연스러운 시선의 흐름이기 때문에 사람들은 자연스레 '아이언맨 - 캡틴마블 - 타노스 - 핑거스냅'을 사건의 순서로 인지하게 됩니다. 만약 이 장표가 발표용 장표가 아닌 상황에서, 여러분의 마음이 불편하다면 각 사진의 좌상단에 1, 2, 3, 4 번호를 써주는 것도 방법입니다.

● 크리에이티브형

기본형을 익히셨으니 이제 남들과 차별화되는 크리에이티브형을 익힐 차례입니다. 아래의 장표에서 캡틴마블(좌)이 먼저고, 타노스(우)가 이후의 사건이라고 가정해 봅시다. 이럴 때 그 시간의 흐름을 어떻게 크리에

시간의 흐름 표현 어떻게?(사진 출처: 마블)

(1) 화살표를 통해 표현한 평범한 시간의 흐름

(2) '흐리게 + 원근감'을 통해 표현한 시간의 흐름

(3) '흐리게 + 원근감'을 통해 표현한 시간의 흐름

이티브하게 표시할 수 있을까요?

앞 페이지 ⑴번과 같이 화살표를 이용해 시간의 흐름을 나타내실 건가요? 물론 틀린 방법은 아닙니다만 저 화살표는 불필요한 요소입니다. 이런 경우 '원근법'에 착안하셔서 디자인하시면 아주 차별화된 장표를 만들 수 있습니다. 이번에는 ⑵번과 ⑶번 두 장을 보시겠습니다.

어떠신가요? 장표를 두 장으로 나누어 원근법을 적용했습니다. ⑵번 장표에는 캡틴마블이 앞에 있고요. 저 뒤에서 타노스가 다가오고 있습니다. 다음 사건이라는 것을 암시해 주는 것이죠. 그리고 ⑶번 장표에는 앞에 있던 캡틴마블이 타노스의 뒤로 이동하면서, 타노스가 앞으로 왔다는 것을 알 수 있습니다. 포인트는 우리는 늘 가로, 세로만 생각하기 마련인데 이렇게 앞뒤로 원근법을 사용할 수도 있다는 겁니다. 평소에 가지고 있던 고정관념이나 생각의 틀을 깨부수면 부술수록 PPT 디자인은 어려운 것이 아닌, 한없이 쉽고 재미있는 것이 됩니다. 모두 간단한 조작으로 충분히 설정할 수 있는 것이거든요. 어떻게 만들 수 있는지 보여 드리겠습니다.

캡틴마블은 먼저 일어난 사건이므로 타노스보다 앞에 위치해야 합니다. '맨 앞으로 보내기'를 통해 그 순서를 바꾸어 주세요. ❶

원근법에 따라 멀리 있는 물체는 작게 보여야 합니다. 사이즈를 조절해 주셔야 합니다. 앞에 있는 캡틴마블은 크게, 뒤쪽에 있는 타노스는 작게 사이즈를 조절해 주세요. ❷

사진을 더블클릭해 주시면 상단 탭에 '꾸밈효과'가 생성됩니다. 그곳에 들어가셔서 '흐리게'(두 번째 줄 맨 우측)를 클릭해 주세요. 클릭하는 즉시 위와 같이 타노스에 '흐림 효과'가 적용이 됩니다. ❸ 그런데 이 정도만 흐려서는 충분한 원근감을 나타낼 수 없습니다. 흐리게는 조금 더 강하게 조절해야 하는데 이 역시 간단합니다.

❶ 정렬을 통한 순서 배치

❷ 멀리 있는 물체를 작게 표현

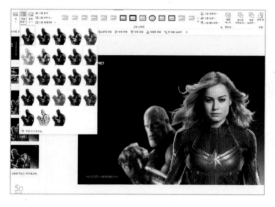

❸ '흐리게' 적용

❹ '꾸밈효과'에서 '흐리게' 강도 조절

❺ '흐리게' 값을 25로 조절해 강도를 높임

크리에이티브형 시간의 흐름 완성

크리에이티브형 시간의 흐름 완성

그림 서식에 들어가면, '꾸밈효과'란이 있습니다. '흐리게'는 이미 적용하셨기 때문에 흐림의 기본값인 '10'이 적용되어 있는 걸 확인할 수 있으실 거예요.❹ 취향에 따라 자유롭게 조절해 주시면 되는데, 이 값을 25 정도로 올려 놓으면 좋습니다. 숫자 값이 커질수록 흐림 정도가 강해집니다.❺

그럼 위의 왼쪽과 같은 장표가 완성됩니다. 이제 한 장을 더 만들어야 하는데, 정확히 반대로 해 주시면 되겠습니다. 캡틴마블을 타노스의 뒤쪽에 배치하고, 캡틴마블을 흐리게 설정한 뒤 그 값을 25로 올려 줍니다. 또한 캡틴마블은 타노스보다 작아야 하겠습니다.

LR형, TB형, Z형 그리고 크리에이티브형까지 정복하시면 이제 시간의 흐름에 대해서는 더 이상 고민하실 게 없으실 거예요.

SUMMARIZE
3

1 시간의 흐름을 나타낼 땐 왼쪽에서 오른쪽으로, 위에서 아래로 배치하자.
2 4장의 사진을 시간의 흐름에 따라 배치할 때 Z형을 떠올리자.
3 원근법으로도 시간의 흐름을 표현할 수 있으며,
   현장에서 아주 잘 먹히는 방법이다.

53

글래스모피즘으로
내 PPT를 잡지처럼!

이번 원칙에서는 글래스모피즘(Glassmorphism)에 대해 알아보겠습니다. 글래스모피즘은 굉장히 세련된 도형 제작 방식으로 그 어떤 도형보다 아름답게 보입니다.

아래와 같이 박스가 마치 글래스(유리)가 있는 것처럼 보이는 효과를 주는 것이 글래스모피즘입니다. 특히 인물 소개나 제품 소개의 하이라이트 부분에 간헐적으로 써 주시면 그 효과를 극대화할 수 있습니다.

글래스모피즘 적용 예시

● 제작 실습

먼저 이 도형은 일반적인 도형 제작 접근과는 제작 방법이 다릅니다. 그렇게는 만들 수 없고, 지금부터 설명드리는 방식으로 한번 따라해 보세요! 어렵지 않습니다!

똑같은 사진을 한 장 더 복사합니다. 그리고 이미지가 원래 있었던 자리에 똑같이 포개어 놓아 주세요.❶

그리고 사진 자르기를 통해 내가 박스화하고 싶은 부분만을 남기고 잘라 내 줍니다.❷

❶ 같은 사진을 한 장 더 복사

❷ 박스화하고 싶은 부분만 남기고 '자르기'

❸ 잘라진 부분 위치 확정

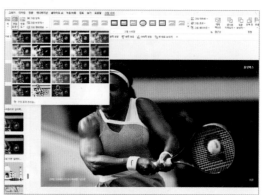

❹ 잘라진 부분을 '흐리게' 처리

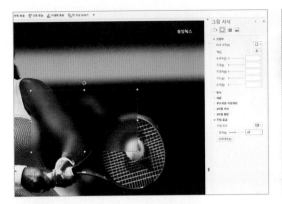

❺ '흐리게' 강도를 높여 더욱 극적인 처리

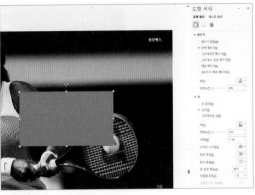

❻ 위에 일반 사각 도형을 포개기

❼ 도형 디자인 정리

❽ 텍스트 정리

❾ 글래스모피즘은 흰색도 가능

그러면 원본 이미지가 있고 그 위에 내가 자른 부분이 덧대어져 있는 것을 볼 수 있을 것입니다. 클릭을 해제하면 티가 나지 않습니다. 정확히 같은 위치에 있기 때문입니다. ❸

잘라 낸 부분을 더블클릭한 뒤, '꾸밈효과' 탭에 들어가 두 번째 줄 맨 우측의 '흐리게'를 선택해 줍니다. ❹ 그러면 그 부분만 흐리게 처리된 것을 보실 수 있는데요. 이 정도 흐림으로는 효과를 충분히 나타내 줄 수가 없기 때문에 그림 서식으로 들어가 흐리게 값(반경)을 높여 줍니다.

흐리게 값은 사진마다 느낌이 다르기 때문에 정답이 없습니다. 이번 사진에서는 저는 반경을 40으로 설정했습니다. ❺ 이후 '도형 - 사각도'형을 선택한 뒤, 위 '흐리게'를 설정한 사진에 꼭 맞게 사이즈를 설정해 줍니다. ❻

사이즈를 꼭 맞게 포개어 놨다면, 저 도형에서 1. 테두리를 없애고, 2. 도형 컬러를 검정색으로 변경한 뒤, 3. 투명도를 줍니다. 이번 경우 투명도를 70%로 설정했습니다. ❼ 이 역시 사진마다 설정값이 다를 수 있으므로 여러분의 취향에 따라 맞춰 주시면 됩니다.

이제 모든 과정이 다 끝났습니다! 이 위에 적절한 텍스트를 올려놓

아 주시면 글래스모피즘이 완성됩니다.❽

　글래스모피즘 도형을 제작할 때 꼭 사각 도형의 컬러를 검정색으로 해야 하는 것은 아닙니다. 도형의 컬러를 흰색으로 해도 좋습니다.❾

　흰색으로 하면 또 흰색 불투명 유리의 느낌이 나게 되므로 이 역시 취향에 따라 선택해 주시면 되겠습니다.

　흰색과 검정색의 불투명 유리는 우리 현실 세계에서 많이 접할 수 있기 때문에 가장 추천드립니다(가장 눈에 익기 때문에). 다른 컬러로 이 느낌을 표현하지 못하는 것은 아닙니다. 빨강, 파랑, 노랑 등 무슨 색이든 가능하죠. 하지만 '글래스모피즘'처럼 보이기 위해서는 현실 세계의 것들과 너무 이질감이 들면 안 되기 때문에 흰색이나 검정색을 추천드리는 것입니다.

1 세련미가 넘치는 도형을 제작하고 싶다면 글래스모피즘을 떠올리자.
2 한 번 배치하면 이동하기가 번거로우므로
　애초에 위치를 잘 잡아야 한다.
3 흰색이나 검은색의 유리 느낌을 내는 것을 가장 추천하며,
　중요한 인물 소개나 제품 소개에 꼭 한번 써 보자.

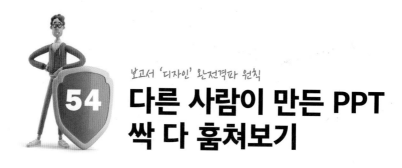

54 다른 사람이 만든 PPT 싹 다 훔쳐보기

PPT 만들 때, 누구나 하는 생각은 '어디 참고할 PPT 없나'일 것 같습니다. 저도 그랬고 수많은 동료, 선배, 후배님들이 그랬으니까요. 발품을 팔아서 과거 자료를 구하려고 해도, 늘 보던 것만 돌아다니는 것이 현실이죠. 이때 다른 사람이 만든 양질의 PPT or PDF를 쉽게 구할 수 있는 검색 방법이 하나 있습니다.

구글 검색 시, 검색어 앞에 삽입

● 검색어 앞에 Filetype:pdf를 붙여 검색

구글에서 여러분의 검색어 앞에 'Filetype:ppt'라는 것을 붙여서 검색하는 방법입니다. 이 때 검색어에 ppt 대신에 pdf를 대입해 검색해도 좋습니다. 오히려 이 편이 더 양질의 자료들이 많기 때문에 추천드립니다. PPT의 경우 우리가 해당 폰트를 가지고 있지 않을 가능성이 더 크고 또 디자인적으로도 PDF 자료들이 훨씬 양질이기 때문에 PDF로 검색하시는 것이 좋겠습니다. 양쪽 다 가능하다는 것만 알아 두시면 됩니다. 예를 들어 우리가 지금 전기차에 대한 보고서를 쓰고 있다고 가정하고 구글에서 'Filetype:pdf tesla'로 검색하면 어떤 결과가 나오는지 보겠습니다.

검색 결과에 **PDF** 자료만 나온다

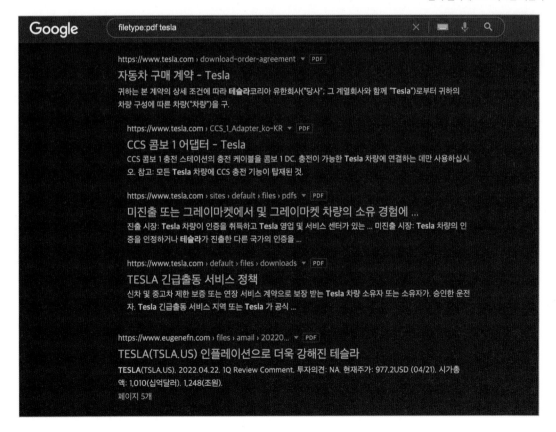

OPERATIONAL SUMMARY
(Unaudited)

	Q1-2021	Q2-2021	Q3-2021	Q4-2021	Q1-2022	YoY
Model S/X production	0	2,340	8,941	13,109	14,218	N/A
Model 3/Y production	180,338	204,081	228,882	292,731	291,189	61%
Total production	180,338	206,421	237,823	305,840	305,407	69%
Model S/X deliveries	2,030	1,895	9,289	11,766	14,724	625%
Model 3/Y deliveries	182,847	199,409	232,102	296,884	295,324	62%
Total deliveries	184,877	201,304	241,391	308,650	310,048	68%
of which subject to operating lease accounting	13,602	14,492	16,658	16,160	12,167	-11%
Total end of quarter operating lease vehicle count	83,032	95,491	108,757	120,342	128,402	55%
Global vehicle inventory (days of supply)[1]	8	9	6	4	3	-63%
Solar deployed (MW)	92	85	83	85	48	-48%
Storage deployed (MWh)	445	1,274	1,295	978	846	90%
Store and service locations	561	598	630	655	673	20%
Mobile service fleet[2]	1,013	1,091	1,190	1,281	1,372	35%
Supercharger stations	2,699	2,966	3,254	3,476	3,724	38%
Supercharger connectors	24,515	26,900	29,281	31,498	33,657	37%

위 검색 방법으로 얻은 결과

위 화면을 보시면, 모든 검색 항목 옆에 'PDF' 마크가 붙어서 나오는 것을 알 수 있으실 겁니다. 즉 저 검색어를 붙임으로 인해 PDF로 된 자료들만을 골라 보여 주고 있다는 겁니다.

그중 하나를 클릭해 보니, 위와 같은 자료가 나왔습니다. 그렇다면 이제 당신은 저 도표의 스타일이나 컬러도 얼마든지 참고할 수 있겠죠.

● 자료를 모아 두는 습관을 기르자

이뿐만 아니라 이 PDF 자료들은 다운로드도 가능합니다. 평소에 이 방법을 통해 여러분이 관심 있는 분야의 자료를 모아 두는 것도 좋은 취미가 됩니다. 필요할 때마다 적재적소에 꺼내어 보고 또 참고하면 될 테니까요.

지금까지 여러분들 대부분은 단순히 검색어만 입력해서(ex - Tesla) 찾아보셨을 텐데, 이제 앞에 'filetype:pdf' 등을 붙여서 좀 더 스마트하게 검색하시길 바라겠습니다. 이 방법만 알아도 PPT 디자인을 참고할 것들이 쏟아질 정도로 나오고 또 여러분의 상사들은 이런 자료를 어떻게 이렇게 잘 구하냐고 칭찬도 해 줄 거예요. 가장 중요한 것은 여러분의 소중한 자산이 차곡차곡 쌓인다는 거겠죠.

1 단순한 키워드 검색보다는 검색어 앞에 'Filetype:pdf' 등을 붙여 검색해 보자.
2 검색한 자료를 당신의 PPT 백업 자료나 디자인 등에 충분히 활용하자.
3 평소에 자료를 모아 두는 습관을 함께 길러 보자.

준비|Be Ready

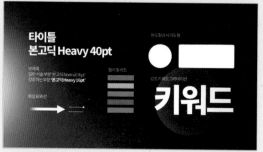

+ 2

사람을 이해하는 PPT

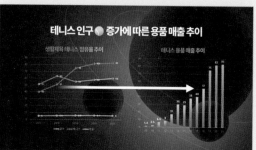

+ 2

Blind Text

+ 1

All about Color

+ 9

Gradation

+ 6

Grey is the Key

+ 5

디자이너 작품처럼 보이는 비밀

+ 4

Never Give up

+ 1

Shadow

+ 2

Mockup

Emoji

+ 8

Skills to Emphasize

+ 6

보조발표자

+ 4

Lines

+ 3

White Space

+ 2

How big

Luxury

\+ 2

Page separation

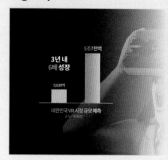 

\+ 4

Minimalism

\+ 4

Trimming

\+ 5

+ **4**

Compare ────────────────────────────────

+ **1**

제 3 장

보고서 '발표' 완전 격파할 수 있는
14가지 원칙

여러분은 이제 기획서를 어떻게 쓰는지도 알게 되었고, 여러분의 글을 PPT에 올려 프로 세계에서 통하는 디자인을 하는 방법까지 알게 되었습니다. 최소한의 시간만을 투입해 남들보다 훌륭한 PPT 디자인을 하실 수 있게 되었습니다. 이제 남아 있는 단계는 바로 '발표', 그러니까 PT죠. PT는 엄밀히 말씀드리면 글보다, 디자인보다 중요합니다. 물론 원석이라고 볼 수 있는 '글'은 정말 중요합니다만 발표를 잘 해내지 못하면, 그 보석 같은 내용을 효율적으로 전달할 수 없게 됩니다. 하지만 내용이 조금 부족하더라도 여러분이 매력적으로 PT만 잘 해내면 청중들을 감동시킬 수가 있고요. 그렇게 되면 당연히 계약을 체결하고 돈을 벌 수 있게 되는 것입니다. 여러분의 보고서를 완성시켜 줄 '발표', 지금부터 시작합니다.

55 진짜 잘 먹히는
'표지'의 기술

PPT 표지는 발표의 '첫인상'이라고 할 수 있습니다. 첫인상은 굉장히 중요하죠. 말 그대로 강력한 첫인상을 줄 수 있는 두 번째 기회는 없으니까요. 이번 원칙에서는 다양한 상황에 맞는 PPT 표지 전략에 대해 알아보겠습니다. 표지 전략은 크게 두 가지 경우에 따라 구분할 수 있습니다. 하나는 발표용 PPT인 경우, 다른 하나는 문서 보고용 PPT인 경우입니다.

● 발표용 PPT의 표지에 동영상을 활용하라

발표용 PPT인 경우 표지를 어떻게 활용하면 좋을까요? 발표 경험이 있으신 분들은 잘 아시겠지만, 발표를 시작하기 직전이 프레젠테이션에서 가장 고요한 정적이 흐르는 순간입니다. 발표에서 가장 중요한 역할을 하는 사람은 아무래도 발표자(프레젠터)인데, 이 정적은 발표자를 더욱 긴장하게 만듭니다. 왜냐하면 발표를 듣는 청중들이 조용히 앉아서 발표자의 입을 주목하고 있기 때문이죠. 모두가 자신의 입을 주목하고 있다는 사실이 프레젠터에게 엄청난 부담을 주는 겁니다.

　발표 시작 전 정적이 프레젠터의 긴장감을 가중시키는 원인입니다.

문제의 원인을 알았으니, 이제 문제를 해결하는 방법을 알려 드리겠습니다. 앞서 언급했던 것처럼 '문제를 발견한다 → 문제를 해결한다'는 기획서를 쓸 때 가장 핵심이 되는 큰 골조입니다. 이는 너무나도 중요한 사항이니 반드시 익혀 주시기 바랍니다.

문제를 해결하는 방법은 간단합니다. 내 입으로 몰린 그 시선들을 다른 곳으로 돌리면 그만입니다. 청중의 시선을 돌리기 가장 좋은 곳은 바로 화면에 띄워져 있는 장표입니다. 장표에 시선을 끌 만한 요소가 있다면, 그만큼 효과적으로 청중의 시선을 돌릴 수가 있죠.

위 이미지는 표지의 예시입니다. 배경을 이미지라 가정하고, 위와 같이 띄워 놓는다면 임팩트 측면에서는 특별할 게 없습니다. 사람들의 시선을 뺏어 오기엔 충분하지 못하죠. 하지만 단순 이미지라고 생각했던 저 배경이 영상이라면 어떨까요? 그럼 이야기가 달라집니다. QR코드를 통해 영상화된 표지를 함께 볼까요?

어떠신가요? 이번 발표의 주제인 '기획과 PPT를 마스터하는 프로들의 50가지 원칙'이라는 제목을 해치지 않으면서도 배경으로 아름다운 영상이 반복 재생되고 있기 때문에 사람들의 시선을 가져올 이유가 차

● 영상화된 표지 예시

고 넘칩니다. 사람들의 시선이 화면으로 향해 있으니, 프레젠터의 입장에서는 미리 발표할 내용을 연습하거나 장치 확인, 옷매무새 정리 같은 기타 장치에 집중할 여유까지 생길 수 있습니다. 그런 사소한 것들이 프레젠터의 긴장감을 풀어 줄 수 있죠.

물론 모든 발표용 PPT의 표지를 동영상으로 만드는 것은 적절하다고 볼 수 없습니다. 예를 들면 사내용 PPT 같은 경우에는 어떨까요? 사내에서도 내가 담당한 어떤 건에 대해 사내 청중을 모셔 놓고 발표해야 하는 경우가 있습니다. 하지만 이럴 때, 사내 청중이 늘 많은 비즈니스 이야기를 해 오는 가까운 사이라면, 이건 상대방에게 부담으로 작용하는 경우가 생길 수 있습니다. 조금 더 자세히 표현하자면 사내 발표 자리에서는 '굳이' 그렇게까지 하지 않아도 된다는 겁니다. 그럼 사내용 PPT의 경우 표지를 어떤 식으로 가져가면 될까요? 사내용 PPT는 발표용이라 할지라도 보고서용 PPT의 표지와 동일하게 가져가시면 됩니다. 지금부터는 보고서용 PPT에 반드시 들어가야 할 내용 및 기준에 대해 알려 드리겠습니다.

● **보고서용 PPT 표지**

보고서용 PPT 역시 전혀 어렵게 생각하실 필요 없습니다. 먼저 직관적인 카피의 타이틀이 들어가야 합니다. 가끔 독특한 표지를 만들고 싶다는 욕심에서 타이틀을 생략하거나 지나치게 은유적인 타이틀을 쓰는 경우가 있는데, 이것은 주의해야 합니다. 보고서에서 크리에이티브는 있으면 좋은 부분이나 그 크리에이티브가 본질을 방해해서는 안 됩니다.

예를 들어 신규 출시하는 테니스 의류에 대한 크리에이티브 방향을 제안하는 자리에서는 표지 타이틀을 다음 이미지처럼 "테니스 라인업 크리에이티브 제안"이라고 가져가는 것이 적절합니다. 여기에서 "테니

신규 출시하는 테니스 의류
표지 타이틀
(배경 영상 출처: 나이키)

스는 인생이다!"와 같은 식으로 너무 은유적으로 꼬는 것은 직관적이지 않기 때문에 좋지 않습니다. 청중들에게 이번 발표는 무슨 이야기를 하려고 하는 것인지에 대한 혼돈을 주기 때문입니다.

그리고 표지에는 발표자의 소속과 이름을 적어야 합니다. 이것도 필수적으로 들어가야 하는 항목이므로 특별한 경우가 아니라면 생략하지 말아 주시기 바랍니다. 발표하는 날짜의 경우 '생략할 수 있다 vs. 없다' 갑론을박이 있는 것으로 알지만, 저는 생략해도 된다고 생각합니다.

날짜는 문서를 인쇄하던 시절, 정확한 문서 제작 날짜를 알 수 없는 불편함 때문에 기재해 왔는데 최근 문서를 인쇄하는 경우는 거의 없어

여기서 잠깐!

크리에이티브?

크리에이티브(creative)의 문자적 의미는 '창조적인'입니다. 세상에 없던 것을 처음으로 만들어낸다면 크리에이티브한 것이 되는 거죠. 특히 소비자들의 시선을 끌어야 하는 광고업계에서 크리에이티브 전략을 강조하는데요. 창의력이 돋보이는 광고가 소비자들의 마음을 쉽게 움직이기 때문일 것입니다.

졌다고 보면 됩니다. 여러분의 보고서는 파일의 형태로 존재하며 그 파일에는 제출 날짜는 물론 내용을 수정한 날짜까지 모두 상세하게 기록이 되어 있습니다. 즉 날짜를 기재해야 할 이유가 '관습' 말고는 딱히 없는 것입니다. 이런 이유로 표지에서 날짜는 생략해도 된다고 말씀드릴 수 있습니다. 단언컨대 보고서에서는 필요 없는 부분은 빼거나 생략하면 할수록 좋습니다. 빼면 뺄수록 본질만 남기 때문에 여러분의 내용을 간섭 없이 직관적으로 전달할 수 있게 됩니다.

만약 날짜를 꼭 기재하고 싶다면, 잘 보이지 않는 위치에 블라인드 텍스트(Blind Text)로 삽입하시기를 추천드립니다. 중요하지 않은 것을 눈에 잘 띄는 자리에 넣을 필요는 전혀 없습니다. 정리하면 표지에는 내용이 직관적으로 전달되는 텍스트, 발표자의 소속과 이름, 그리고 배경에 넣을 이미지나 영상, 이렇게만 있으면 됩니다.

● 발표용 PPT 표지에 영상을 활용하는 기준

이쯤 되면 표지에 영상을 넣을 경우, 어떤 영상을 넣어야 하는지 그 기준을 만들어 드려야 할 것 같습니다. 이 부분이 많은 사람들이 어려워하는 부분입니다.

먼저 가장 기본이 되는 원칙은 '내용과 관련 있는 동영상'을 넣어야 한다는 것입니다. 간혹 영상 자체가 멋있다는 이유로, 내가 좋아하는 영상이라는 이유로 내용과 상관관계가 떨어지는 영상을 삽입하는 경우가 있습니다. 이는 당연히 좋지 않습니다. 내가 발표하려는 내용과 영상의 관련성이 떨어지기 때문에 이 역시 청자들에게 혼돈을 주는 요인이 됩니다. 그리고 최대한 영상미가 있는 세련된 영상을 배경에 넣는 것이 좋습니다. '세련된 영상'이라는 것의 기준이 참 애매하지만 이 자리에서 몇 가지 정해 드리겠습니다.

세련된 영상 선택에 자신이 없을수록 피해야 하는 것이 '정속도(X1)로 촬영된 일반 영상'입니다. 일반인들이 영상을 보며 세련됐다고 느낄 때는 영상의 속도가 현실과 달라 긍정적인 이질감을 느낄 때입니다. 그래서 우리는 슬로우모션이나 패스트모션을 볼 때, 영상이 '멋지다'고 느낍니다. 광고 영상에서 이 기법을 자주 쓰는 것도 그 때문입니다. 영상을 찾으실 때 검색어와 함께 'Slow' 혹은 'Fast'를 함께 검색하시면 쉽게 찾을 수 있습니다.

표지에 넣을 좋은 영상을 선택하는 기준 중 하나는 '색감'입니다. 일반적으로 미적 감각이 발달하지 않은 사람들 가운데 아름다운 색감을 잘 구분하지 못하는 경우가 종종 있습니다. 그것을 피하기 위해 '회색조' 영상을 사용하는 방법도 추천드립니다. 쉽게 말해 흑백 영상입니다. 검색하실 때 검색어 뒤에 'Grayscale'을 함께 붙여서 찾으면 쉽게 찾을 수 있습니다.

우리가 지금 이야기 하고 있는 것은 '보고서'입니다. 즉 여러분의 문서는 특정 회사와 관련성이 있을 수밖에 없다는 이야기입니다. 그런데 보통 회사는 어떤가요? 회사마다 고유 컬러를 가지고 있습니다. 현대자동차 하면 블루(Blue), 테슬라 하면 레드(Red), 스타벅스 하면 그린(Green)이 떠오르는 것처럼요. 여러분이 표지에 컬러로 된 영상을 사용하고자 하실 땐, 반드시 이 점을 중요하게 생각해야 합니다.

만약 여러분이 발표를 하는 대상이 이마트(E-Mart) 관계자라고 해 보죠. 이때 표지에 들어가는 영상의 메인 컬러가 레드라면 어떨까요? 그건 이마트가 아니라 롯데마트나 하이마트 혹은 홈플러스를 연상케 하는 컬러입니다. 이것은 즉각적으로 청중에게 불쾌감을 주는 요인이 될 수 있습니다. 우리가 표지 조금 잘해 보겠다고 소탐대실하는 경우가 있으면 안 되겠습니다. 가능하면 청중과 관련이 있는 컬러가 메인이 된 영상을 쓰시거나, 그렇지 않다면 어떤 경쟁사가 떠오르지 않는 컬러를 써야 한다는 것에 집중해 주세요.

● 반복 재생과 음성 설정을 기억하라

마지막으로 PPT에 영상을 삽입할 때 주의해야 하는 점이 있습니다. 바로 '반복 재생'과 '음성 설정'입니다. 본격적으로 발표를 시작하기 전, 대기 시간이 얼마나 길어질지는 아무도 모릅니다. 주요 인사가 지각을 해서 10분 이상 딜레이되는 경우도 있고, 기술적 문제 등으로 딜레이될 수도 있죠. 예상치 못한 경우로 PT가 수분에서 수십 분 딜레이되는 것은 흔한 일입니다. 이를 대비해 영상이 끊기는 일이 없도록 설정해 놓아야 합니다. 그것이 반복 재생입니다.

영상을 더블클릭하면 상단 바(Bar) 부분에 '비디오 형식'이라는 것이 있고 그 바로 옆에 '재생'이 있습니다. 재생에 반복 재생을 선택할 수 있는 체크박스가 있는데, 이 부분을 클릭하면 영상이 끝나는 즉시 리플레이(Replay)를 하게 됩니다. 딜레이되는 시간이 얼마나 오래나에 상관없이 계속해서 영상이 플레이될 수 있도록 하는 장치입니다.

또 한 가지 설정해 놓아야 하는 것이 있는데 바로 '볼륨'입니다. 볼륨은 현재 자동 재생되고 있는 영상에 깔려 있는 볼륨을 어느 정도 크기로 재생할 것인지를 뜻하는데, 저는 개인적으로 이 부분을 '음소거'로 설정해 놓습니다. 여러분이 별도의 편집 능력이 있는 상황이 아니라면, 음악까지 자연스럽게 연결되게 하는 것은 쉬운 일이 아닙니다. 그러니 부자연스러움을 주지 않기 위해 '음소거'로 해 놓는 것이 가장 안전합니다.

PT 장소의 환경에 따라 음악이 너무 크거나 작거나 하는 경우도 있습니다. 음악이 갑자기 크게 나오면 청자들이 불편해합니다. 이런 이유들로 인해 '음소거'를 추천드립니다. 영상이 플레이 되는 것만으로도 주

영상 선택 → 재생 → 반복 재생(영상을 요소로 삽입하는 경우 영상의 배경 컬러와 PPT의 배경 컬러를 동일하게!)

목도를 끌어올리는 목적은 충분히 달성할 수 있습니다.

　이뿐만 아니라 비디오 트리밍(Mac에서는 '비디오 맞추기'로 되어 있습니다)도 가능합니다. 내가 다운로드한 동영상을 무조건 처음부터 끝까지 다 쓰고 싶은 경우는 거의 없죠. 내 발표의 주제와 맞는 구간이 있을 것입니다. 편집이 가능한 분들에게는 간단한 부분이겠지만, 보통은 편집 프로그램까지 다루고 있지는 않죠. 이때 필요한 것이 비디오 트리밍입니다. 매우 직관적으로 누구나 쉽게 쓸 수 있도록 되어 있으니 꼭 이 구간에서 여러분이 필요한 부분만 잘라 써 주시길 바랍니다.

● 동영상보다 중요한 타이틀

표지에는 동영상을 넣는 것이 청중들의 시선과 기대감을 사로잡는 데 가장 좋은 방법입니다. 하지만 어디까지나 표지 장표에서 동영상은 절

볼륨 → 음소거(출처: Behance.net)

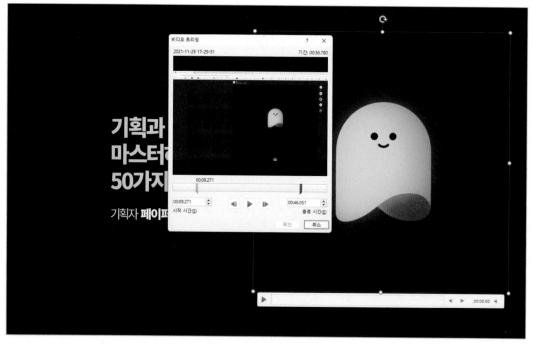

비디오 트리밍(원하는 구간을 앞뒤로 잘라 내어 편집)

대 주인공이 아니라는 것을 잊으면 안 됩니다. 주인공은 여러분의 발표 제목입니다. 앞의 이미지를 예로 들면 '기획과 PPT를 마스터하는 프로들의 50가지 원칙'이 주인공이 되어야 합니다. 동영상이 저 타이틀을 방해하거나 오인지를 줄 여지가 있다면 과감히 없애는 것이 나을 정도라는 걸 꼭 기억해 주세요.

1. 표지에 동영상을 삽입해, 프레젠터에게 쏟아지는 시선을 돌리자.
2. 내용과 관련 없는 동영상을 플레이하는 것은 오히려 악영향을 끼친다.
3. 표지에서 가장 중요한 것은 '동영상'이 아니라 발표할 내용을 알려 주는 '타이틀'이다.

56 발표 도중 멘트를 까먹는 대참사를 막는 방법

발표용 PPT 장표에 글이 많이 들어가면 안 된다는 것은 이제 다들 아실 만한 기본적인 사항입니다. 아무리 하고 싶은 말이 많다고 하더라도 글은 줄이고 줄여, 핵심만 남겨 놓아야 합니다. 예시 장표를 하나 볼까요?

아래 예시와 같이 글이 많이 들어간 PPT라면 발표할 때 멘트를 까먹는 일은 없을 겁니다. 내가 말하고자 하는 거의 모든 내용이 장표 안에 담겨 있기 때문에 발표 도중 말문이 막힌다 하더라도 화면을 보고 다음에 이어갈 말을 찾으면 그만이니까요.

늘 '말문이 막히는 문제'는 다음 페이지의 예시와 같은 장표에서 나타납니다. 발표용 장표이기 때문에, 페이지 안에 들어간 글이 극도로 적

글이 충분히 많은 장표

글이 충분히 많은 장표

거나 아예 없는 경우도 많이 있죠. 이런 상황에서 내가 하고 싶은 말을 수분 동안 이어간다는 것은 결코 쉬운 일이 아닙니다. 익숙해지기까지는 당연히 몇 번 이상의 발표 경험이 필수적이긴 하나, 경험이 없다고 해서 중간에 멘트가 끊기는 일은 초보건 고수건 절대로 일어나서는 안 되는 일입니다. 한 번의 막힘이 두 번째 막힘을 불러오고 그것이 연쇄적으로 일어나다 보면 청중들이 여러분의 이야기에 더 이상 귀를 기울일 수 없는 최악의 상황으로 번지게 됩니다.

● 하단 10%의 공간을 활용하라

하지만 우리에게는 다 방법이 있습니다. 바로 '하단 10%'의 공간을 활용하는 것입니다.

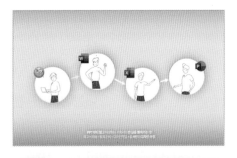

　　오른쪽 3가지 이미지가 보이시나요? 공통적인 특징이 하나 있습니다. 뭘까요? 장표 안의 글자가 극도로 적다? 맞습니다. 그것도 공통점이긴 하죠. 하지만 더 중요한 공통점이 하나 있습니다. 그렇습니다. 하단 10% 부분에 의식해서 집중하지 않으면 잘 안 보이는 문장이 있다는 점입니다. 우리는 이걸 '블라인드 텍스트(Blind Text)'라고 부릅니다. 즉 있어도 되고 없어도 되는 글자라는 것이죠.

　　다시 말하면, 청중들은 하단 구석에 박혀 있는 텍스트에 군이 주목하지 않지만 발표를 하는 우리 입장에서는 굉장히 소중한 글자들이라는 말입니다. 우리에게는 있어야 하지만, 청중에게는 없어도 되는 글자들인 것이죠.

텍스트가 없는 장표

● 글자 크기는 12pt, 최대 3줄을 넘지 마라

사전에 발표를 연습하시다가 글자가 너무 없어서 발표 멘트를 놓칠 것 같아 걱정이 되는 장표에는 하단 10%의 공간에 글자 크기는 12pt를 넘지 않도록 하고, 최대 3줄을 넘지 않는 텍스트를 자유롭게 기재해 주세요. 만약 글자 크기가 12pt를 넘게 되거나 4줄 이상이 들어가게 되면 더 이상 블라인드 텍스트로 인지되지 않을 확률이 커집니다. 즉, 청중이 여러분의 발표를 듣는 데 있어서 방해가 될 수 있다는 말입니다. 걱정 마세요. 12pt 크기의 글자가 작은 것 같아도, 실제 발표하는 환경에서 여러분이 큰 모니터를 통해 보시게 되면 충분히 인지 가능한 글자 크기입니다.

물론 베스트는 이런 장치 없이도 충분한 연습을 통해 발표를 잘해내는 것임은 분명합니다. 하지만 그런 레벨에 오르기까지는 상당한 연륜과 시간이 필요합니다. 그러니 걱정되시는 경우에는 부담 갖지 마시고 하단 10% 마법의 공간을 여러분의 것으로 만드시길 바랍니다. 이 공간을 잘 활용하는 자야말로 기가 막힌 발표를 할 수 있다는 걸 기억해 주세요.

SUMMARIZE 3

1 하단 10%의 공간은 커닝 페이퍼 공간이다.

2 글자 크기는 12pt, 최대 3줄을 넘지 않는 선에서 발표에 필요한 키워드를 적어 놓자.

3 이렇게 하다 보면 어느 순간 커닝 페이퍼 없이도 발표를 잘하는 경지에 오를 수 있다.

발표는 연기다!
연기력을 높여
발표를 성공으로 이끌자!

57

PPT는 '한 편의 영화와 같다'고도 할 수 있습니다. 영화에는 주연이 있죠. 그게 PPT에서는 발표자입니다. 영화는 관객이 있죠. 여러분의 PPT도 듣는 청중들이 있습니다. 영화는 좋은 스토리로 관객을 사로잡아야 하고, PPT는 좋은 내용으로 청중을 사로잡아야만 흥행할 수 있습니다. 그리고 영화의 스토리에서 가장 중요한 부분은 뭐니 뭐니 해도 엔딩 부분입니다. PPT는 영화와 같기 때문에 영화만큼 엔딩이 중요합니다.

▶ YouTube

프레젠테이션 고도의
연기력이 필요한 순간

● 발표는 연기다

영화에서 관객의 집중력을 빼앗는 요인은 여러 가지가 있겠습니다만, 그 중 가장 크게 작용하는 것이 주연배우의 연기력입니다. 슬픈 장면에서는 관객들이 눈물을 흘릴 수 있도록 연기에 몰입해야 하겠고, 긴박한 상황이라면 표정과 행동에 긴박감이 묻어 있어야 관객들은 그 상황에 몰입하고 동의할 수 있겠죠. PPT도 마찬가지입니다. 여러분이 장표라는 스크린을 통해 스토리를 풀어 나가다 보면, 위기감을 불러일으켜야 하는 부분도 있고 공감을 이끌어 내야 하는 부분도 있을 것입니다. 이때 만약 책 읽는 어투로 발표를 이어 나간다면 발 연기를 하는 주연의 영화처럼

절대로 흥행하지 못할 것입니다. 나쁜 영화에 낮은 평점이 달리듯 여러분의 PPT도 좋은 평가를 받지 못하겠죠.

위 이미지는 '기획'의 중요성에 대해 설명하는 PPT 장표입니다. 한번 비교를 해 보세요. 마치 아무 감정 없이 책을 낭독하듯 "같은 제품을 팔아도 부가가치를 올리려면 여러분의 상품이나 서비스에 기획이 있어야 합니다." 이렇게 읽는다면 어떨까요? 이 부분은 정말 중요한 장표임에도 불구하고 듣는 사람들은 이 부분이 얼마나 중요한지 크게 공감하지 못하고 넘어갈 가능성이 굉장히 높습니다. 발표의 하이라이트 부분임에도 불구하고 말이죠.

반면, 이렇게 진행하면 어떨까요? "A와 B라는 회사가 있습니다. 이두 회사는 같은 성능의 제품을 판매하고 있습니다. 가격만 놓고 보자면 A가 B보다 비싼 가격에 판매되고 있지만, A에서 판매되는 판매량이 훨씬 더 높습니다. 대체 왜 이런 현상이 벌어지는 걸까요?" 먼저 이런 식으로 질문을 던지는 겁니다. 그리고 사람들의 눈을 하나하나 마주치면서 대답을 기대하는 눈빛을 보내는 겁니다. 이 순간 이미 사람들은 여러분이 질문을 던졌다는 사실 하나만으로 딴 생각을 할 여유조차 없어져 버립니다. 완전히 여러분의 입에 몰입하게 되죠. 어차피 대답을 기대하고 던진 질문이 아니기에 여러분은 계속 말을 이어나가시면 됩니다. "그렇습니다! 바로 '기획력'의 차이입니다" 이렇게요.

아무런 극적 장치 없이 책 읽듯 읽었을 때와 질문을 던져 주의를 환기시킨 뒤, '기획력'을 강하게 강조하는 화법인데요. 어떤 것이 더 효과적일지는 여러분도 느끼셨을 겁니다. 이것이 바로 연기력입니다. PPT 발표에서 연기라는 것은 강조해야 할 부분을 강조할 줄 알고, 농담을 할 때 사람들을 웃게 만들 줄 아는 능력입니다. 연기력이 좋은 프레젠터일수록 좋은 PT를 할 줄 알고 승률이 높습니다.

● PT의 엔딩은 영화의 결말과 같다

PT에서 엔딩 부분이 중요하다고 말씀 드렸습니다. 영화의 결말과 같은 부분이기 때문인데요. 이때도 역시 고도의 연기력이 필요한 부분입니다. 어떤 감정의 연기력이 필요할까요? 바로 '결심'입니다. 여러분의 PT를 다 들은 청중들은 이제 고민을 시작합니다. 이 제안을 받아들일지 말지. 받아들이고는 싶은데 비용이 생각보다 높아서 고민하는 분들도 있을 것이고요, 이성적으로는 설득이 됐는데 왠지 마음이 움직이지 않는 분들도 계시겠죠. 이런 사람들의 마음을 완전히 우리 쪽으로 돌리는 것이 바로 엔딩에서 해야 할 일입니다. 아래 이미지를 보시죠.

마지막 장표의 잘못된 예

마지막 장표의 잘못된 예

대부분의 사람들이 결론 페이지로 선택하는 스타일입니다. '지금까지 들어 주셔서 감사합니다', 'Thank You', 'Thank you for your attention', 'E.O.D', 'End of Document', 'Q&A' 등 이런 식으로 장표의 맨 마지막을 장식하죠. 가슴에 손을 얹고 생각해 보자고요. 이런 식의 장표를 넣으면서, 한번이라도 의심해 보신 적 있으십니까? 그냥 남들이 다 쓰니까 나도 이렇게 쓰고 있지는 않으셨나요?

맞습니다. 이런 식의 엔딩은 그냥 악습의 반복일 뿐 그 이상도 이하도 아닙니다. 내 선배가 저렇게 쓰니까, 내가 참고하던 제안서들의 마지막 장이 저렇게 되어 있으니까 나도 저렇게 써야겠다는 생각으로 아무 생각 없이 쓰고 계셨을 확률이 높습니다. 하지만 아무도 저런 식으로 마무리를 하라고 강요하지 않습니다. 그냥 우리가 고민을 덜 했을 뿐이죠.

● 사람들의 마음을 읽자

아래 이미지는 실제 한 기업을 대상으로 프레젠테이션을 할 때, 사용했던 엔딩 장표입니다. 이 프레젠테이션에 대해 간략히 말씀드리면 '어린

마지막 장 활용의 좋은 예

● 예시

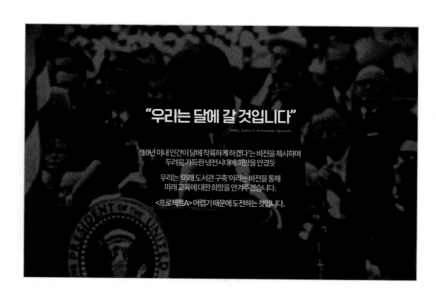

이 VR 도서관'을 짓는 프로젝트로서 대단히 큰 규모의 예산과 인력이 필요한 프로젝트였습니다. 당시 아무도 시도하지 않았었던 형태의 도서관으로 레퍼런스가 없는 상태인지라 성패 여부를 가늠하기 쉽지 않은 상태였죠. 그래서 PPT를 만드는 과정에서 미리 사람들의 마음을 읽었습니다. 이 제안을 받아들일지 말지, 받아들이고는 싶은데 비용이 생각보다 높아서 고민하는 분들이 많을 것이라는 예상을 했던 것이었죠. 즉 '결심'하는 데까지 상당한 어려움이 있을 것이라는 걸 알고, 결심을 도와주게 만드는 엔딩 장표를 만들었던 것입니다.

존 F. 케네디의 스피치를 인용했습니다. "우리는 달에 갈 것입니다."라는 말을 메인 카피로 뽑았습니다. 저 당시만 해도 사람들은 말도 안 되는 이야기를 한다고 생각했을지도 모릅니다. 하지만 당당하게 '10년 내 인간이 달에 착륙하게 하겠다.'는 비전을 제시하며 시민들에게 희망을 안겼다는 점을 어필하면서 우리 역시 이번 프로젝트를 통해 대상인 어린아이들은 물론 기업의 임직원들에게까지 미래 교육에 대한 희망을 안겨 주겠다고요. 그리고 이번 프로젝트가 예산도 크고 진행도 복잡하기 때문에 쉽지 않은 프로젝트라는 것을 인정하며 그들과 공감대를 형성했습니다. 목적은 그들을 결심하게 만드는 것이었기에, '달 착륙 프로젝트'처럼 우리도 어렵기 때문에 도전하는 것이며, 그 도전으로 인해 많은 것을 바꿀 거라는 이야기를 던졌죠.

위에 제가 예시로 들어드린 엔딩이 정답이라고 말씀드리는 것이 아닙니다. 엔딩은 여러분의 프로젝트에 따라서, 또 어떤 감정을 불러일으켜야 하는지에 따라서 모두 달라질 수 있습니다. 우리가 기억해야 할 중요한 부분은 듣는 청중들은 로봇이나 AI가 아니라는 겁니다. 인간입니다. 비즈니스를 하는 인간은 이성이 발달되어 있긴 하지만, 마음을 함께 움직일 수 있어야 다음 단계로 진행할 수가 있습니다. 아무리 이성적으로 설득되어도 마음이 내키지 않으면 움직이지 않는 게 인간이거든요. 그러니 여러분도 여러분의 상황에 맞게 가급적이면 극적인 엔딩을 주면 좋겠습니다.

첫째, 여러분의 장표를 전체적으로 섬토하면서 어떤 감정을 불러일으키는 것이 중요한지를 파악해 보세요. 각오가 될 수도 있고 희망이 될 수도 있고 공감대가 될 수도 있습니다. 이것은 프로젝트에 따라 달라집니다.

둘째, 가급적 여러분의 말보다는 유명인의 말을 인용해 주세요. 사람들은 이미 충분히 검증된 사람들의 말과 행동을 덜 의심합니다. 즉 여러분이 하고 싶은 이야기를 유명 인사의 말을 빌려서 하는 것이죠. 제가 케네디의 말을 인용했던 것처럼요.

셋째, 배경으로 동영상을 넣어 주세요. 표지에서 했던 것처럼요. 다만 이때 동영상은 보조도구의 역할만 해야 합니다. 동영상이 여러분의 이야기나 화면에 있는 카피(Copy)들을 방해해서는 안 됩니다. 동영상의 톤이 너무 밝다면 사각 투명 그러데이션 박스를 중간에 삽입하여 톤을 인위적으로 눌러 줘야 합니다. 이 장표는 제가 QR코드를 통해 공유 드리고 있으니 PPT를 어떤 구조로 만들었는지 직접 확인해 보시기 바랍니다. 명심하세요. PT는 연기입니다. 연기를 잘해 내는 사람이 흥행을 불러옵니다.

1 발표는 연기다. 연기를 잘하는 자, **PT**에서 승리한다.
2 엔딩 장표를 우습게 보지 말자. 영화의 결말 부분만큼 중요하다.
3 비즈니스는 이성이 메인이지만
   결국 인간의 마음을 움직일 줄 알아야 한다.

보고서 '발표' 완전격파 원칙

58 주목도 200% 상승시켜 주는 팀원 소개 방법

다른 기업에 우리 회사를 소개하거나 PT 면접을 할 때 등 사람을 소개해야 하는 경우가 상당히 많습니다. 이때 사람 소개는 어떻게 해야 한다는 정해진 방법은 없습니다. PT는 결국 사람의 매력입니다. 사람이 매력적이면 제안의 내용도 좀 더 매력적으로 보이기 마련입니다. 어떻게든 여러분 스스로를, 팀원들을 매력적으로 보이게 하기 위해 노력해야 합니다. 그래서 이번 원칙에서는 목표를 달성하기 위해 당신이 쉽게 떠올릴 수 있는 흔한 방법이 아닌 누구의 눈길이라도 사로잡을 수 있는 최고로 크리에이티브한 방법을 소개해 드리도록 하겠습니다.

무엇보다 이번 책에서 계속해서 강조하고 싶은 것은 '복잡한 기능'을 사용하지 않는 것입니다. PPT는 기능을 활용하지 않으면서도 매력적으로 뽑아 내는 것이 최고입니다. 복잡한 기능을 써야만 매력적으로 보인다고 생각하신다면 그건 대단한 착각입니다. 일례로 모핑 기능 같은 것이 있겠죠. 이 기능을 PPT의 꽃이라고 말하는 사람들이 꽤나 있지만, 제가 확실히 말씀드리건대 아무도 현장에서 이런 번잡한 기능을 쓰고 있지 않습니다.

▶ YouTube

자기소개 피피티로 할 수 있는 기발한 방법!

● 동적 구성, 정적 구성

다시 우리 이야기로 돌아가죠. 보통 자기소개 혹은 팀원 소개라고 한다면 한쪽에는 사진, 한쪽에는 이력 이렇게 구성하실 겁니다. 물론 이 정도만 하셔도 훌륭합니다. 디자인적으로 구도가 안정되어 있고, 인간의 시선 흐름을 고려해 LR형(Left → Right)으로 구성되어 있으니까요. 아래 예시를 보시면 사진을 먼저 보고, 이력을 봐 주길 원했기 때문에 그에 따라 구성을 왼쪽부터 사진, 오른쪽에는 글을 배치했습니다.

정적 구성으로 된
자기소개

표현하는 방법을 크게 두 가지로 나누면 '정적', '동적'이 있습니다. 이런 것들도 모두 전략입니다. 정적인 것을 표현하기 위해서 적절한 것은 '글' 그리고 '이미지'입니다. 한적한 곳에 위치한 아주 조용한 것이 장점인 펜션을 홍보하기 위해서는 PPT에서 짧은 글과 이미지(이때 이미지 자체에 최소한의 확대 효과를 주는 것까지는 괜찮습니다)로 구성하는 것이 더 낫습니다. 반면, 레이싱 대회를 홍보한다고 하면 하이라이트를 편집한 '동영상'을 PPT에 적극 활용하는 것이 좋습니다. 한 편의 PPT에는 정적으로 구성해야 하는 부분과 동적으로 구성해야 하는 부분이 모두 있는 것이 보통입니다. 위 기준을 토대로 당신의 PPT를 잘 구성해 보시기 바랍니다.

● 인물 소개는 동영상으로

인물 소개 부분은 어떤가요? 비즈니스를 하는 상대방은 자신의 파트너가 활기차고 생동감 있고 활력이 넘치는 인간이길 기대합니다. 그런 차원에서 인물 소개는 이미지보다는 동영상이 되어야 함이 원리적으로 맞죠. 즉 예시 이미지의 인물 부분을 영상으로 대체하는 것입니다. 이는 단 5분도 걸리지 않는 작업임에도 불구하고 많은 사람들이 생각의 틀을 깨고 있지 못합니다. 그러니 이 책을 읽는 여러분들께서는 꼭 적극적으로 활용해 주시길 바랍니다.

● 자기소개 PPT

휴대폰 하나만 있으면 장비는 모두 준비된 겁니다. 소개하고 싶은 팀원과 함께 휴대폰을 들고 단색으로 되어 있는 벽을 찾아 주세요. 흰 벽이어도 좋고 검은색 벽이어도 좋습니다. 흰 벽이라면 검은색 계열 텍스트로 이력 등을 구성해 주면 되고, 검은색 벽이라면 흰색 계열 텍스트로 이력 등을 구성해 주면 됩니다. 그리고 약 30초 동안 가벼운 움직임을 주며 동영상을 촬영하면 끝입니다. 너무 과도한 움직임은 텍스트를 읽는 데 방해가 될 수 있기 때문에 고개를 끄덕거리거나 이력을 적을 곳을 손가락으로 가리키거나 팔을 앞으로 뻗으며 역동감을 주는 정도면 괜찮습니다.

대상을 화면에 다 채우면 나중에 텍스트를 적을 공간이 없어지므로 대상이 화면의 50% 이하를 차지하도록 촬영해 주셔야 합니다. 그러면서 대상을 한쪽으로 몰아 주세요. 왼쪽이나 오른쪽 어느 쪽이든 상관없습니다. 대상이 정가운데 위치한다면 마찬가지로 텍스트를 적을 공간이 없어지므로 주의해 주세요.

촬영을 마쳤다면 해당 영상을 PC로 가져와 파워포인트 위로 올려 주세요. 영상을 파워포인트로 가져오는 방법은 간단합니다. 폴더에 있는 영상을 클릭 & 드래그로 파워포인트 위에 올려 주면 됩니다.

영상을 클릭한 후, '비디오 트리밍'이라는 것을 선택하면 여러분이 쓰고 싶은 구간을 설정해 사용할 수 있습니다. 영상을 시작할 때 그리고 영상을 종료할 때가 가장 어색할 겁니다. 당신이 파이널컷이나 프리미어 같은 동영상 프로그램을 다룰 줄 안다면 간단히 편집하면 되는 부분입니다만, 보통은 그런 편집 프로그램을 가지고 있지 않습니다. 그런 당신을 위해 파워포인트에서 일부 편집 기능을 제공하고 있습니다.

비디오 트리밍을 선택하면 아래와 같이 구간을 잘라 낼 수 있게 됩니다. 시작과 종료를 알리는 신호 때문에 어색한 맨 앞과 맨 뒷부분을 트리밍을 통해 잘라 내 주세요. 하지만 이 기능에서는 중간 부분을 잘라 낼 수는 없습니다. 오직 앞뒤만 일부 잘라 낼 수 있습니다. 그렇기 때문에 중간 부분은 촬영 단계부터 어색한 부분이 없도록 잘 신경 쓰셔야 합니다.

여기서 중요한 것은 동영상 재생 설정입니다. 아래 왼쪽 이미지를 보시면 '반복 재생' 체크박스에 체크가 되어 있고, '시작'은 '자동 실행'으로 설정해 두었습니다. 팀원들의 자기소개 페이지는 언제 끝날지 아무도 알 수 없습니다. 여러분이 PT를 하다 보면 더 길게 말하고 싶은 부분이 생길 수도 있고 중간에 질문이 들어올 수도 있겠죠. 그러니 동영상 재생

비디오 트리밍

자동 실행과 반복 재생을 설정해야 자연스럽다.

은 이 페이지가 완전히 끝날 때까지 계속되고 있어야 합니다. 그것이 '반복 재생'입니다. 동영상이 끝나자마자 다시 처음으로 되돌려, 반복해서 재생하는 것입니다. 또한 시작은 '자동 실행'으로 해 주셔야 합니다. 그래야 별도의 클릭 없이 자동으로 동영상이 재생됩니다.

1 페이지는 내용에 따라 동적, 정적으로 구성할 것을 구분해야 한다.
2 인물, 특히 소개 부분은 동적 영역이다. 동영상을 적극적으로 활용하자.
3 PPT는 자석과 같다.
　　안에서 해결하기보다 외부 소스를 적극적으로 갖다 붙이자.

보고서 '발표' 완전격파 원칙

59 최대한 쪼개야 아름답다

PPT에서 개체들의 모임을 우리는 덩어리라고 부릅니다. 이번 원칙에서는 당신을 PPT의 프로페셔널로 만들어드릴 '쪼개는 기술'에 대해 말씀드리겠습니다. 여러분의 장문을 '단문'으로 쪼개는 것부터, 그에 따라 디자인을 하실 때 어떤 원칙들이 있는지 상세히 말씀드리도록 하겠습니다.

● **문장 쪼개기**

먼저 보고서라면 키워드를 중심으로 간결하게 표현하는 것이 핵심입니다. 장문의 글을 쓰고 싶다면 혹은 장문의 글을 쓸 수밖에 없는 상황이라면 그것은 '파워포인트'가 아닌 '워드'에서 작성해야 합니다. 당신의 보고서가 '파워포인트' 플랫폼에 올라가야 한다면 '긴 문장'을 쓰는 습관을 지금 당장 버리셔야 합니다. 어떤 상황에서도 긴 글을 쓰는 것은 맞지 않습니다.

워드가 아닌 파워포인트에 긴 서술형 문장을 쓰면 발표하는 여러분은 물론이고 듣는 사람까지 많은 피로감을 느낍니다. 장문의 글은 발표를 듣는 사람들이 환경적으로 읽을 수가 없으며, 발표 자체가 책 읽는 듯

이 어색하게 될 수밖에 없습니다. 반면 서술형 문장을 쪼개 주면 하고 싶은 말이나 요점이 명확해지고 발표자나 듣는 사람들이 모두 편해지기 마련입니다. 이런 이유만 봐도 문장을 쪼개지 않을 이유가 전혀 없는 것이죠.

위 장표가 '긴 문장'으로 구성된 대표적인 장표입니다. 안 좋은 예라고 볼 수 있겠죠. 완벽하게 워드형으로 구성되어 있는 것을 보실 수 있습니다. '테니스가 생활체육의 인기 종목이 된 이유'라고 해 놓고 그 이유를 작게 아래쪽에 서술해 놓고 있습니다. 문제점을 좀 더 자세히 분석해 보겠습니다.

먼저 '테니스가 생활체육의 인기 종목이 된 이유'의 자리(타이틀 자리)에는 저 말이 들어가면 안 됩니다. 저 내용에서 가장 중요한 내용이 아님에도 불구하고 가장 잘 보이는 위치에 자리잡고 있습니다. 임팩트가 없는 문상이 가장 중요한 위치를 차지하고 있으니 장표의 매력도가 떨어집니다.

또한 아래쪽에 '코로나 19~큰 요인이다' 부분은 단순 서술형 문장으로 발표하는 당신이나 읽는 사람 모두를 불편하게 합니다. 이 장표를 '쪼

개기' 기술을 사용해 위와 같이 바꿀 수 있습니다.

같은 내용인데, 완전히 다른 말과 구도로 구성되어 있는 것을 보실 수 있습니다. 타이틀 부분은 '~ 이유'를 말해 주는 대신 결과를 먼저 보여 주고 있습니다. '테니스 용품의 매출이 전년 대비 46% 상승'했다는 결과를 보여 주고 있죠. 그러므로 자연스럽게 임팩트가 생깁니다. 기억해 주세요. 가장 중요한 자리인 타이틀 자리에는 무의미한 말이 들어가면 안 됩니다. 그럼 아무 의미 없는 요소가 공간만 차지하는 꼴이 되니까요.

다음으로 타이틀의 아래에 '테니스가 인기 종목이 된 이유'에 대한 조금 더 상세한 팩트들을 넣어 줍니다. 타이틀 부분이 중요한 자리라고 말씀드렸습니다. 그만큼 근거를 아래 좀 더 보강된 숫자로 제시해 주면 설득력과 정보에 대한 신뢰도는 더욱 상승하게 됩니다. 기획서의 언어는 '숫자'라는 것을 반드시 기억해 주시기 바랍니다. 숫자로 치환할 수 있는 부분은 최대한 바꿔 주셔야 합니다. 그래야 문장을 줄일 수 있기 때문입니다.

다음은 오른쪽의 'COVID, 160, INSTA'를 봐 주시면 됩니다. 저 3개의 단어는 앞서 보신 안 좋은 사례 중 작은 문장 부분(코로나 19~큰 요인이다)을 줄인 것입니다. 무려 6줄이나 되었던 문장을 미사여구를 날리고, 쓸데없는 말들을 날린 뒤 키워드만 남겨 두었더니 무려 세 개의 단어만으로 표현이 가능해졌습니다. 저 키워드 3개만으로 '테니스 용품 매출이 왜 46%나 상승하게 되었는지 충분히 표현해 낼 수가 있죠.

'COVID, 160, INSTA' 이 3개의 키워드는 4개가 될 수도 있었고 5개가 될 수도 있었겠지만 숫자 '3'은 매직 넘버입니다. 사람은 누군가의 이야기를 들을 때 3개가 넘어가는 순간 기억을 잘 하지 못하고 또 복잡하게 느끼기 시작합니다. 그러니 특수한 경우를 제외하고는 여러분 주장에 대한 근거는 3개를 넘지 않도록 해 주세요.

'COVID, 160, INSTA' 이 3개의 키워드는 보자마자 내용을 파악할 수 있을 정도로 직관적이지는 않습니다. 어렴풋이 알 수는 있겠지만, 발표자가 이 키워드들이 왜 테니스 용품 매출 상승에 크게 기여하고 있는 요소인지 설명을 해 줘야 '아 그렇구나!' 하고 알 수 있는 부분이죠.

이것은 발표의 기술입니다. 궁금증을 유발하는 기술이죠. 보고서에 쓰이는 언어들은 최대한 직관적인 언어를 써야 하지만, 발표에서만큼은 여러 가지 장치를 이용해야만 합니다.

만약 이 내용이 워드형 보고서라면 저 3개의 키워드는 소제목이 될 수 있겠죠. 소제목을 '160bpm'이라고 해 놓고 아래 상세 설명 쪽에 '테니스를 치게 되면 평균 심장박동이 160bpm을 상회하기 때문에 칼로리를 단시간에 효율적으로 소모할 수 있다는 것도 큰 요인이다' 이런 식으로요. 하지만 발표용 문서에는 그것을 주저리주저리 써 놓으면 안 된다는 겁니다. 그것은 여러분의 입을 통해 설명해야 하는 부분입니다. 그래야만 발표라는 것이 성립됩니다. 청중들이 당신의 입에 집중력을 잃는 순간 그것은 뭔가 잘못되고 있다는 걸 파악하셔야 합니다.

● 디자인 쪼개기

쪼개야 하는 것은 문장뿐만이 아닙니다. 아름다운 보고서를 만들기 위해서는 텍스트박스도 쪼갤 줄 알아야 합니다. 아래 장표를 함께 보시면서 설명드리겠습니다.

텍스트 박스를
쪼개면 따라오는
자유도

PPT를 아름답게 만들 줄 아는 사람일수록 텍스트박스를 많이 쪼개는 경향이 있습니다. 바로 위 장표처럼요. 장표의 우측 영역을 보시면 'COVID, 160, bpm, 테니스공 이모지, INSTA 등' 저것들을 하나의 텍스트박스에 '줄내림'을 통해 넣어 놓은 것이 아니라 모두 각각의 텍스트박스를 사용하고 있습니다.

저것들을 하나의 텍스트박스에 넣어 놓는 경우 자유도에 큰 문제가 생깁니다. 파워포인트에서는 줄간격 맞추는 것이 번거롭고 오래 걸립니다. 또 글자 크기가 변화함에 따라서 줄간격을 다시 다 맞춰 줘야 하는 문제도 있죠. 하지만 위 장표처럼 텍스트박스를 쪼개 놓으면 자유도가 생겨 쉽게 줄간격을 맞출 수 있습니다. 이뿐만 아니라 텍스트박스를 쪼개 놓지 않으면 '단위'를 쓸 때도 문제가 됩니다. 가운데 부분인 '160 bpm'을 보시면 하나의 키워드임에도 텍스트박스를 2개로 쪼개어 놨습

잘못 배치되어 있는 'bpm'   잘 배치되어 있는 'bpm'

니다. 쪼개지 않고 쓰시면 위의 왼쪽 장표와 같이 됩니다.

두 장표의 '160bpm' 이 부분을 비교해서 보시겠습니다. 왼쪽에 있는 장표에서는 하나의 텍스트박스를 활용했고, 오른쪽 장표는 두 개로 쪼갠 텍스트박스를 활용했습니다. 큰 차이점이 보이시죠? 바로 자유도와 밸런스입니다. 텍스트박스를 위 왼쪽 장표처럼 하나로 해 놓으시면, 단위 표시가 맞지 않아 전체적인 밸런스를 해칩니다. 그런데 쪼개 놓으면 내가 원하는 곳에 'bpm'이라는 글자를 배치해 놓을 수가 있으니 전체적인 밸런스를 즉시 맞출 수가 있게 되는 것이죠.

이번 원칙에서 말씀드린 내용은 결코 어려운 내용이 아닙니다. 이 쉬운 것만 해도 PPT가 이렇게까지 달라질 수 있습니다. 바로 이것이 원칙을 이해한 사람과 그렇지 못한 사람의 차이입니다. 이제 당신은 원칙을 이해한 하이클래스 보고서를 쓰고 발표를 할 수 있으니, 업무에서 더 큰 자신감을 가져 주시면 좋겠습니다.

---

1 문장을 길게 쓰는 것은 파워포인트에서 하지 말자. 쪼개자.
2 텍스트박스를 쪼개서 디자인에 자유도를 가지고 오자.
3 긴 글을 써야만 한다면 워드를 활용하자.

SUMMARIZE
3

60 발표할 때 절대로 하면 안 되는 행동 BEST 5

▶ YouTube

발표할 때 절대로
하면 안 되는 행동
BEST 5!

이번 원칙에서는 프레젠테이션에서 절대로 하면 안 되는 행동 5가지를 말씀드리려고 합니다. 이것만 안 해도 진짜 평타를 넘어서 상위 1%에 들어갈 수 있으니까 꼭 잘 확인해 주세요.

5위 ▶ 바로 본론에 들어간다

5위입니다! "프레젠테이션을 시작하자마자 바로 본론에 들어가는 경우" 입니다. 이거 안 되죠. 이건 프레젠테이션의 가장 큰 장점을 놓쳐 버린 거라고 볼 수 있어요. 자리에 앉아서 여러분의 이야기를 듣는 사람들은 말이죠. 뭔가 여러분에게 얻고 싶은 게 있어서 거기 앉아 있는 거거든요. 시간 때우려고 들어와서 듣는 사람은 단 한 사람도 없다는 말씀입니다. 그래서 여러분은 청중에게 '제 이야기를 들어 주시면 이런 베네핏(Benefit)이 있습니다.'라는 걸 반드시 사전에 깔아 주고 가셔야 해요.

그렇게 "내가 지금부터 하는 말은 당신에게 어떤 측면에서 큰 도움이 될 것이다."라고 이야기를 먼저 해 주는 건요, 자연스럽게 사람들에게 내 이야기에 대해 확신을 줄 수 있고 또 내 말에 귀를 기울이게 해 주는 역할을 합니다. 앞으로 할 여러분들의 이야기에 확 빠져들 수 있도록 시간을 줘야 하고 예열을 해 줘야 한다는 거예요.

　운전으로 치면요. 여러분이 옆자리에 앉았는데 운전하는 사람이 목적지를 말하지 않고 운전을 시작해요. 어떻겠어요? 엄청나게 불안하겠죠? 우선 목적지를 이야기해 줘야 합니다. 프레젠테이션에선 이번 프레젠테이션을 들으면 내 모습이 어떻게 바뀔 것인지, 그러니까 최종 목적이 뭔지를 설명해 주는 거죠. 그걸 설명한 다음에 목적지에 가는 길, 이건 내용이나 방법론, 솔루션 같은 것들이 될 거예요. 이런 이야기를 이어서 해 줘야 하는 겁니다.

　예를 들면 제 강의 소개를 프레젠테이션 형식으로 한다고 쳐 봅시다. 그럼 먼저 말해 줘야 할 것은요, "이 강의를 들으면 여러분은 분명 회사에서 인정받는 기획자가 될 것이고, 여러분의 보고서는 늘 좋은 평가를 받게 될 것입니다." 이런 류의 내용, 목적이라는 거예요. 그다음에 어떤 방법론이 있는지 하나하나 설명해 주면 되겠죠.

　당연하다고 생각하시겠지만 이거 안 하는 사람이 제가 봤을 때 90% 이상 됩니다. 이제 여러분들은 꼭! 목적부터 말하는 습관, 듣는 사람의 이익, Benefit부터 말하는 습관을 프레젠테이션에서는 반드시 들여 주시기를 바라겠습니다.

4위 자료를 나누어 준다

발표용 PPT는 원 슬라이드 원 메시지로 만들어야 하고, 글자가 가득 들어가면 절대 안 되기 때문에 그 부족함을 메우기 위해 핸드아웃(handout)을 나누어 주는 경우가 있습니다. 이건 아주 추천드리는 방법이에요. 자료 나눠 주는 거 굉장히 좋은 방법입니다! 하!지!만! 그걸 언제 나누어 주냐의 문제이죠. 대부분은 언제 나누어 주나요 이걸? 그죠. 미리 나눠 주죠. 사람이 오지도 않았는데 책상에 올려놓을 거예요 아마. 그런데 그 타

● **핸드아웃**(handout)
자료를 담아 배포하는 인쇄물

이밍이 잘못되었다는 겁니다. 여러분이 종이자료를 준비하셨다면 그건 프레젠테이션이 끝난 뒤, 마지막 선물로 전달해 주세요. PT를 하기도 전에 자료를 전달하면 사람들은 프레젠테이션 안 들어요. 그 자료를 읽고 있단 말이에요. 그럼 이도저도 아니고 또 의미도 없게 됩니다.

왜 이런 문제가 발생하냐면 눈이 입보다 훨씬 빠르기 때문에 그래요. 그럼 듣는 사람은 어떻게 되냐면 이미 다 내용을 읽어 버렸기 때문에, 내용을 알고 있는 상태에서 여러분의 말을 듣고 있어야 하는 거예요. 이미 머릿속에 다 들어 있는데 중복해서 듣는 거잖아요. 이런 상황에서 말하는 내용에 집중을 할 수가 있게 되냐는 겁니다. 반전도 없고 내가 알고 있는 대로 프레젠테이션이 진행되기 때문에 그냥 심심하고 뻔한 시간만 흘러가게 되잖아요. 그러니까 자료를 준비하는 건 좋지만 자료는 프레젠테이션이 끝난 후에 건네주는 게 좋습니다.

3위 ▶ 겸손

겸손한 것은 좋은 일입니다. 사람은 늘 겸손해야죠. 하지만 겸손은 태도로만 가지고 있으면 됩니다. 그걸 입 밖으로 꺼내면 안 됩니다. 입 밖으로 꺼내는 겸손에는 어떤 말들이 있냐면 "제가 전문가가 아니라서 잘은 모르지만", "제가 너무 긴장이 되어서 잘할 수 있을지 모르겠지만", "오늘 여러분이 제 이야기가 재미있을지 모르겠지만" 이런 류의 말들이에요.

자, 실제로 여러분의 PT 내용이 좋든 안 좋든 간에, 시간은 정해져 있습니다. 어찌 됐건 여러분은 청중들하고 한두 시간 이야기를 해야 한다는 거예요. 청중들의 시간을 뺏어야 하는데, 자신만만한 태도로 프레젠테이션을 해야 한다는 건 너무나도 당연한 것입니다.

프러포즈랑 똑같다고 생각해 주시면 됩니다. "꼭 행복하게 해 줄게. 나랑 결혼해 줘. 잘 살 수 있어. 자신 있어."라고 말하는 게 맞지, "내가 사실은 널 행복하게 해 줄 수 있을지 그런 자신은 없지만 결혼 한번 해 볼래?"라고 말하는 건 뭔가 안 맞잖아요. 그런데 프레젠테이션에서 저렇게 말하는 사람이 종종 있단 말이죠. 최소한 여러분이 PT를 하러 그 자리에 섰으면 여러분은 전문가입니다. 자신감은 기본 패치예요, 그냥.

영화감독이 시사회를 하면서 "사실 영화가 재미있을지 저도 잘은 모르겠는데요…"라고 말하면 그건 그대로 관객들의 기대감과 즐거움을 반감시키는 역할밖에 하지 못해요. 그러니 PT를 할 때는 겸손 따위 접어 두시기 바랍니다.

2위 · 글자가 꽉 차 있는 PPT

제가 정말 많이 강조드리는 부분이죠. 발표하는 장표인데 글자가 꽉 차 있는 PPT… 이건 대체 왜 만드는 걸까요. 우리 회사는 보수적이라서? 그렇게 안 하면 혼나니까? 진심으로 발표용 PPT에서 글자 꽉 안 채웠다고 혼내는 회사 있으면 당장 퇴사하셔도 됩니다. 배울 게 없어요.

글자로 꽉 차 있는 거면 그냥 워드로 출력해서 나눠 주고 이야기를 하면 되지, 그걸 왜 PPT로 만들어야 하냐는 겁니다. PPT는요, 사람의 관심을 끌고 사람을 설득할 수 있는 장치를 심을 수 있는 플랫폼이지, 글자를 채우는 플랫폼이 아닙니다. 어떤 경우에도 저는 받아들일 수가 없습니다.

원 슬라이드 원 메시지. 한 줄만 쓰라는 게 아니죠. 메시지를 하나만 집어넣자는 겁니다. 그러면 자연스럽게 쓸데없는 설명들이 빠지게 되고요. PPT 내용은 물론 디자인도 심플해집니다. 그러면 허전하고 부족한데 어떻게 하냐고요? 그걸 채우는 역할을 하는 게 우리들의 입이에요. 그걸 다 채워서 보여 줄 거면 발표자는 왜 존재하는 겁니까?

[1위] 눈을 마주치지 않는다

귀에 중이염이 생기도록 듣고 계시는 말이지만, 이걸 1위로 뽑은 이유는 정말 가장 중요한 부분이기 때문입니다. 또한 정말로 많은 사람들이 지키고 있지 않기 때문입니다.

단지 PPT 자료를 뚫어져라 쳐다보면서 설명한다? 그런 프레젠테이션은 하면 안 됩니다. PT는 대화예요, 대화. 커뮤니케이션입니다. 커뮤니케이션을 하는데, 눈을 안 마주친다? 이상하죠. 뭔가 꿍꿍이가 있는 것 같고 다른 생각하는 것 같고… 무엇보다 이야기하는 사람이 눈을 안 마주치고 이야기하는데 다른 사람이 설득될 리가 없잖아요? PPT는 누군가를 설득하기 위해 만들고 발표하는 건데, 눈을 안 마주치게 되면 근본적인 목적을 달성할 수가 없게 됩니다. 사람의 마음을 잡고 설득하려면, 청중들의 마음을 움직이려면 무조건 아이 콘택트입니다, 여러분.

지금까지 발표할 때 해서는 안 되는 행동 5가지를 알아봤는데요. 이것들을 꼭 확인하고 프레젠테이션에 임한다면 여러분은 바로 실력을 인정받으실 수 있게 될 겁니다.

1 본론 전에 목적을 먼저 이야기하고
   자료는 발표가 끝난 다음에 나누어 주자.
2 말에서는 무조건 자신감을 보여 주고 아이 콘택트에 신경 쓰자.
3 글자가 꽉 차 있는 PPT는 어떤 상황에서도 만들지 말자.

61 보고서의 성공 비결 '목표 쪼개기'

비즈니스는 절대 누구 한 사람의 결정으로 이루어지지 않습니다. 많은 결정권자들이 중간에 있죠. 어떤 식으로든 여러분의 기획서는 결재가 올라가게 되고, 그 과정에서 타인의 '의견'이 더해집니다. 즉 여러분의 기획서는 확정되기 전까지는 '최종 버전'이 될 수 없다는 말입니다. 완벽하다고 생각한 기획서도 결국 많은 버전의 수정을 거치며 합의점을 찾아 갑니다.

● 기획서는 확정되기 전까지 끝난 게 아니다

여러분의 최종 목표가 한 기업의 로고를 변경하는 일이라고 가정해 봅시다. 이때 기획서의 최종 목표는 뭐가 될까요? 로고를 어떤 식으로 변경해야 하는지, 왜 변경해야 하는지 등을 설득한 뒤, 계약서에 도장 찍고 세금계산서까지 발행하는 것이 되겠죠.

그런데 만약 첫 번째 제안 자리 — 그러니까 상대에 대한 충분한 정보가 없는 상황이죠 — 이 자리에서 현재 로고가 어떤 문제가 있고 어떻게 바꿔야 한다며 여러분의 꿈과 희망을 모두 펼쳐 놓은 다음, 계약에 대한 구체적인 이야기까지 꺼내면 어떻게 될까요? 장담하건데 그럴수록 상대방은 부담을 느낄 것이고 설득의 확률은 꽤나 낮아질 겁니다.

만약 사전에 충분한 O.T가 있었다고 하더라도 클라이언트는 O.T에서 정보의 100%를 오픈하지 않습니다. 즉 우리는 상대방의 속마음을 첫 만남에 100% 다 파악할 수 있는 방법이 없다는 말이에요. 우연히 상대방이 기대했던 니즈, 그 이상을 완전히 충족시켜서 좋은 결과가 날 수도 있겠지만 그건 상당한 운까지 따라 줘야 가능한 일입니다.

● 목표를 N등분 하여 조금씩 전진하자

'온도차'라는 말이 있습니다. 상대방의 기대치와 내 제안서 내용이 많이 다를 때 우리는 '온도차가 난다'라고 말을 해요. 그런데 만약 여러분이 온도차가 많이 난다는 첫인상을 심어 주게 되면, 솔직히 더 이상 승산이 없다고 생각합니다. 세상에는 대안이 많거든요. 이미 벌어진 온도를 다시 맞추기 위해서는 몇십 배의 노력을 더 해야 합니다. 그래서 지금부터 이 온도차를 최소한으로 줄이면서 여러분의 스토리를 설득시키고, 좋은 결과까지 낼 수 있는 검증된 방법을 알려 드리겠습니다.

바로 '목표의 N등분'입니다. 여러분의 최종 목표를 각자 상황에 맞춰 쪼개는 겁니다. 만약 4번의 미팅을 가질 수 있다면 제안서를 4등분하고, 이후 목표를 25%씩만 전진시키는 겁니다. 온도를 최대한 맞춰 가면서 설득까지 마칠 수 있는 좋은 전략이죠.

그럼 '로고를 변경하는 일'을 예로 들어 다시 이야기해 보겠습니다. 4번의 미팅 자리가 있다는 가정하에, 첫 번째 자리에서는 포트폴리오와 회사의 히스토리 그리고 구성원들의 소개 등을 통해 클라이언트에게 신뢰감을 주는 것을 목표로 하면 되겠고, 두 번째 자리에서는 '문제의 발견' 즉 현재 클라이언트의 홈페이지를 대체 왜 리뉴얼해야 하는지, 처한 문제점이 무엇인지 명확히 짚어 주어 공감대를 형성하는 것까지를 목표로 해야 합니다.

세 번째에서는 두 번째 자리에서 제시한 문제점을 해결하는 솔루션을 가지고 가야 하겠죠. 지금은 로고 변경 업무를 예로 들고 있으니, 여기에서 솔루션은 로고 시안이 되겠습니다. A, B, C안 이렇게 3개를 가지고 가면 되겠죠. 그리고 마지막 네 번째 자리에서는 세 번째 자리에서 받은 피드백을 기반으로 최종 제안을 해 업무를 마무리하면 되겠습니다.

그렇다면 대체 왜 기획서의 목표를 이렇게 N등분해서 업무를 진행하는 것이 좋을까요? 가장 큰 이유는 바로 '대응과 정비'입니다. 첫 번째 자리는 여러분을 소개하는 자리이기도 하지만 상대방 회사를 염탐하는 자리이기도 해요. 이 회사는 지금 자신들의 로고에 대해 어떻게 생각하는지부터 구성원 중에 누가 실세인지, 회사 분위기는 어떠한지 이런 것들을 파악할 수 있죠.

두 번째 자리에서는 문제점을 제시해 주면서 우리가 제시하는 문제점의 방향이 맞는지 그것을 확인하는 자리이기도 해요. 여기서 만약 맥을 잘못 짚었다면 차라리 잘된 거예요. 생각해 보세요. 만약 두 번째 자리에서 솔루션까지 제시해 버렸는데 애초에 문제점 파악이 잘못되었다면 어떨까요? 문제점 파악이 잘못돼서 제시한 솔루션 자체의 방향성도 아무런 공감을 얻을 수 없다면 어떨까요? 그럼 여러분께는 그 회사로부터 두 번째 기회가 찾아오기 어려울 겁니다. 무엇보다 가장 아까운 건 여러분의 시간과 에너지의 낭비입니다.

급한 건 기획서를 제안하는 여러분이지 상대방이 아니기 때문에 여러분이 하고 싶은 대로 진도를 나가 버리면 상대방은 무조건 부담을 느끼게 됩니다. 그리고 기획서를 작성하는 쪽은 어쩔 수 없이 자기 논리에 빠져 있기 때문에, 자칫 잘못하면 되돌릴 수 없는 온도차를 발생시켜 버립니다.

● 목표를 N등분 하는 이유는 대응과 정비

강조드리지만 '대응과 정비'는 기획서에 있어서 너무 중요한 부분입니다. 상대방에 대한 제대로 된 분석과 고민 없이 나의 직감과 분석력만으로 문제를 제안하고 솔루션까지 제안하는 것은 너무 쉽죠. 단순히 내 주관을 많이 넣으면 되는 거니까요.

진짜 프로들은 이렇게 쉬운 길을 가지 않습니다. 쉬운 길에는 쉬운 답만 있거든요. 조금 어렵고 귀찮더라도 상대방 회사의 다양한 팀, 즉 마케팅팀, 영업팀, 재무팀, 고객관리팀을 가능한 한 많이 만나 보려고 하고, 더 많은 이야기를 들어 보려고 하고, 본질을 보려고 노력하죠.

기획서를 쓰는 사람이 리스크를 '쉽게' 생각하면 리스크도 여러분을 쉽게 생각합니다. 긴장감을 유지할수록 기획은 본질에 가까워지고 더 확실해집니다.

1 여러분의 기획서는 확정되기 전까지 끝난 게 아니다.
  수많은 수정이 있다.
2 온도차를 좁히기 위해, 목표를 N등분 하여 조금씩 전진하자.
3 목표를 N등분 하는 이유는 대응과 정비라는 것을 잊지 말자.

보고서를 보는 사람들의 집중력을 끝까지 유지해 주는 장치

이번 원칙에서는 발표할 때 매우 유용한 '블랙아웃(blackout)' 기술에 대해 말씀드리고자 합니다. 완전히 정확하지는 않지만 대형 프로젝트의 경우 발표하는 PPT의 장표 수가 100장을 훌쩍 넘어가는 경우를 많이 볼 수 있습니다. 광고회사에서 하는 PPT의 경우 200장을 넘어가는 경우도 부지기수죠. 이때 '끊어 주는 장치' 없이 계속 발표를 이어 나가다 보면, 사람들은 그 많은 장표들이 다 연결되어 있다고 생각해 집중력을 금방 잃습니다. 그리고 쉽게 지루함을 느끼기도 하죠.

PPT에는 이걸 끊어줄 수 있는 몇 가지 장치가 있습니다. 이번 원칙에서는 그 장치에 대해 알려 드리도록 하겠습니다. 당신이 만든 소중한 자료들을 사람들이 끝까지 집중하도록 만들어 주세요!

● 간지

보고서에는 목차가 있습니다. 물론 그 목차를 노출하느냐 안 하느냐는 개인의 문제이지만, 목차와 순서는 반드시 존재합니다. 예를 들어 5개의 목차가 있다고 해 봅시다. 그러면 여러분의 보고서에는 반드시 5개의 '간지'가 존재해야 합니다. 간지는 목차가 바뀔 때마다 삽입할 수 있습니다.

PPT를 파트별로 구분해 주는
역할을 하는 '간지'

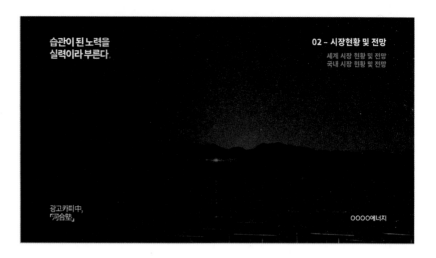

위 그림이 바로 '간지'입니다. 실제로 한 에너지 회사의 IR 자료를 만들어 PT를 했을 때, 시장 현황 및 전망에 대해 본격적으로 들어가기 전위와 같은 간지를 띄워 놓았습니다. 이런 장치 없이 한두 시간 내내 본문에 대해서만 이야기하다 보면 듣는 사람이 정말 힘들어할 수 있습니다.

보고서는 전반적으로 이성적이어야 합니다. 감성적인 보고서는 실패할 수밖에 없죠. 하지만 또 이성적이기만 하면 안 됩니다. 어렵죠? 보고서도 결국 인간이 보는 것이고 인간이 판단하는 것이기 때문에, 중간중간 감성을 표현할 수 있는 부분이 있다면 그 부분은 적극 활용해야 합니다. 예를 들면 표지, 마니페스토 페이지, 간지, 엔딩 장표 등이 있겠습니다.

좌측 상단을 잘 보시면 '습관이 된 노력을 실력이라 부른다'라는 말을 인용하였습니다. 이는 앞으로 말할 '시장 현황 및 전망'에 꼭 맞는 인용구였습니다. 시장은 치열하고 앞으로도 치열하겠지만, 우리처럼 노력이 습관이 된 회사는 몇 없으며 그것이 우리는 실력이라고 생각한다고 말했죠. 즉 앞으로 말할 내용과 맞닿아 있는 인용구지만 분명 감성적인 어필입니다. 이런 감성적인 어필을 적재적소에 사용하면 사람들은 '재미'

를 느끼게 되어 있습니다. 그로 인해 이번에 말할 챕터에 대해 집중력을 잃지 않게 되죠. 또 지금 어느 부분을 말하고 있는지도 알려 줄 수 있고요.

● 블랙아웃

마찬가지 이유로 당신의 PPT 장표가 몇백 장이 쭈욱 넘어간다면, 사람들은 지루함을 느끼게 되어 있습니다. 이때 기술적으로 끊어주는 장치를 넣으면 굉장히 좋습니다. 환기가 됩니다. 바로 '블랙아웃' 장치입니다.

PPT 장표들을 모두 선택한 뒤, '전환'에 들어가 주시면 '밝기변화'라는 것이 있습니다. 이전 슬라이드가 서서히 사라지면서 현재 슬라이드가 나타나는 효과죠. 영화나 다큐멘터리에서도 많이 쓰는 기법이기 때문에 생소하게 느껴지진 않으실 겁니다.

여기까지 하셨다면 이제 '효과 옵션'으로 들어가 주세요. 그러면 두 번째에 '검은 화면 후 다음 슬라이드'가 있습니다. 이것을 선택해 주신 뒤, 기간을 1.15로 설정해 주시면 끝입니다! 너무나도 간단합니다. 기간 설정은 1.15가 정답이 아니므로 여러분의 성향이나 발표의 내용에 따라 그 길이를 조절해 주시면 되겠습니다.

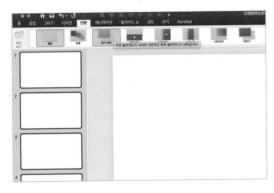

전환에 있는 '밝기변화'

'검은 화면 후 다음 슬라이드' 선택

'밝기변화'는 PPT의 전체 장표에 모두 적용해도 좋습니다. 그러니까 PPT 제작이 다 끝난 다음에 페이지를 모두 선택해서 한 번에 적용하시면 편합니다.

● 블랙페이지

사람들의 집중력을 유지해 주는 마지막 장치는 바로 '블랙페이지'입니다. 말 그대로 페이지 중간에 아무것도 없는 검은색 장표를 넣어 달라는 말입니다.

아무런 요소가 없는 블랙 화면

이게 어디에 쓰이느냐고요? 바로 '대화'를 하기 위함입니다. 말 그대로 PT 중간에 저 검은 화면을 띄워 놓고 청중들과 대화를 하면 됩니다. 말하는 사람은 계속 말하고, 듣는 사람은 계속 듣기만 해야 하는 그 룰을 깨부수는 겁니다. 그 자체로 얼마나 큰 환기가 되는지 한번 경험해 보시면 이 기술을 안 써먹을 수가 없게 된답니다.

이때 대화의 방식은 '질문'입니다. 청중들에게 질문을 던지는 겁니다. "여러분은 ○○○에 대해 알고 계신가요?", "여러분은 ○○○에 대해 어떻게 생각하시나요?" 등 자유롭게 당신의 상황에 맞는 질문을 던지면 됩니다. 꼭 대답이 나오지 않아도 되고요. 잠시 환기를 하고 청중들의 집중력을 다시 붙잡아 매 주는 역할을 한다고 보시면 되겠습니다.

키워드 하나를 띄워 놓는 것도 방법이 되겠습니다. 예를 들어 숫자 '26'을 띄워 놓고, "여러분은 이 숫자의 의미가 뭔지 아시나요?" 같은 질문을 던지는 방식이죠.

이 별것 아닌 기술들로 당신의 보고가, 발표가 얼마나 달라지는지 한번 경험해 보시기 바랍니다. 매우 쉬운 기술이지만 프로들이 유용하게 쓰고 있던 기술입니다.

1 '감성'을 넣을 수 있는 공간은 많지 않다. '간지'가 그 중 하나다. 적극 활용하자.
2 '전환'에 있는 '밝기변화' 설정으로 청중들의 집중력을 잃지 말자.
3 '블랙화면'을 띄워 놓고 청중들과 대화하는 것은 프로들의 일류 기술이다.

63 끝이 언제인지 알려주는 기술

듣는 사람들을 배려하는 기술을 많이 말씀드리고 있습니다. 왜일까요? 이는 당연합니다. 우리가 만드는 PPT는 나를 위한 것일까요? 아닙니다. 듣는 사람들을 위한 것입니다. 듣는 사람을 설득하기 위해 PPT를 만드는 것이죠. 그래서 늘 좋은 PPT라고 평가받는 걸 보면, 듣는 사람을 위한 장치나 배려들이 상당히 많이 들어 있습니다.

남을 잘 배려하는 습관을 가진 사람들이 PPT도 잘 만드는 경향이 있습니다. 자기만족형 PPT, 예를 들면 내 취향이 가득 담긴 디자인을 적용한다든지, 나만 아는 어려운 용어를 잔뜩 쓴다든지, 가독성이 떨어짐에도 불구하고 내가 마음에 든다고 그 폰트를 끝까지 고집한다든지 하는 류의 PPT는 굉장히 위험하다는 것을 반드시 인지해야 합니다.

앞에서 말씀드린 대로 PPT는 대형 프로젝트의 경우 100장을 넘어가는 경우가 허다합니다. 그 많은 장표를 띄워 놓고 설명하는데 듣는 사람 입장에서 이게 언제 끝날 것인지, 지금 어디쯤 진행되고 있는지를 알고 듣는 것과 모르고 듣는 것 사이에는 굉장히 큰 차이가 있습니다.

영화 예매를 할 때와 같습니다. 당신이 영화를 예매할 때는 이 영화가 러닝타임이 얼마나 되는지를 확인한 뒤 예매를 합니다. 마찬가지로

PPT에서도 러닝타임을 알려 줘야 합니다. 그래서 이번 원칙에서는 지금 나의 보고가 어디쯤 진행되고 있는지에 대해 알려 주는 기술을 말씀드리고자 합니다.

● 기본형

먼저 기본형입니다. 바로 옆 예시 장표의 우측 상단을 봐 주시면 됩니다. 67/100이라고 쓰여 있습니다. 즉 이번 보고서는 총 100장인데, 현재 67페이지 부분이 진행 중이라는 것을 바로 알려 줄 수 있습니다. 이건 가장 기본이 되는 방식이면서 가장 직관적으로 알려 줄 수 있는 방식이므로 가장 추천드리는 방식입니다. 위치는 너무 잘 보이는 곳에 있으면 안 됩니다. 이 정보는 부가적인 정보입니다. 이 장표만 봐도 가장 중요하지 않은 부분에 속하므로 최대한 보이지 않는 곳에 위치해 있는 것이 적당한데, 통상적으로는 우측 상단이 어울립니다.

페이지 기입 기본형

'/'를 그레이로 처리해 줌으로써 숫자를 돋보이게 한다.

두 번째 그림을 봐 주세요. 67과 100 사이 '/'는 Grey 컬러로 처리해 두었습니다. 이것도 중요한 부분만 인지하게 만드는 역강조 전략입니다. 덜 중요한 것을 덜 부각함으로써 나머지 부분을 부각하는 방법이죠. 가장 중요한 것은 숫자 '67'이기 때문에 '/ 100' 이 부분을 모두 Grey로 처리하셔도 좋습니다.

● OUT OF

페이지 넘버를 기입하는 방법에는 여러 가지가 있습니다. 심플하게 기본형을 써도 되지만, 위와 같이 '67 OUT OF 100'이라고 쓰셔도 무방합니다. 100장 중 67번째 장이라는 의미로 기본형과 같은 뜻입니다. '67 / 100'과 같은 기본형이 가장 좋지만, 가끔 색다르게 쓰고 싶을 경우에 추천드리는 방식입니다.

● 박스형

다음은 박스형입니다. 다음 예시 장표의 우측 상단을 보시면 67%라는 요율과 함께 핑크색, 흰색 박스를 겹쳐서 배치해 두었습니다. 즉 진행이 되면 될수록 핑크색 Bar가 흰색 Bar를 침범해 영역을 차지할 것입니다. 아울러 옆에 '67%'라는 직관적인 숫자를 함께 써 주면 좋습니다. 이때 '67%'를 흰색으로 하면, 오인지가 있을 수 있으므로 숫자와 퍼센티지는 핑크색 Bar와 같은 컬러를 써야 한다는 것을 꼭 기억해 주세요. 다만 이 방법은 페이지마다 Bar의 길이를 조절해 줘야 하기 때문에 아주 긴 PPT 에는 부적절합니다. 시간을 너무 많이 잡아먹습니다. 총 페이지 수가

10~20Page 정도 되는 보고서에만 사용해 주시는 것이 효율적입니다.

페이지나 진행률을 표기하는 방법은 무궁무진합니다. 당신이 표현하고 싶은 방법이 있다면 얼마든지 쓰셔도 좋습니다. 다만 중요한 것은 페이지 진행률을 블라인드텍스트의 크기로 구석의 위치에 써 주면 좋다는 것입니다. 강조되어서 잘 보이는 위치에 있으면 안 됩니다. 이 부분이 튀게 되면 PPT 장표의 밸런스를 망치게 됩니다. 내용의 영역을 절대로 침범해서는 안 된다는 거 명심해 주시기 바랍니다.

1 현재 어느 정도 진행이 되고 있는지 보여 주는 것은 청중에 대한 매너다.
2 진행률은 구석에 직관적으로 넣어 주되,
   내용을 침범하지 않는 선에서 배치하자.
3 전략적으로 일부 페이지네이션을 생략하는 것은 무방하다.

64 남들보다 화면을 넓게 쓰자

► YouTube

강조 끝판왕!
PPT할 때 내 키워드를
달팽이관에 꽂아버리는
'32:9' 기술

보통의 PPT 화면 비율은 16:9입니다. 그걸 한 장 한 장 넘기며 말하고
자 하는 바를 이야기하는 것이 보통의 방식입니다. 하지만 강조해야 하
는 키워드, 그 PT에서 가장 핵심이 되는 키워드 부분만큼은 달라야 한다
고 생각합니다. 그 키워드를 청중의 머리에 정확히 인지시키기 위해서
는 일종의 장치가 필요합니다. 예시를 보며 함께 이야기를 나눠 보겠습
니다.

● 32:9 화면 비율

여러분이 비유도인을 대상으로 유도에 대해 설명하는 자리가 있다고 가
정하겠습니다. 유도에서는 다음 페이지의 장표처럼 '예시예종'과 '유능제
강'이라는 정신이 가장 핵심이 됩니다. '예시예종'은 유도는 예의로 시작
해서 예의로 끝난다는 뜻이고, '유능제강'은 부드러움이 강함을 제압한다
는 뜻입니다. 어느 유도 체육관을 가도 위 두 키워드가 액자에 끼워져 벽
에 걸려 있을 정도니까요.

자, 이런 경우에 다음과 같이 장표를 2개로 쪼개어 하나는 예시예종
에 대해, 다른 하나는 유능제강에 대해 알려 주는 것은 좋습니다. 하지만

32:9 화면 중 첫 번째 페이지

32:9 화면 중 두 번째 페이지

32:9 페이지

저 슬라이드를 넘길 때 쉽게 추가할 수 있는 장치가 있습니다. 보통은 그냥 다음 페이지로 넘어가게 되는데요. 이것을 바로 위 장표처럼 32:9 비율로 쓸 수 있는 방법이 있습니다.

● 페이지 전환 효과

전환 탭에 들어가시면, '이동'이 있습니다. 기본 설정은 아래에서 위로 올라가게 되어 있기 때문에 이것을 변경해 주어야 합니다.

효과 옵션에 들어가시면, '오른쪽에서'라는 항목이 있어요. 그것을 클릭해 주면 끝입니다. 그럼 마치 저 32:9 비율이 하나의 이미지인 것처럼 좌우로 이미지가 넘어가게 됩니다. 마침 저 이미지는 정확히 반을 쪼

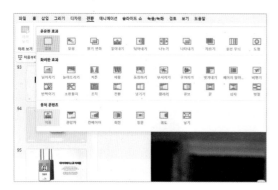

전환 탭에 들어간다.

이동 → '오른쪽에서'를 설정

개어 연결되게 해 놓았기 때문에 그 효과를 제대로 볼 수 있는 것이죠. 이 효과를 주기 전에 중요한 것은 이미지 찾기입니다.

이미지는 최대한 고화질 이미지가 필요합니다.❶ 보시다시피 원래 이미지는 훨씬 더 넓습니다. 그중 전환 효과를 사용하기 위해 의도적으로 아랫부분만 살려 놓은 것입니다.

위와 같이 잘라 놓은 뒤, 그 이미지를 복사해서 그대로 다음 페이지에 붙여넣기 합니다.❷ 붙여넣기를 하시되 중요한 것은 페이지 바깥 부분에 붙여넣기를 해야 한다는 겁니다.

그런 다음, 다시 '자르기'를 선택해 PPT 페이지의 우측 끝까지 복원을 해 주세요.❸ '자르기'는 사진을 잘라 내 없애는 역할도 하지만, 없어진 사진 영역을 되살리는 기능도 합니다.❹

그런 다음, 다시 자르기를 통해 장표 바깥쪽으로 튀어 나간 이미지들을 잘라 내 주시면 됩니다.❺

이 과정을 거치는 이유는 페이지가 좌우로 전환이 될 때, 이질감 없이 하나의 이미지가 좌우로 왔다갔다 하는 것처럼 보이게 하기 위함입니다. 그리고 나서 여러분이 삽입하고 싶은 텍스트 및 기타 내용을 배치하여 정리하면 되겠습니다.

❶ 좋은 화질의 사진을 구하는 것이 첫 번째

❷ 자르기가 완료된 페이지를 다음 페이지 앞에 붙인다.

❸ 현재 페이지에 맞게 이미지를 복원

❹ 두 페이지가 연결된 것을 확인

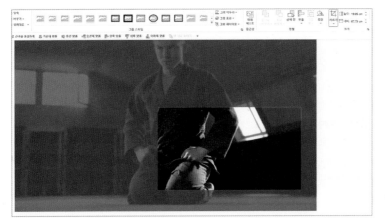

❺ 첫 페이지에 있던 이미지 부분을 다시 삭제

이 방법은 가로형으로만 가능한 것이 아닙니다. 세로로 긴 사진은 세로형으로도 가능합니다. 나무, 빌딩, 인물처럼 세로로 긴 사진도 얼마든지 이렇게 활용할 수 있어요. 그리고 두 장만 되는 것이 아니라 세 장, 네 장 그 이상도 가능하기 때문에 당신이 상상하는 것만큼 활용해서 쓸 수 있습니다.

이 기술은 매 페이지마다 쓰게 되면 역효과가 날 수 있습니다. 그럼 어떨 때 쓰면 되냐, 서두에 말씀드렸다시피 가장 필살의 부분 즉, 여러분이 가장 강조하고 싶은 키워드가 있을 때 써 주시면 되겠습니다. 좌우로 혹은 상하로 왔다갔다 하면서 그 키워드에 대해 발표한다면 굉장히 큰 효과가 있습니다. 청중들의 눈을 호강시켜 줄 수 있는 아주 귀한 기술입니다.

1 16:9가 전부가 아니다.
　　32:9 혹은 그 이상으로 상상을 확장하자.
2 '페이지 전환 - 이동'을 잘 활용하면, 화면을 넓게 쓸 수 있다.
3 가장 중요한 키워드를 강조하고 싶을 때 이 기술을 활용해 보자.

65 블라인드 텍스트에 대한 이해

블라인드 텍스트의 배치

보고서의 '텍스트는 가독성이 있어야 한다', 이 말은 진리죠. 가독성이 떨어지는 폰트, 가독성이 떨어지는 글자 색 선정은 꼭 피하는 것이 좋습니다. 하지만 일부러 읽히지 않아야 하는 텍스트가 존재합니다. 생소한 개념이죠? 이것을 우리는 '블라인드 텍스트'라고 부릅니다. 이 블라인드 텍스트는 두 가지 의미를 가집니다. 하나는 순수한 디자인 요소로서 사용됩니다. 또 하나는 '커닝페이퍼'로서 당신의 발표를 도와주는 조력자의 역할을 합니다. 하나하나 자세히 살펴보도록 하겠습니다.

● 커닝페이퍼

앞 페이지의 장표를 보시면, 아래 화이트 컬러로 된 3줄의 텍스트가 있습니다. 만약 저 텍스트를 대중에게 읽히기 위한 목적으로 저 위치에 저 크기로 배치하셨다면 이것은 실패한 디자인입니다. 하지만 말씀드린 대로 이건 블라인트 텍스트죠. "정보를 찾았다는 사실에 만족하는 사람이 많다. 정보를 찾고, 정리하는 능력을 구글에 자리를 내 주었다. 기획서를 쓸 때 가장 중요한 것은 의견을 내는 것" 이 텍스트는요, 다름 아닌 당신의 커닝페이퍼입니다. 원 슬라이드 원 메시지 원칙에 따라 당신은 저 화면을 띄워 놓고 PT를 합니다. 그리고 저 말은 당신의 대본이 됩니다. 물론 매 장표마다 저것을 보고 읽는 것은 안 되겠지만, 일종의 믿을 구석이라고 생각해 주시면 됩니다.

당신이 아무리 철저하게 준비를 한 뒤 PT를 진행하더라도 여러 환경적인 요인으로 인해 긴장을 할 수밖에 없습니다. PT 할 때 긴장을 하면 나타나는 문제적 현상 중 하나는 말문이 막혀 버리는 '블랙아웃' 현상입니다. PPT 장표가 너무 심플하게 되어 있어서, 자기 자신조차도 지금 이 장표에서 무엇을 말해야 하는지 생각이 나지 않고 막혀 버린다는 것이죠. (그럼에도 불구하고 PT용 장표는 위와 같이 심플하게 만드는 것이 맞습니다.)

자, 그럴 때 이용할 수 있는 것이 바로 저 블라인드 텍스트 자리입니다. 단 조건이 있습니다. 장표의 하단 10% 이상을 할애하면 안 되고, 텍스트의 컬러는 너무 튀지 않게 배경색과 같은 계열로 해 주시는 것이 좋습니다. 저 같은 경우는 흰색 배경에 흰색 텍스트를 쓰며, 글자가 어느 정도는 보여야 하므로 텍스트 뒤쪽에 그림자 처리를 하고 있습니다. 그리고 글자 크기는 12pt~14pt가 적당하며 최대 3줄을 넘지 않아야 합니다. 이렇게 제한 사항을 두는 이유는요, 이 이상을 넘어가게 되면 블라인드 텍스트로서의 기능을 상실하게 되기 때문입니다. 과도하게 들어가면

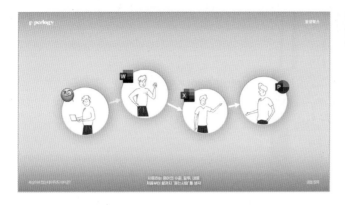

그 순간부터 본문 텍스트가 되어 버리는 것이죠.

　이렇게 배치하게 되면, 저 텍스트는 하단에 작은 크기로 들어가 있기에 청중들이 주목하지 않습니다. 그러니 내가 어떤 이야기를 할 것인지에 대해 그 내용이 스포되지 않습니다. 그런데 발표를 하는 당신이 긴장 등의 이유로 말문이 막혔다? 어떤 것을 말해야 하는지 모르겠다? 바로 저 하단의 공간을 쳐다보면 됩니다. 이것만 잘해도 PT 도중에 말문이 막히는 리스크를 바로 없앨 수 있습니다. 꼭 저 하단의 공간을 매 장표마다 참고하지 않더라도, '믿을 구석'이 있다는 사실 하나만으로 당신은 긴장감을 훨씬 덜어 낼 수 있습니다.

● 디자인 안정감을 위해

뒤 페이지의 장표는 블라인드 텍스트의 또 다른 활용 예시입니다. 커닝 페이퍼 외, 블라인드 텍스트는 '디자인적 안정감'을 위한 역할을 합니다. '데이터베이스로 미래를'이라는 부분은 명확하게 청중들이 읽어 주길 바라는 부분이지만, 그 하단의 텍스트는 어떨까요?

　글자 크기가 14pt로 되어 있는 이 부분은 읽어 주길 바라는 마음에 쓴 것이 아닙니다. 말 그대로 디자인적 안정감 즉, 좌우 시메트리를 맞추

디자인적 안정감을
위해 삽입한 텍스트
더미

데이터베이스로 미래를

어린아이들의 나이 그리고 거주 지역,
독서 및 놀이 성향까지. 모든 정보는 미래엔의
데이터베이스가 되며, 이는 매 초마다 쌓이게 됩니다.
이는 미래엔의 소중한 자산이 됩니다.

우리의 데이터는 신간의 기획에도 활용되며,
공간 운영에있어서 단절은 신속하게 보완하고
장점은 특화시킬 수 있는 원동력이 됩니다.

정윤재
JUNG YOON JAE

MiraeN

기 위한 디자인 장치에 불과합니다. 물론 커닝페이퍼의 역할도 동시에 해 낼 수 있겠죠. 이런 목적을 가지고 있는 텍스트들은 의도적으로 작게 넣어야 한다는 것이고, 이게 매우 중요합니다. 커지는 순간 그 의미를 해 칩니다. 그래서 컬러 역시 튀는 컬러로 넣으면 안 된다는 겁니다. 장표의 배경마다 다르겠지만, 밝은 배경이라면 그레이 컬러로 넣어 주세요.

지금까지 블라인드 텍스트를 넣는 방법부터, 그 블라인드 텍스트를 활용해 당신이 커닝페이퍼로 활용할 수 있는 부분 등에 대해 알아보았습니다. '텍스트를 넣는데 읽으라고 넣은 것이 아니다?' 이것에 대해 생소하셨을 수도 있습니다. 하지만 이것은 분명 프로들이 즐겨 쓰는 방법이며, 이런 식으로 생각의 틀을 깨야만 PT는 여러분에게 유리한 대로 흘러가게 되어 있습니다. 이 방법을 꼭 숙지해서 잘 활용해 주셨으면 좋겠습니다. 블라인드 텍스트는 안정장치입니다.

SUMMARIZE 3

1 하단 10%의 공간은 커닝페이퍼로 잘 활용하자.
2 블라인드 텍스트로 디자인적 안정감을 주자.
3 생각의 틀을 깨는 것만이 당신의 PT를 성공으로 이끌어 준다.

66

페이지만 잘 쪼개도
발표력은 로켓상승한다!

페이지를 쪼갠다는 개념, 생소하신가요? 쉽게 말해 한 장에 담을 수 있는 내용임에도 불구하고, 2~3Page를 할애한다는 말입니다. 발표를 보다 극적으로 하기 위한 장치를 심는 것이죠. 그래야 청중들은 '임팩트'라는 것을 느낄 수 있고, 그 편이 훨씬 더 설득력을 높일 수가 있으니까요.

저 자신도 그런 이유로 페이지를 쪼개는 편입니다. 인쇄를 해야 하는 경우라면 당연히 그런 방식으로 접근하지 않지만요. 하지만 최근 적어도 5년 이상은 PPT를 인쇄하는 경우를 저는 보지 못했습니다. 과거와는 달리 파일로 자료를 주고받는 시대이지 인쇄물을 뽑아 제본을 하는 시대는 이제 아니라고 생각합니다. 앞으로 이 현상은 더 가속화되겠죠. 즉 지금을 살아가는 여러분들은 인쇄할 경우를 고려하거나 신경 쓰지 않으셔도 됩니다. 페이지가 늘어나는 것에 대해 걱정하지 않으셔도 된다는 말입니다.

● PT 분위기를 내 것으로 하는 페이지 쪼개기

발표 도중에 이런 장표가 나왔다고 상상해 보죠. 그렇다면 당신은 이런 내용으로 이어갈 겁니다. "대한민국의 VR 시장 규모는 3년 내 무려 6배

나 성장했다고 합니다."라고요. 아주 좋습니다. 하지만 그저 평범한 장표, 평범한 발표에 지나지 않습니다. 우리는 같은 시간에 남들보다 잘해야 합니다. 남들보다 잘하기 위해서 아주 작은 노력만 하면 되므로 누구나 남들보다 잘할 수 있습니다. 이런 경우 더 극적이고 더 효과적으로 보이기 위해서는 아래와 같이 장표를 두 장으로 쪼개야 합니다.

쪼갠 뒤 첫 번째 페이지

쪼갠 뒤 두 번째 페이지

바로 이렇게요. 같은 내용의 장표인데, 위와 같이 두 장으로 쪼개졌습니다. 첫 번째 장표가 비워져 있다고요? 맞습니다. 일부러 그런 것입니다. 질문을 던지기 위한 장치를 심어 놓은 것이죠.

● 집중력을 끌어올리는 질문 던지기

저 첫 번째 페이지에서 당신은 이렇게 질문을 던져야 합니다. "3년간 VR 시장이 몇 배나 성장했는지 혹시 아십니까?"라고요. 그때 대답이 나오든 나오지 않든 상관없습니다. 한번 환기시키는 목적으로 던지는 질문이기에 대답 여부는 중요하지 않습니다. 그 질문을 받는 순간, 청중들은 긴장을 하게 되어 있습니다. '어 몇 배일까?', '어 질문이네?' 등 무언가 떠올리며 두뇌 회전을 하게 되어 있습니다. 그 순간이 바로 집중력을 쫘악 끌어올릴 수 있는 순간이거든요.

그 다음으로는 두 번째 페이지를 보여주면서 "네, 무려 6배나 성장했다고 합니다."라는 말을 꺼내며 당신이 말하고자 하는 바를 이어서 말하면 되는 것입니다. 한 가지 더 보겠습니다.

아래의 페이지를 보여 주면서, "스타벅스의 선불 충전금 시장은 무려 5배나 성장했습니다."라고 말해 봐야 듣는 사람들은 그다지 큰 임팩트를 느끼지 못한다는 겁니다. 발표의 기술, 극적 장치가 하나도 들어가 있지 않거든요. 그 대신 페이지를 두 개로 쪼개는 것만으로도 완전히 다른 발표를 해낼 수가 있습니다.

쪼개기 전 장표

쪼갠 뒤 첫 번째 페이지

쪼갠 뒤 두 번째 페이지

위와 같이 두 장으로 쪼개 놓는 것이면 충분합니다. 첫 번째 장표에서는 질문을 던져야겠죠. "스타벅스의 선불 충전금이 1년 새 몇 배나 성장했는지 아십니까?"라고요. 이때 대답이 나오든 나오지 않든 주목도를 끌어 올린 뒤, 다음 장표로 딱 넘어가면서 말을 이어가는 겁니다. "1년 새 무려 5배나 성장했다고 합니다."라고 말을 꺼내며 다음 할 말을 이어가면 되는 것입니다.

만약 당신의 PPT가 제출용이라면 저렇게 쪼개실 필요는 없습니다. 배포해서 읽는 용도인데 저렇게 쪼개져 있다면 뭔가 사람들은 편집이 잘못된 줄 오해할 수 있으니까요. 하지만 발표용이라면, 특히 중요한 부분이라면, 또 환기가 필요한 부분이라면 꼭 위와 같이 페이지를 쪼개어 한 템포 질문을 통해 쉬어 가는 타이밍을 만들어 주시기 바랍니다.

1. 페이지를 쪼개는 것만으로 PT 분위기는 완전히 내 것이 된다.
2. 페이지를 쪼갠 뒤 첫 번째 페이지에서는 질문을 던져 보자.
3. 발표는 나 혼자 하는 것이 아니다.
   언제 청중들의 환기가 필요한지 늘 생각해야 한다.

행동부터 하는 사람은 회사에서 의외로 좋아하지 않는다

67

'빠릿빠릿하다', '엉덩이가 가볍다' 등이 미덕인 시절이 분명히 있었던 것 같습니다. 하지만 점점 그렇지 않은 분위기로 흘러가는 것만은 확실합니다. 결론부터 말씀드리면 행동이 빠른 것은 좋습니다만, 그 행동 전에 '생각'을 먼저 하는 것이 중요합니다. 회사 생활에서도 마찬가지입니다. 회사 생활에서 여러분의 생각은 정말 그 머릿속에 있는 생각이 아닙니다. 바로 '문서'입니다. 여러분 머릿속에 있는 것은 아무런 의미가 없습니다. 생각이 문서화되지 못하면 다 소용이 없기 때문입니다.

행동보다 생각을 먼저 한다는 것은 '어떻게 하면 최선책을 찾을 수 있을까? 어떻게 하면 답을 찾을 수 있을까?'라는 근본적인 문제에서 최선의 길을 찾을 확률을 높이는 것을 의미합니다. 행동을 하기 전에 '어떻게 행동하면 최선의 결과를 낼 수 있을까?'를 생각하고 그것을 문서화하면 선행동으로 인한 시행착오나 불필요한 비용 낭비를 줄여 주기 때문에, 회사에서 선호하는 사람이 될 수 있습니다. 1박 2일로 워크숍을 간다고 가정해 보죠. 그리고 여러분이 그 업무를 담당하게 됐습니다. 만약 친구들끼리 가는 상황이라면 그냥 편하게 카톡방에서 대화하면서 느낌대로 결정하고 행동해도 상관없죠. 회사에서는 이렇게 행동하면 안 됩니다.

● 큰 설계도부터 먼저

보고서의 기본은 큰 설계도부터 먼저 그리는 것입니다. 합의를 위한 큰 그림이라고 보시면 되겠습니다. 워크숍의 경우 어떤 것이 있을까요? 먼저 장소입니다. 지역별 적합한 장소를 3개 고른 뒤, 문서에 각 장소별 비용, 거리, 장소별 대표 사진들, 예약 가능 날짜 등을 정리하는 것이 먼저입니다. 그렇게 해서 워크숍에 참석하는 인원들이 이 3개의 장소를 놓고 서로 의견을 내며 결정할 수 있도록 만들어야 합니다.

● 그다음 세부 조정

그렇게 장소가 결정되었습니다. 그다음은 그 장소에서 할 수 있는 액티비티들, 식사 등의 옵션을 확인해야 합니다. 장소가 정해졌으니, 그 장소에서 할 수 있는 세부 사항들에 대해 계획을 짜는 것입니다. 마찬가지로 그 옵션들을 늘어놓고 다시 회의를 하며 피드백을 주고받아 결정하면 됩니다. 장소, 액티비티, 식사 종류까지 결정되었다면 이제 최종 확정된 사안들을 놓고 1박 2일 동안의 상세한 타임테이블을 만드시는 것으로 보고서 작성은 끝나게 됩니다.

최종 결과물만 보여 주면 된다는 식의 사고방식은 현대에서 더 이상 통하지 않습니다. 사람들의 취향은 점점 다양화되고 있고 이는 업무에서도 마찬가지이기 때문에 절차 단계에서도 반드시 합의를 진행해야 합니다. 그게 회사라는 조직에서의 업무 방식입니다. 보고서 작성은 건축과 유사하다고 말씀드릴 수 있습니다. 상세한 설계, 공정표 같은 것들이 확정되지도 않았는데 건물을 올려 버리면 어떻게 될까요? 끔찍한 결과를 초래할 수 있을 겁니다. 프로젝트도 건축과 같습니다. 생각들의 상세한 협의 없이 행동부터 하지 마시길 바랍니다.

이번에는 '워크숍'이라는 간단한 예시를 들어 설명드렸습니다만, '나중에 큰 프로젝트 맡게 되면 그때 해야지.'라는 생각을 지금 절대로 하시면 안 됩니다. 결국 이런 것들이 다 습관입니다. 사소한 것부터 이런 과정이 몸에 배어 있지 않으면, 진짜 중요한 프로젝트에 가서도 실수투성이인 사람이 됩니다. 3년차 버릇 임원까지 갑니다.

업무를 이런 식으로 했을 때 장점은 세 가지가 있습니다. 첫째, 프로젝트가 끝날 때까지의 길이 보이게 됩니다. 네비게이션이 켜진 것이죠. 그러면 사람들은 안정감을 느낍니다. 두 번째, 나중에 딴소리를 들을 일이 없습니다. 과정에서 충분한 협의를 거쳤는데 그것 가지고 나중에 남 탓을 하며 컴플레인을 한다면 그 사람이 잘못된 거죠. 세 번째는 나도 인지하고 있지 못했던 리스크를 이 과정을 통해 미리 파악할 수 있습니다. 만약 수상스키를 액티비티 중 하나로 포함했는데, 누군가가 그날 태풍이 온다는 정보를 줄 수도 있는 것입니다. 그럼 사전에 다른 실내 액티비티로 변경할 수 있겠죠.

1 빠른 행동에 앞서, 생각이라는 과정을 반드시 거치자.
2 문서를 만드는 것은 피드백을 받고, 회의를 하고, 결정하기 위함이다. 처음부터 완벽한 보고서를 만들지 말고 큰 그림부터 그려서 합의하는 습관을 갖자.
3 사소한 프로젝트라도 이 원칙을 철저히 지켜 완전히 몸에 습관화하자.

68

일류 비즈니스맨은 '잡담 능력'으로 판가름난다

여러분은 사회에서 '잘 나가기 위해', '일류가 되기 위해' 필요한 것이 뭐라고 생각하세요? 뭐 여러 가지가 있겠지만 일단 가장 중요한 건 '커뮤니케이션' 능력이 아닐까 싶어요. 그런데요, 대화를 술술 풀어 나가게 하는 그런 커뮤니케이션, 상대방한테 호감을 얻을 수 있는 그런 커뮤니케이션에는 반드시 갖춰야 할 비결이 하나 있어요. 그게 뭐냐 바로 '잡담력'입니다.

● 잡담력이란

여러분을 '일류 비즈니스인'으로 만들어 줄 이 '잡담력'이라는 건요. '말하는 힘 그리고 듣는 힘' 이 두 개가 합쳐졌을 때 그 힘을 발휘합니다. 여기에서는 그중 말하는 힘에 대해 먼저 이야기를 드릴 거예요.

"어라? 잡담이라는 건 그냥 아무나 할 수 있는 거 아니야?" 그렇게 생각하실 수 있습니다. 그런데요, 지금 말씀드리는 잡담력이라는 건 농담을 주고받거나, 단지 분위기를 띄우는 아이스브레이킹 류가 아니에요. 어디까지나 사회에서 우리를 일류로 만들어 주는 잡담력은 별도의 기술과 공식이 존재합니다.

'잡담은 아무나 할 수 있는 거 아니야?'라는 오해 때문에 이 대단한 기술을 딱히 배워 볼 생각을 하지 않으셨을 거예요. 하지만 이번 기회를 빌어 잡담력의 기술과 공식을 익히고 나면 여러분은 '비즈니스의 인간관계나 퍼포먼스'가 말도 안 되게 압도적으로 좋아질 겁니다.

● 잡담은 어떻게 시작하는가

Ⓐ 잡담은 대체 어떻게 시작하는 걸까요? 『일류의 잡담력一流の雜談力』이라는 책에서는 그걸 삼류, 이류, 일류로 구분해서 알려 주고 있는데요. 먼저 삼류는 어떤 사람이냐 '상대방이 말을 걸어 주길 기다리는 사람'이에요. 그럼 이류는 어떨까요? 이야기를 하긴 해요. 먼저 말을 걸긴 하는데, '자기 이야기를 위주로 대화를 하는 사람'이에요. 말을 먼저 거는 것까지는 좋은데, 대뜸 자신의 이야기를 쭉 늘어 놓는 타입이죠. 그럼 일류는 어떻게 하느냐, 우리는 어떻게 해야 하냐는 건데요. 바로 '초점을 상대방한테 맞춰 이야기를 한다'라는 겁니다. 대화의 주제를 상대방에게 맞춘다는 말이에요. 역시 그렇죠. 가장 중요한 대전제죠. 상대방한테 질문을 하는 겁니다. 그러니까 대화를 하긴 하는데 그 초점이 상대방에게 맞춰지게 되는 것이죠.

Ⓑ 다음은 인사입니다. 이것도 역시 매우 중요한 대전제죠? 기본입니다. 인사를 활기차게 밝게 예의 바르게 하는 건 이제 기본이 되겠고요. 그럼 인사만 잘하면 되는 거냐! 아니죠. 이것도 단지 이류의 방법일 뿐, 그럼 일류들은 어떻게 하냐, "인사에 두 개를 더한다" 되겠습니다. 인사에 두 가지를 더한다? 이게 대체 뭘까요? "안녕하세요?"라는 인사가 있죠? 여기에 하나를 더 붙여 볼게요. 그럼 "안녕하세요? 오늘 출근을 빨리 하셨네요!" 이렇게 되네요. 여기에서 또 하나를 붙여 볼게요. 자 그럼 어

떻게 되냐면 "안녕하세요? 오늘 출근이 빠르시네요. 아침에 운동 같은 거 하시는 거예요?" 빵! 이겁니다. 이렇게 인사에 덧붙여서 두 문장을 더 하면 상대방과 너무나도 자연스럽게 대화가 시작되게 되는 겁니다. 그리고 대화의 주제가 상대방에게 맞춰지게 되는 것이죠. 이게 잡담력을 장착한 일류들의 인사 방식이 되겠습니다. 잡담은 이렇게 상대의 흥미 있는 일, 상대에 관한 질문을 던져 상대의 이야기를 듣는 것으로부터 시작된다는 걸 꼭 기억해 주세요.

C 다음은 '준비'입니다. 미팅하기 전에 여러분 준비 같은 거 하시잖아요. 자료라든지 그런 거. 그럼 잡담을 위해서는 뭘 준비해야 하는지에 대해 이야기해 보죠. 자, 삼류는 어떨까요? 바로! "준비 안 한다" 네, 준비를 안 하죠. 그럼 이류는? "이야깃거리를 준비한다"입니다. 오, 아주 좋죠. 그런데 이걸로 충분치가 않다는 거예요. 아니 그럼 일류들은 대체 뭘 준비하냐는 겁니다. 뭐냐? '표정'이에요, 표정. 커뮤니케이션에 있어서 '표정'만큼 중요한 게 없기 때문이에요. 여러분도 대화하고 싶은 사람이 있고, 대화하기 싫은 사람이 있잖아요. 한번 잘 생각해 보세요. 뭐가 그 둘을 구분하는지에 대해서요. 표정이에요, 표정.

저는 출근길에 드라이브스루를 이용하는데요. 주문을 하고 커피를 딱 받을 때 직원 분이 환하게 웃으면서 "프리퀀시 적립하실 건가요? 캐리어 담아드릴까요?"라고 하는 경우가 있어요. 똑같은 말인데도 좋은 표정으로 환하게 웃으면서 이야기해 주면 진짜 그날 기분도 너무 좋아지잖아요. 반면 가끔 무표정으로 그렇게 물어보는 경우가 있는데, 그게 잘못됐다라기보다, 그러면 '어 오늘 이 분 기분이 안 좋은가' 하고 대화를 더 이어가기가 눈치 보이고 힘든 경우가 있잖아요. 단순히 이것만 봐도 미소의 힘이 얼마나 대단한지 우리가 알 수 있다는 겁니다. 바로 이 준비를 하자는 거예요. 웃는 얼굴! 대화를 할 때도 대화가 잠시 끊겼을 때도 상대방에게 호감을 전해 주는 바로 그 표정, 이 준비를 하자는 겁니다.

D 잡담의 준비 과정에서 마지막은요. 바로 '이름'입니다. 삼류는? '이름을 외우지 못한다', 그렇죠. "이름이 뭐였지…" 이런 류죠. 이류는 어떨까요? '이름을 외우려고 노력한다'입니다. 이름은 정확히 인지하고 있는 단계요. 그럼 일류는 뭐냐? 바로 '이름을 계속 불러 준다'는 겁니다. 그러면 대화가 이런 식으로 흘러갈 거예요. "아, 성함이 어떻게 되세요?" "아 저는 나달이라고 합니다." "아, 나달 씨는 어디서 오셨어요?" "나달 씨는 이거 어떻게 생각하세요?" "나달 씨는 오늘 몇 시까지 시간이 되세요?" 뭐 이런 식으로 계속 이름을 붙여서 질문을 하고 대화를 이어 나가야 한다는 거죠. 이름 부른다고 기분 나빠하는 사람 아무도 없고요. 오히려 기분이 좋죠. 그리고 이렇게 하다 보면 여러분 스스로도 상대방 이름이 반복 암기식으로 자동으로 외워져서 까먹기 힘들어지죠. 좋은 점밖에 없습니다.

일류들의 잡담 시작 방법! 정리하면, "대화의 주제는 상대방에게 초점을 맞춘다.", "인사에 두 가지를 더한다. 인사+2죠.", "표정을 준비한다", "이름을 지속적으로 불러 준다" 이 4가지만 잘해도 잡담력을 키우는 준비는 모두 됐다고 보시면 되겠습니다.

● 잡담은 어떻게 확장하는가

이제 잡담을 확장하는 방법이에요. 여러분이 잡담력을 능력으로 장착하기 위해서는 '이야기하고 싶지 않거나 맞지 않는 사람'과도 (이득이 있다면) 두세 시간이라도 이야기할 수 있는 능력을 가져야 합니다. 앞에서 잡담을 시작하는 방법을 배웠으니 이제 확장하는 방법을 알려 드리도록 하겠습니다.

Ⓐ 삼류들은 어떻게 잡담을 확장할까요? 네, 그렇습니다. 벽을 만들어 버립니다. 더 이상 대화할 수가 없는 상황이 되어 버리죠. 그럼 이류인 사람들은 어떻게 하냐, '공통점'을 찾습니다. 고향 / 취미 / 가족 관계 / 커리어 / 영화 음악 이야기 등등 이런 공통점을 찾죠. 여기까지는 여러분들도 쉽게 생각할 수 있는 부분이었을 거예요. 자, 그럼 일류들은 어떻게 하냐? 바로 '차이점'을 찾는다는 겁니다. 공통점보다 차이점이요. 사실 공통점을 찾기가 쉽지 않잖아요. 확률상 고향이 같거나 취미가 같거나 하는 경우는 드물거든요. 매우 낮은 확률입니다. '공통점보다는 차이점을 찾는 대화' 이것은 정말 중요해요.

예를 들면 이런 식으로 대화가 흘러갈 겁니다. "아, 운동 뭐 하세요? 오, 유도요? 저는 테니스밖에 안 쳐서 유도는 잘 모르긴 한데 듣기만 해도 멋있네요. 그거 띠는 어떤 단계로 이루어져 있어요? 검은띠까지 가는 데 얼마나 오래 걸려요? 테니스는 서로 떨어져서 하는 운동이라 몸싸움하는 경우가 없는데 유도는 업어치기 당하면 아프거나 그러진 않아요? 넘겼을 때 기분이 어때요?" 대충 이런 식으로 흘러가는 거죠.

이런 식으로 차이점을 파고들어 이야기를 넓혀 간다는 겁니다. 차이점을 찾는 것은 공통점을 찾기보다 쉽기 때문에 화제를 찾기가 쉬워진다는 거예요. 여기에서 요점은, 이전 원칙에서 말씀드린 대로 '상대의 흥미 있는 일에 흥미를 가지는 자세'가 잡담을 하는 데 있어서 중요하다는 겁니다.

Ⓑ 잡담을 확장하는 방법 두 번째는요. 바로 칭찬이에요. 칭찬하는 게

쉽지 않죠. 어려워요! 하지만 지금 방법을 알려 드리겠습니다. 그렇다고 해서 억지로 칭찬하려고 하지 마세요. 그게 이류거든요. 상대방은 억지 칭찬을 들으면, 상대방이 억지로 쥐어짜서 나를 칭찬하고 있다는 걸 알기 때문에 더 민망해하거나 기분 나빠할 수 있어요. 이건 주의해 주서야 하고요. 자, 그럼 일류들의 칭찬의 비밀은 바로 '비포/애프터'를 칭찬해 준다는 겁니다. 아주 자연스럽죠.

예를 들어 상대방이 테니스를 치는데요. 테린이 대회에서 1승 3패로 탈락을 했대요. 그럼 사실 객관적으로만 보면 막 칭찬받을 그런 건 아니잖아요. 그런데 비포, 애프터를 적용하면 칭찬할 수 있는 거죠! "와, 테니스 시작한 지 1년밖에 안 되신 거 아니에요? 그런데 벌써 대회를 나갈 만큼 잘 치시나 봐요. 게다가 1승까지 했으면 진짜 대단한 거 아니에요?" 자! 이렇게 이전의 상황보다 지금의 상황이 좋아지고 있다는 것을 칭찬해 줍니다. 그러면 칭찬할 거리 자체도 굉장히 많아질 뿐 아니라, 칭찬이 자연스러워져 일석이조입니다.

1 대화의 주제는 상대방에게 초점을 맞춘다.
2 공통점보다는 차이점에 집중하자.
3 칭찬을 할 때는 비포/애프터에 주목하자.

Blind Text

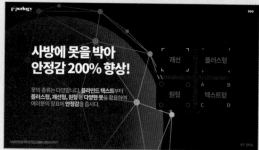

Ending Slide

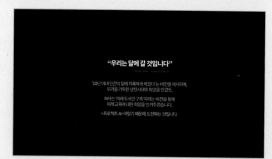

32:9

덩어리감의 이해

+ 1

Motion

+ 11